国家社会科学基金青年项目"超网络转型与价值共创行为研究"（22CGL015）

高凯 汪泓◎著

科创政策对制造业企业创新的
影响机制及优化路径研究

吉林大学出版社
·长春·

图书在版编目（CIP）数据

科创政策对制造业企业创新的影响机制及优化路径研究 / 高凯, 汪泓著. -- 长春 : 吉林大学出版社, 2023.8

ISBN 978-7-5768-1974-8

Ⅰ.①科… Ⅱ.①高… ②汪… Ⅲ.①科技政策 – 影响 – 制造工业 – 企业创新 – 研究 – 中国 Ⅳ.①F426.4

中国国家版本馆CIP数据核字(2023)第144056号

书　　名：科创政策对制造业企业创新的影响机制及优化路径研究
KECHUANG ZHENGCE DUI ZHIZAOYE QIYE CHUANGXIN DE YINGXIANG JIZHI JI YOUHUA LUJING YANJIU

作　　者：高　凯　汪　泓
策划编辑：高珊珊
责任编辑：高珊珊
责任校对：范　爽
装帧设计：李　宇
出版发行：吉林大学出版社
社　　址：长春市人民大街4059号
邮政编码：130021
发行电话：0431-89580028/29/21
网　　址：http://www.jlup.com.cn
电子邮箱：jldxcbs@sina.com
印　　刷：河北华商印刷有限公司
开　　本：787mm×1092mm　1/16
印　　张：13.25
字　　数：200千字
版　　次：2023年8月　第1版
印　　次：2023年8月　第1次
书　　号：ISBN 978-7-5768-1974-8
定　　价：78.00元

前　言

　　创新是引领发展的第一动力，创新驱动是新发展阶段我国实现高质量发展的决定性环节。当前，新一轮科技革命方兴未艾，全球市场不景气，我国产业转型升级需求迫切，企业发展面临多重冲击，创新是我国企业应对挑战的唯一选择。习近平总书记多次强调企业是创新的主体。我国各级政府连续出台了一系列创新政策，推动企业创新发展。制造业是我国的立国之本、兴国之器、强国之基，更是企业创新的主战场。但现阶段我国制造业发展还面临诸多"卡脖子"的瓶颈问题，亟待技术创新突破。科创政策在助力制造业企业创新发展方面取得了较好的政策效应，但是政府科创政策在具体实施过程中政策供给与制造业企业创新需求之间仍然存在着"脱节"现象，科创政策供需匹配度不高，直接影响到制造业企业的技术创新活力。因此，科创政策如何有效促进制造业企业的技术创新，已然成为理论界和实务界关注的焦点。

　　在此背景下，本书以科创政策和制造业企业创新为研究对象，从政府激励视角，深入剖析科创政策影响制造业企业创新的作用机制及政策优化路径。本书依据"理论基础—动态关系—影响机制—优化路径—对策建议"的逻辑思路，展开递进分析。核心内容包括三部分。

　　第一，科创政策与制造业企业创新的演化博弈关系研究。首先，基于利益相关者理论，选取政府、制造业企业和社会公众作为制造业企业创新的利益相关者，展开"政府-制造业企业""制造业企业-公众""政府-公众-制造业企业"的双方及三方演化博弈研究，重点分析了政府科创政策如何动态影响制造业企业创新策略选择；进而，从政策工具的角度出发，结合不同政府科创政策工具的假设，模拟仿真政策工具的效果，对现行政策参数进行冲击，深入分析三类政策工具对制造业企业创新的影响效果。

　　第二，科创政策对制造业企业创新的影响机制研究。基于产业政策相关理论、信号传递理论、企业投资理论等相关理论，理论构建科创政策与制造业企业创新之间的影响机制框架，并对科创政策与制造业企业创新之间的影响机制进行实证检验；进而，分析科创政策影响制造业企业创新的效果及具体机制，进一步探究当前的科创政策体系的问题与瓶颈。

第三，科创政策引导制造业企业创新的优化路径研究。基于微观企业视角，探究供给型、需求型以及环境型三类科创政策工具对制造业企业创新的组合路径，并据此提出科创政策的具体优化路径；进而，基于宏观区域视角，构建系统动力学模型分析科创政策的三种优化路径对制造业企业创新影响的仿真结果；探究科创政策引导制造业企业创新水平进一步提高的优化路径。

本书的主要观点包括：

第一，政府、社会公众及制造业企业三方行为与各自的成本收益密切相关；制造业企业作为创新主体，创新活力受到政府创新激励政策、社会公众参与程度的共同驱动。

第二，政府、社会公众、制造业企业的稳态均衡行为，取决于其各自的成本收益；不同类型的政府创新政策与社会公众参与程度都会对制造业企业创新有显著促进作用；三方博弈过程中，政府利用供给型、需求型以及环境型政策工具促进制造业企业技术创新具有显著效应。

第三，政府科创政策实施及三类政策工具运用，均有利于促进制造业企业增加创新投入，提高创新产出，其中需求型政策工具的正向促进作用最大；科创政策对非国有、小规模、高新技术等制造业企业的创新投入和创新产出的正向影响更大。

第四，科创政策影响制造业企业创新的机制有四种类型：融资约束机制、人力资本机制、市场需求机制和市场竞争机制。本书通过实证研究发现，四种影响机制的效应存在异同：相同之处在于四种影响机制对制造业企业创新投入具有正向传导作用；不同之处在于四种影响机制对制造业企业创新产出的影响有差异。人力资本机制对实质性创新及策略性创新均有"挤入效应"；融资约束呈现对实质性创新的"挤出效应"；市场需求呈现对策略性创新的"挤出效应"；市场竞争则呈现实质性创新和策略性创新之间的"替代效应"，即提高实质性创新，抑制策略性创新。

第五，提高制造业企业创新投入的政策工具组合路径有环境保障主导路径、供给-需求-环境三元驱动路径、供给-需求推拉路径；提高制造业企业创新产出的政策工具组合路径有供给-需求-环境三元联动路径和需求拉动主导路径。

第六，不同类型制造业企业对科创政策工具需求存在差异，科创政策工具之间具有协同、组合效应。本书研究了五条政策组合路径，得出科创政策的以下优化路径：国有制造业企业环境型政策强化路径（优化路径1）；非国有制造业企业需求型政策强化路径（优化路径2）；科创政策工具综合协同路径（优化路径3）。

第七，三条科创政策的优化路径对制造业企业创新投入和创新产出的影响存在差异性。环境型政策强化路径对企业创新产出影响较大，需求型政策强化路径对企业创新投入和创新产出的影响均较大。在科创政策工具综合协同路径下，科创政策三种工具协同运用的仿真结果优于科创政策两种工具协同的仿真结果。对比三条科创政策优化路径的仿真分析结果发现，科创政策工具综合协同路径（路径3）效果最优。

依据以上研究，本书提出了完善科创政策体系的主要思路，即要以提升制造业企业创新为目的，以激发企业创新活力为核心，以科创政策工具为抓手，强化政府科创政策供给，满足制造业企业创新需求，激励社会公众共同参与，形成多主体共同发力的全社会科技创新网络。本书提出了七条关键举措：其一，加强科技创新需求政策供给，扩大创新产品市场；其二，加强知识产权保护力度，营造公平竞争的创新环境；其三，优化财税扶持政策，提高财政资金支持力度和精度；其四，完善金融活水助力实体经济政策，拓宽融资渠道；其五，推动产业链与创新链深度融合，打造企业创新联合体；其六，加大海外人才引进力度，完善引才育才留才环境；其七，优化科创政策全过程管理，提升政策落实精准度。

本书研究结论具有一定的理论及实践价值。在理论价值方面，深化了科创政策和制造业企业创新的研究；拓展了科创政策与制造业企业创新之间关系的研究视域和研究方法；为科创政策微观经济效应的学术讨论提供了理论思路。在实践价值方面，提出了科创政策优化路径、思路及对策，研究成果为政府完善科创政策体系提供决策参考。

在写作过程中，史健勇教授、镇璐教授、张健明教授、胡斌教授、郭鑫、刘婷婷等老师等都给予了非常有价值的指导和帮助，赵艺、赵华擎、王玲、张花碟、宗苏玉等同学也参与到写作过程中，对文献资料收集、数据获取处理和案例整理分析等，给予了大力支持。在此，向他们一并表达诚挚的谢意！

　　本书虽已按既定目标取得一定的探索性成果，但本书仍有进一步的探索空间，书中的研究仍存在不足之处，希望在今后的研究中进一步完善。笔者将以此为起点，不断探索和推进相关研究的进一步拓展及深化。受作者水平和时间所限，书中疏漏和不当之处在所难免，敬请各位专家及读者批评指正。

高　凯

2023 年 3 月于上海

目　　录

第一章　绪　论

1.1　研究背景与意义

1.1.1　研究背景

1.1.1.1　新形势下制造业企业创新成为引领高质量发展的源头活水

制造业是我国立国之本、兴国之器、强国之基。党的十九大报告提出，加快建设制造强国，加快发展先进制造业。习近平总书记高度重视制造业转型发展，明确指出"制造业高质量发展是我国经济高质量发展的重中之重"。而制造业高质量发展离不开创新驱动，因此必须把创新摆在制造业发展全局的核心位置，不断提升供给体系的质量效益。自 2010 年以来，我国制造业增加值已连续 11 年位居世界第一，占全球比重接近 30%，制造业的国际竞争力及创新能力不断提升。并且放眼全球，世界各国的科技创新均已进入空前密集活跃期，制造业企业之间通过创新彼此跨界融合、协同联合、包容聚合已经成为大势所趋。创新必然是未来技术和产业的发展方向，是国家之间技术、经济等方面竞争的制高点。它不仅带来科学技术的飞速发展，而且会引起全球性产业结构的根本变化。当前，制造业企业创新面临的形势主要有三个主要特征。

第一，新一轮科技革命为企业技术创新提供了新机会。从国际经验看，进入工业化后期后，美、德、日等工业国家都先后将产业政策的重心转向了合理性政策，重视利用先进适用技术对传统产业进行改造提升，提高传统产业的生产效率和产品品质；强调通过完善制造业创新体系、而非单纯的资金扶持来促进先进适用技术的扩散应用。与传统的技术改造主要支持装备更新不同，以数字化、智能化、网络化为特征的新一轮革命催生了新技术、新业态、新模式的涌现，而工业实践检验已经相对成熟的新技术、新业态和新模式可以大幅提升传统产业和中小微企业的效率和竞争力。

第二，提升制造业企业技术创新能力是重塑我国国际合作和竞争新优势、推进"双循环"新发展格局的形势所迫。在复杂的世界格局下，中国经济和制造业企业都面临着前所未有的严峻挑战，在国内外环境深刻变化的形势下，党中央提出加快构建以国内大循环为主体、国内国际双循环相互促进的新发展格局。目前我国在制造业领域一些关键核心技术受制于人的局面尚未根本改变，因此，只有大力推动制造业企业技术创新，加快关键核心技术攻关，提升产业链供应链现代化水平，才能在国际竞争中处于有利地位。

第三，提升制造业企业技术创新能力是坚持走中国特色自主创新道路、实施创新驱动发展战略、建设世界科技强国的重要内容。制造业是立国之本、兴国之器、强国之基，从根本上决定着一个国家的综合实力和国际竞争力。制造业稳则经济稳，制造业兴则经济兴，我国要实现经济高质量发展，必须在新一轮科技革命和产业变革中加强制造业科技创新，充分利用好工业互联网、人工智能、5G 等新一轮科技浪潮的"技术红利"，借助科技优势进而提升制造业竞争优势。因此，要坚持创新驱动发展，全面塑造发展新优势，用制造业企业的高质量创新推动我国经济高质量发展。

1.1.1.2 制造业企业发展仍存在"卡脖子"问题亟须创新突破

制造业在推动社会经济高质量发展中发挥着重要作用。虽然我国作为世界第一制造业大国，拥有比较完整的制造业产业体系和最主要的制造业加工基地，但我国制造业发展仍然存在一些"卡脖子"问题，如我国在颠覆性技术创新、前沿技术、关键共性技术等方面国际竞争力较弱。这些问题严重阻碍了中国制造业加入全球价值链中附加值较高的环节，制约着制造业高质量发展。

首先，从全球供应链角度分析，我国制造业在产业链的许多关键环节都面临着国外的垄断压力，当前国际不确定性因素的增加导致全球供应链、产业链面临较高的断链风险。这种"卡脖子"问题在我国制造业不同行业领域中均有不同程度的体现。如在信息技术、生物医药、高端装备、航空航天、新能源汽车等战略性新兴行业中，中国关键核心技术短板就有 600 多项，这其中有 400 多项核心技术的国产化率低于 20%，这意味着这 400 项核心技术短板要完全依赖国外，还有近 200 项核心技术国产化率在 20%～40% 之间，表现为对国外技术的严重依赖。本书在对上海市生物医药产业进行调查时企业家普遍反映，我国目前在生命科学研究、临床诊断、高端医疗器械等方面的许多原材料和设备都严重依赖进口，一旦国外进行限制，我国的生物医药产业将受到严重的打击。

其次，我国在关键元器件、基础材料等关键共性技术方面与全球领先技术差距很大。工业软件对于制造业转型升级的重要性不言而喻，但在我国传统的"重硬轻软"理念下，我国工业软件的实践发展极为滞后，许多专业院校在进行课程设置时也重应用、轻研发，这成为制约我国建设制造强国的主要因素。并且在工业领域的创新突破并非一蹴而就，技术鸿沟的存在、发达国家已经固化了的市场生态以及我国产业体系的不完善，使得我国在关键共性技术研发领域发展困难，国内工业软件企业的国际竞争力普遍较弱。"拿来主义"成为国内企业的无奈之举。如数据统计显示，2019 年中国高质量可编程逻辑控制器（PLC）和通用通信协议（CIP）有 95% 依靠进口，在高端领域使用的工业软件有大约 90% 的比例来自 Microsoft、SAP、Salesforce 等几个国外公司。

最后，基础科研不足无法对制造业高新技术提供基础保障和落地支撑。基础研究的目的在于获取新知识，是孕育突破式创新和原始创新的基础。全球绝大多数科技创新及应用的竞争本质上都是基础科研实力的竞争。根据 OECD 数据，法国、美国等发达国家用于基础研究的经费占国内研发总投入的比例大概在 12%～13% 之间，而中国在 2020 年该比例才首次突破 6%，之前一直在 5% 左右徘徊。虽然我国基础研发投入比重不断提高，但距离发达国家投入还有一定的差距，这导致我国重大原创性成果十分缺乏，如高端芯片、基本算法、基础元器件等关键核心技术上没有显著突破。

1.1.1.3 科创政策成为引导制造业企业创新的重要引擎

当今世界日新月异，市场环境瞬息万变，在愈演愈烈的社会竞争中，各国政府十分重视科技创新，积极颁布科技创新政策以激发国家创新创造活力，试图从根本上提高经济发展的源动力，改变低效粗糙的发展模式，实现国家经济快速高效的发展。

欧盟实施的"地平线 2020"计划旨在整合科研资源和创新人才，为技术转化为生产力的过程消除科学创新的障碍，推动经济可持续性、智慧型增长。德国联邦政府出台的"2020 高技术战略"汇集了各部门的研究和创新举措，通过政府扶持和资金补助等措施应对全球性挑战问题，推动国家和企业的创新发展。英国也于 2014 年推出了《我们的增长计划：科学和创新》战略文件，把科学和创新置于国家经济长期发展的核心位置，为企业从事科研创新项目创造良好的创新激励环境，其目标是使英国成为最适宜科技和商业发展的国度。美国则颁布了《美国创新战略》旨在通过重建基础研究的领先地位，促进刺激有效竞争的市场，资助创新企业以促进经济的可持续发展。

我国一直以来高度重视创新发展，改革开放 40 多年以来，特别是党的十八大以来，面对全球新一轮的科技革命和产业革命的到来，国家适时调整科技事业的目标、机制和结构，及时转变发展方式，不断提升我国科技竞争力。中国科技创新政策的发展并非一蹴而就，其伴随着改革开放的步伐实现了历史性的跨越。中国科技创新政策的发展从点到面，从零散到体系，从中央到地方，内容不断丰富，政策系统不断完善，逐步形成了多主体、多层次、多元化的政策体系。

"十四五"规划部署了 12 方面重大任务，其中"坚持创新驱动发展，全面塑造发展新优势"就列在首位。当今中国正在经历百年未有之大变局，国家的发展面临着严峻未知的挑战，强化国家创新战略部署，打好关键核心技术攻坚战，提高创新链整体效能是推动经济社会高质量发展和迈向创新强国的题中应有之义。在党中央科学的领导方针下我国创新能力得到不断提升，我国已经稳步迈入全球科技创新的第一梯队，逐步形成从过去的引进与模仿为主到如今自主创新加领跑的新局面。根据世界知识产权组织发布的 2020 年全球创新指数报告结果显示，中国已连续 2 年进入世界前 15 列，位居榜单 14 名，是唯一进入前 20 名以内的中等收入经济体。由此可见，政府的战略指引和政策实施为我国创新发展起着不容小觑的重要作用。

1.1.1.4 科创政策供需不匹配的问题亟待解决

科技创新政策是推进科技创新的有效手段，制造业企业创新离不开健全的科技创新政策体系。在中央以及地方政府的科创政策支持下，我国已经取得了显著的创新成效，但不可否认的是目前我国的科创政策体系仍存在诸多供需不匹配的问题。主要表现在，我国尚未形成完善科技创新链的系统性、整体性、协同性与联动性的政策制定设计和政策供给体系。针对制造业不同产业类型中卡脖子技术的政策供给的集成度和联动性缺乏，缺乏针对不同产业类型卡脖子问题的甄别与分类设计思路。在新一轮技术革命下，智能制造与传统制造业的技术创新路径存在巨大差异，科创政策的制度设计应该基于新旧制造业的创新路径差异及潜在价值分门别类地进行设计，通过精准施策解决新旧产业中各自的卡脖子问题，推动传统产业转型升级以及智能制造产业更高质量发展。但当前的科创政策体系还缺乏针对不同行业特点的精准施策。

除此之外，本书在科创政策整理以及对制造业企业创新调研过程中还发现，当前我国制造业创新政策体系在政策工具运用、政策支持力度、中介服务体系、政策宣传等方面还存在一些问题。尤其从政策的实际效果来看，政策在落地性、与企业需求契合度等方面仍需进一步提升。

第一，政策偏向供给型及环境型，创新和应用需求型政策明显不足。相对于资源支持及优化服务等供给型及环境型政策，针对制造业企业的政府采购、示范工程、服务外包、产业化应用支持等需求侧政策较少，尚不能满足企业所需，不少企业反映创新最大的挑战是市场迭代加速，最大的短板是市场营销困难。调研①中有 84.48％的制造业企业强烈希望通过政府采购将创新产品推向市场，但仅有 23.44％的受访企业参与过政府采购。如本书整理了 2015—2020 年上海制造业企业科创政策，如图 1-1，发现供给型和环境型政策工具运用较多，但需求型政策工具较为薄弱，整个政策工具运用呈现出典型的 U 形特点，低谷处便是需求型科创政策。

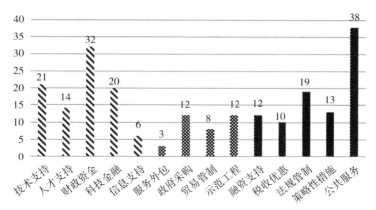

图 1-1 上海制造业企业科创政策的政策工具分布

第二，关键技术合作渠道少，合作创新支持政策力度不足。90％以上的制造业企业认为共性关键技术开发是当前制约创新的主要因素，半数以上企业认为技术共享程度较低，仅有 18.67％的企业通过产学研获得过技术创新。其主要原因在于支持和鼓励合作创新的政策层级比较低，落地难度高。产学研基地实习见习多，实质性技术合作少，企业缺乏沿产业链进行技术创新合作的

---

① 本部分关于企业的调查数据来自作者主持的上海市科委软科学重点主题项目"新形势下上海科创政策对制造业企业创新的影响机制及优化路径研究"，编号：20692193200。

渠道。

第三，获取服务渠道有限，科技创新中介服务供给不足。高达86.2％的制造业企业迫切期望能加快建设多层次的中介服务体系，以获得相应服务，其中60％的企业认为创新服务公共平台有待完善。以上海研发公共平台为例，31.9％的企业认为能够为本企业创新活动提供满意的服务，50％的企业认为平台只能提供部分创新服务，18.11％的企业没有使用过服务或认为该平台不能为企业提供任何服务。

第四，创新政策的宣传力度不够，政策搜寻成本较高。目前制造业企业获取政策的主要来源是孵化器、科技园运营方推送（占比为38.79％），不少企业通过政府网站获得信息（占比为31.9％），普遍感觉政策宣传力度不足，推送的效果不尽如人意。超过三分之一的企业对自身可享受的科创政策不清楚或了解一般。一方面，孵化器、科技园等主要采取宣讲会、讲座等形式宣传科创政策，企业参与意愿不强，政策宣讲会经常出现"没人听"的现象。另一方面，不少企业表示"政府网站上缺少特别清晰的政策接口，企业难以快速寻找到自己想要的政策"；部分政府网站政策文件数量较少，更新不及时；部分政策网页不能按关键词搜索，查找政策费时费力。

1.1.2　研究问题

基于以上论述可知，科创政策是政府激励企业创新的重要手段，科创政策的实施必然会影响制造业企业创新决策。因此，需要对科创政策与制造业企业创新之间的关系展开深入而系统的研究。本书以"制造业企业创新"为研究对象，围绕科创政策与制造业企业创新之间的"理论基础—动态关系—影响机制—优化路径—对策建议"的逻辑思路展开递进研究，核心问题主要有：

第一，关于科创政策与制造业企业创新之间的动态关系。政府与制造业企业作为市场中最重要的两类主体，政府支持与企业创新行为之间的动态演化关系如何？更进一步地，在考虑社会公众参与后，企业创新与社会公众参与之间的动态演化关系如何？对于企业创新活动，政府、公众与企业三方主体如何进行动态博弈？三方如何达到稳态均衡？尤其是政府的不同政策工具是否均会对企业创新产生影响？

第二，关于科创政策与制造业企业创新之间的影响机制。从理论上分析，科创政策与制造业企业创新之间的影响机制是怎样的？科创政策对制造业企创新的影响效果如何？供给型、需求型以及环境型三类科创政策工具对制造业企业创新的影响效果是否存在差异？理论分析中得到的科创政策与企业创新之间的影响机制是否真正发挥了作用？科创政策及其政策工具对制造业企业创新投入和创新产出的影响效果和影响机制是否存在差异？更进一步地，该影响之间是否在不同类型制造业企业中存在异质性差异？

第三，关于科创政策引导制造业企业创新的优化路径。从激励制造业企业创新角度出发，提高企业创新投入和创新产出的政策工具组合路径分别是怎样的？完善科创政策的优化路径有哪些？更进一步地，完善科创政策的不同优化路径对制造业创新水平提升有多大的影响？影响差异如何？

1.1.3　研究意义

1.1.3.1　理论意义

一是丰富了制造业企业创新的研究内容。本书不仅研究了制造业企业创新投入，还深入分析了实质性创新、策略性创新等不同质量的创新产出，从投入-产出两个维度衡量制造业企业创新水平，丰富了制造业企业创新的研究维度；并且本书从政策激励视角深入研究了科创政策对制造业企业创新的影响机制，丰富了制造业企业创新的理论研究内容。

二是拓展了科创政策与制造业企业创新之间关系研究的理论方法体系。本书一方面从动态视角构建了政府、公众与制造业企业创新的演化博弈模型，动态分析政府科创政策与企业创新行为之间的关系，另一方面构建了科创政策对制造业企业创新影响机制的理论模型并进行实证检验，本书相关研究丰富了宏观经济政策与微观企业创新之间的理论方法体系。

三是为科创政策微观经济效果的争论提供了更多理论支撑。现有关于科创政策对企业创新影响效果的研究还未形成统一结论，而本书不仅分析了科创政策力度对制造业企业创新的影响效果，还从政策工具角度研究了供给型、需求型、环境型等不同政策工具对制造业企业创新的影响效果以及政策工具协同组合的效果，本书关于科创政策对制造业企业创新影响的相关研究为揭示科创政策微观经济效果的争论提供了较多的支撑材料。

1.1.3.2　现实意义

一是为政府完善科创政策体系提供决策参考。本书将政策工具划分为供给型、需求型以及环境型三种类型，深入剖析了不同类型政策工具对制造业企创新影响的效果差异，提出了科创政策优化路径以及完善科创政策体系的主要思路和对策建议，研究结果有利于为政府进一步完善科创政策体系提供支撑。

二是为提高制造业企业创新水平、推进制造业高质量发展提供政策支撑。本书一方面从政策工具组合的角度分析了不同类型制造业企业提高创新投入和创新产出的路径组合；另一方面，从制造业企业整体视角对政策工具组合路径对制造业企业创新的影响程度进行仿真模拟，从而为提高不同类型制造业企业创新水平提供政策依据。

1.2　概念界定

1.2.1　科创政策

1.2.1.1　科创政策内涵与发展

科创政策是"科学技术与创新政策"的简称，学界对于科创政策的概念界定有广义和狭义之分。广义上，学者认为科创政策的概念在内涵上和科学政策、科技政策、创新政策等概念内涵相同（Lemola，2002；贺德方 等，2019），也有学者认为科创政策是由科学政策、科技政策和创新政策三部分综合而成，是为实现国家目标，政府能够且已推行的促进科学、技术的传播、应用与发展的一系列公共政策（Lundvall and Borras，2005；宋娇娇、孟溦，2020）。狭义上，学者认为科创政策与创新政策、科学政策等概念有严格的区分，且政策的侧重点不同（伍蓓 等，2007），科学政策更侧重于基础研究，科技政策侧重于研发环节，创新政策则侧重于经济行为（贺德方 等，2019）。肖士恩等（2004）进一步总结了科技创新政策的战略性、系统性、可操作性等特征，丰富了科技创新政策的研究基础。还有学者在回顾科技创新政策发展历程的基础上，提出了科技创新政策发展的 3 个阶段（Schot and Steinmueller，2016）。第一阶段："创新政策 1.0"阶段，该阶段主要是在市场失灵理论下着重考察创新对经济的影响；第二阶段："创新政策 2.0"阶段，这一阶段关注的问题主要集中于解决创新系统内部主体互动不足导致的系统失灵问题；第三阶段："创新政策 3.0"阶段，该阶段逐渐关注科技创新所带来的负面社会环境问题，并要实现包容性以及负责任的创新。

1.2.1.2 央地视角下的科创政策协同

科创政策的政策效果需要在中国情景下的央地关系视角展开讨论。自改革开放以来，伴随着中央行政与经济管理权力的下放，地方政府的自主权不断增强，这使得地方政府可以发挥其信息优势，通过结合本地的资源禀赋特色制定出创新引导和支持的更合适政策。李政和杨思莹（2019）将科创政策治理过程概括为地方试点、中央总结、地方推广三个主要阶段。由此可以看出，地方科创政策的制定是在积极响应中央决策部署的前提下结合地方特色的一种政策推广过程。地方政府为了尽快落实中央制定的政策，会配套制定地方性的实施细则或方案办法，因此，地方政府的科创政策与中央科创政策之间一般具有良好的衔接与呼应，并且对地区内企业创新具有更直接的影响。王延安等（2021）以国家创新型城市建设政策为案例证实了央地在创新治理中频繁互动、分散决策下的自我纠偏和"分权-集权"转化的特点。狄灵瑜等（2021）研究指出，央地产业政策协同能有效提高企业的创新投入。刘晓燕等（2020）从关系和内容视角分析央地科创政策协同性发现，京津冀三地科创政策与中央科创政策之间既有协同性又有创新性。

本书整理了2015年以来的中央以及上海地方科创政策，发现地方科创政策与中央科创政策具有一定的衔接性与协同性，地方政府科创政策是在结合本地资源禀赋的基础上对中央政策的积极响应与创新。上海地方政府对中央科创政策响应与协同的部分政策文件对应关系见表1-1。并且由于地方科创政策对地区内制造业企业创新具有更直接更显著的影响。因此，本书主要聚焦于地方科创政策对制造业企业创新的影响。

表 1-1　上海与中央政府科创政策的响应与协同

中央科创政策	发布时间	上海市科创政策	发布时间
《中华人民共和国政府采购法（2014 修正）》	2014 年	《上海市创新产品政府首购和订购实施办法》	2015 年
《中国制造 2025》	2015 年	《"中国制造 2025"上海行动纲要》	2016 年
国务院关于新形势下加快知识产权强国建设的若干意见	2015 年	《关于加强知识产权运用和保护支撑科技创新中心建设的实施意见》	2016 年

续表

中央科创政策	发布时间	上海市科创政策	发布时间
《国务院关于深化制造业与互联网融合发展的指导意见》	2016 年	《关于本市加快制造业与互联网融合创新发展实施意见的通知》	2017 年
《国务院办公厅关于促进医药产业健康发展的指导意见》	2016 年	《关于促进本市生物医药产业健康发展的实施意见》	2017 年
《国务院关于深化"互联网＋先进制造业"发展工业互联网的指导意见》	2017 年	《上海市工业互联网产业创新工程实施方案》	2018 年
《中共中央、国务院关于构建更加完善的要素市场化配置体制机制的意见》	2020 年	《上海市促进科技成果转移转化行动方案（2021—2023 年）》	2021 年

1.2.1.3　科创政策工具分类

作为实现政策目标的重要手段，政策工具经常作为政策设计和分析的框架（游玎怡、李芝兰，2020）。在政策工具框架下研究科创政策，有利于学者把握科创的规律，对政策展开量化评估，并为政府部门调整完善政策体系提供有效途径（徐硼、罗帆，2020；何增华、陈升，2020）。关于政策工具的分类，McDonnell 和 Elmore（1987）将政策工具划分为命令型、激励型、能力构建型及系统变迁型四种四类；Howlett 和 Ramesh（2006）则将其划分为自愿型、混合型与强制型三类。国内学者中如陈振明（2009）将政策工具划分为市场化工具、工商管理技术和社会化手段三类。除此之外，最具代表性的是 Rothwell 和 Zegveld（1985）的划分标准，其将政策工具划分为供给型、需求型和环境型三种类型。因为这种分类方式具有很强的目标针对性以及内容指导性，因此国内外诸多学者在将科创政策划分为供给型、需求型和环境型的基础上，对科创政策展开文本分析、演化规律及政策评价（孟溦、张群，2020；徐硼、罗帆，2020；宋娇娇、孟溦，2020；Zhang et al.，2021）。

具体而言，供给型政策主要表现为科创政策对企业创新的推动力，政府为企业提供人流、资金流、信息流等创新要素以推动制造业企业的创新发展。供给型政策工具主要包括技术引进与合作、人才引进、财政资助、股权融资等。需求型政策是政府为了刺激社会对企业产品和服务需求而制定的政策措施，需求型政策有利于企业新产品开拓市场，从而拉动企业开展技术创新活动。需求型政策工具主要包括政府采购、服务外包、贸易进出口管制、示范应用及推广等。环境型政策工具主要通过政府政策的实施创造企业创新和成长的良好环境，引导企业良性竞争，从而激励更多创新产品的研发和推广，其政策工具主要包括金融支持、税收优惠、法规管理、策略性措施、公共服务等。科创政策分类详见表1-2。

表 1-2 科创政策工具

供给型	技术支持（转移转化、技术引进、技术合作、基础研究、应用研究等）
	人才支持（人才引进、人才激励、人才培训、人才交流、人才支持）
	财政资金（科研经费、财政资助、专项资金、房租减免、贷款贴息等）
	科技金融〔利润退库、股权融资、贷款融资、投资基金（政府引导基金、天使基金等各种基金）、社会资金等〕
	信息支持（科技情报、信息网络）
需求型	服务外包（外包）
	政府采购（政府采购、购买）
	贸易管制（技术贸易、进出口）
	示范工程（示范应用、示范推广、示范项目等）
环境型	金融支持（融资平台、融资环境、融资服务体系等）
	税收优惠（研发费用加计扣除、减免税等）
	法规管制（产权管理、专利管理、体制改革、监督管理等）
	策略性措施（目标规划、科普教育等）
	公共服务（创新平台、创新联合体、孵化器、技术服务、公共服务、信用体系建设等）

因此，本书将从广义视角出发，认为科创政策是政府为了实现国家特定目标而推行的促进科学、技术传播、应用与发展的一系列公共政策。并且基于央地科创政策的协同性以及地方科创政策影响的直接性，本书重点分析地方科创政策对制造业企业创新的影响。具体而言，本书将在政策工具框架下，将科创政策划分为供给型、需求型和环境型三种类型，以对科创政策展开详细研究。

1.2.2 制造业企业创新

1.2.2.1 企业创新内涵

早在 20 世纪 10 年代，Schumpeter（1912）就提出了企业创新的概念，其认为企业创新主要体现为结果的新颖性，包括新产品、新性能、新工艺、新能力、新供应源以及新组织结构。Mauis（1969）进一步指出所谓的企业创新仅仅是对于企业个体而言是新的，对于整个经济体而言不一定是新的。Mary 和 Marina（2010）在综合前人研究的基础上，提出企业创新是企业在特定的社会经济环境下通过生产或接受、吸收消化及应用有价值的新颖性知识来更新和扩展产品线、服务、工艺、制度的过程。其定义中有几点需要强调：第一，企业创新源包括企业内部创新和外部引进两种情况；第二，创新不仅仅是新知识的创造，还要注重知识的应用；第三，创新的结果要注重创新所带来的收益的增量；第四，创新中的新颖性是对企业个体而言的，并非针对整个经济体；第五，创新要同时考虑过程和结果（陈力田 等，2012）。

根据企业创新的定义，许多学者从创新过程和创新结果两个角度衡量企业创新水平，因此现有文献中对企业创新投入（RD）及专利产出的研究十分丰富。如童馨乐等（2022）、周雪峰和韩永飞（2022）、罗进辉等（2022）、吴秋生和李官辉（2022）等均对企业创新投入展开研究；孔军和原靖换（2021）、姚颐等（2021）、武晨和王可第（2022）等则是集中于对企业创新产出的分析。针对创新产出，许多学者又开始从创新质量的角度将企业创新产出划分为实质性创新和策略性创新两种类型（黎文靖、郑曼妮，2016；沈昊旻 等，2021；胡善成、靳来群，2021）。其中，实质性创新属于高技术水平的创新，能够有效推动技术水平的进步；而策略性创新则恰好相反，是企业为了迎合政府政策需要而开展的一些微小的、低技术水平的创新。

1.2.2.2 制造业企业创新特性

相对于服务业创新主要关注服务质量和服务水平的与众不同，制造业企业创新则主要聚焦于产品质量提升和生产工艺革新等层面。制造业企业创新特性主要体现在以下三个方面：第一，制造业"卡脖子"技术的突破需要持续性、规模性资金投入支持，且创新失败的风险很大，但一旦技术创新取得突破便很难被模仿和扩散，即制造业关键核心技术创新的高投入、高风险、高回报特性十分显著（付保宗、张鹏逸，2016）。第二，渐进式技术创新与颠覆性技术创新交替演进推动制造业高质量发展。其中，渐进式创新主要指制造业企业通过逆向工程和模仿而开展的创新活动，具体指技术改进活动和工艺创新活动。由于核心技术难以扩散导致渐进式的模仿创新机会减少，并且渐进式技术创新门槛较低，难以形成长期竞争优势，因此通过渐进式创新实现制造业产业升级的机会越来越少（John et al.，2011）。渐进式技术创新与颠覆性技术创新交替演进推动制造业转型升级成为创新型国家建设的战略导向。而渐进式创新和颠覆性创新分别与前文所论述的策略性创新、实质性创新内涵相似，分别对应低质量创新和高质量创新。第三，以管理创新和商业模式创新为代表的软实力创新逐渐被重视（李颖、贺俊，2022）。软实力创新可以通过降低组织的交易费用来节约成本，又可以实现运营层面的灵活调控，有利于优化企业内部创新生态，提高企业创新活力。

根据企业创新概念以及制造业企业创新特性，本书将从创新投入和创新产出两个维度对制造业企业创新水平进行度量，并进一步将创新产出分为实质性创新和策略性创新，以研判科创政策对制造业企业创新投入以及不同质量的创新产出的影响。

1.3 研究思路与方法

1.3.1 研究思路

本书以"制造业企业创新"为研究对象，围绕科创政策与制造业企业创新之间的"理论基础—动态关系—影响机制—优化路径—对策建议"的逻辑思路递进展开。具体而言：

第一，理论基础研究。分析科创政策影响制造业企业创新的相关理论及文献。

第二，动态关系研究。构建演化博弈模型分析政府支持与企业创新行为之间的动态演化关系，以及在考虑社会公众参与后，探究政府支持、公众参与和企业创新之间的动态演化关系。

第三，影响机制研究。对科创政策与制造业企业创新之间的影响机制进行理论分析，并围绕科创政策及其具体工具对企业创新的影响效果、影响机制进行实证分析。

第四，优化路径研究。从提高制造业企业创新角度出发，提出完善科创政策的优化路径，并仿真模拟不同科创政策优化路径对制造业企业创新的影响效果。

第五，对策建议研究。总结前期研究结论，提出完善科创政策的主要思路，并据此提出有针对性的对策建议。具体技术路线图见图 1-2。

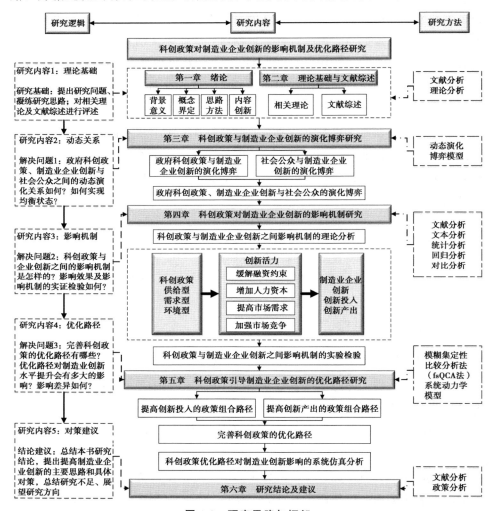

图 1-2　研究思路与框架

1.3.2　研究方法

（1）理论分析法在文献综述、影响机制构建以及优化路径研究中的应用。采用文献分析法等理论分析方法对科创政策与制造业企业创新的相关文献进行梳理评述，并构建科创政策对制造业企业创新影响机制的理论模型，提出科创政策引导制造业企业创新的优化路径。

（2）演化博弈模型在政府科创政策与制造业企业创新行为之间动态关系研究中的应用：构建政府与企业、企业与公众的双方演化博弈模型，并在此基础上构建政府、公众与企业的三方演化博弈模型，从动态视角分析政府科创政策与制造业企业创新动态博弈的均衡状态。

（3）统计分析法、回归分析、对比分析在科创政策与制造业企业创新影响机制及优化路径研究中的应用：采用统计分析方法对样本主要变量进行描述性统计分析和相关分析，采用回归分析法进行实证检验，并对比不同类型制造业企业中的差异；对系统动力学模型中的变量关系进行回归分析，对比科创政策不同优化路径的影响差异。

（4）模糊定性比较分析方法（fuzzy-set qualitative comparative andysis，简称 fsQCA）、系统动力学模型（system dynamics model，简称 SD）在科创政策引导制造业企业创新优化路径研究中的应用：基于 fsQCA 方法提出提高制造业企业创新投入和创新产出的政策组合路径，并据此提出科创政策优化路径；并采用 SD 模型对科创政策优化路径的实施效果进行仿真分析。

1.4 研究内容与创新

1.4.1 研究内容

本书以"制造业企业创新"为研究对象，从政府激励视角深入分析了科创政策对制造业企业创新的影响机制及优化路径。具体研究内容包括以下章节：

第一章是绪论。首先，分析了科创政策影响制造业企业创新的研究背景、主要问题及研究意义；其次，对本书的两个核心概念——科创政策、制造业企业创新进行概念界定，明确本书的研究边界；再次，总结了本书的研究思路，并介绍主要研究方法；最后，总结研究内容及框架，并提出研究的创新之处。

第二章是理论基础与文献综述。一方面，对本书研究中的相关理论进行梳理，包括市场失灵理论、信息不对称理论、资源依赖理论等；另一方面，梳理了与本书研究主题相关的国内外文献综述，包括制造业企业创新的相关研究、科创政策与企业创新之间关系的相关研究、科创政策与企业创新之间影响机制的相关研究、科创政策优化路径的相关研究等，并对现有文献进行总结评述。

第三章是科创政策与制造业企业创新的演化博弈研究。本部分构建了政府与企业、企业与公众的双方演化博弈模型，探讨在双方博弈下的动态均衡状态；在此基础上构建了政府、公众及企业的三方演化博弈模型，探讨在三方博弈下的动态均衡状态。从演化博弈分析中分析政府科创政策与制造业企业创新之间的动态关系。

第四章是科创政策对制造业企业创新的影响机制研究。一方面，在市场失灵理论、信息不对称理论、资源依赖理论等理论基础上建立科创政策与制造业企业创新之间影响机制的理论模型；另一方面，对科创政策与制造业企业创新之间的影响机制进行实证检验。在实证检验部分，首先，分析科创政策及其具体工具对制造业企业创新投入、创新产出的影响效果；其次，对前文理论分析中提出的四个影响机制进行实证检验；最后进行异质性分析、内生性检验、稳健性检验及影响机制调节作用的进一步研究。

第五章是科创政策引导制造业企业创新的优化路径研究。一方面，提出提高制造业企业创新投入和创新产出的政策组合路径，在此部分重点进行变量校准和单变量的必要性分析，在政策工具组合路径的基础上提出科创政策的具体优化路径；另一方面，仿真模拟科创政策 3 条优化路径对制造业创新水平的影响效果。

第六章是研究结论及建议。首先，总结了本书第三章至第五章研究的主要结论；其次，提出完善科创政策体系的主要思路；再次，围绕主要思路提出完善科创政策体系的具体建议；最后，分析了本书的研究局限，并陈述了未来研究方向。

1.4.2　研究创新

创新之一：从科创政策及具体工具两个层面全面分析政府激励对制造业企业创新的影响。现有关于政府支持对企业创新的影响相关研究或是集中于政策整体的效果或是侧重于某单个政策工具的效果，鲜有文献系统性地考察科创政策整体及具体政策工具对企业创新的影响，关于政策工具之间协同组合效果的考察更少。本书研究中不仅考察了科创政策力度以及供给型、需求型、环境型三类政策工具对企业创新的影响，还考察了政策工具组合影响企业创新的协同作用。全面系统地研究科创政策体系的创新效果是本书的重要创新之一。

创新之二：构建了政府支持、公众参与及企业创新的三方演化博弈模型探讨政府科创政策与制造业企业创新之间的动态关系。现有关于科创政策与企业创新的关系研究，多是从静态角度展开探讨，且目前学术界还没有形成统一结论。而本书则是在动态角度通过构建政府、公众与企业之间的演化博弈模型，系统分析三方博弈下的均衡状态及动态关系。

创新之三：构建了科创政策对制造业企业创新的影响机制。现有关于科创政策对企业创新影响机制的相关研究，虽然已提出了融资渠道、人力资本等机制，但相关研究还比较薄弱，尚需进一步丰富补充，且现有研究关于科创政策影响企业创新机制的对比分析比较薄弱，应从理论及实证层面进一步丰富科创政策影响企业创新的具体机制。

创新之四：提出完善科创政策的优化路径。现有研究大多从对策建议的角度提出如何完善科创政策体系，关于科创政策优化路径的研究较少。且现有科创政策优化路径的研究缺乏从外部政策工具及企业内部因素两个层面的综合考量；且科创政策优化应涉及政府、企业、高校等多方主体，是一个复杂的系统，但现有研究缺乏在综合考虑多方主体下的路径仿真分析。本书从政策工具类型及企业自身因素两个层面分析不同类型企业对科创政策需求的差异，并据此得出科创政策优化路径；并将科创政策影响制造业企业创新视为复杂系统，对科创政策优化路径的影响效果进行仿真分析。

第二章　理论基础与文献综述

2.1　相关理论

2.1.1　市场失灵理论

"市场失灵"理论认为，市场有效实现资源配置的功能要满足"完全竞争、信息充分、没有外部性"等特征，在此情形下达到"帕累托最优"。但是，当市场无法满足这些特征条件时，就会出现"市场失灵"。尤其是在现实中，市场满足这些特征条件难度很大，一旦无法满足就会出现垄断、资源错配、不正当竞争等现象。而为了克服市场"看不见的手"存在的不足，政府作为"看得见的手"及时干预，就会克服市场存在的缺陷。尤其是当前市场需求、创新活力等不足的情况下更要推动有效市场和有为政府更好结合，运用改革创新办法，激发市场创新活力。政府通过制定和实施产业政策，促进市场竞争、限制垄断、引导社会对某些制造业等关键领域的投资，从而更好发挥市场在资源配置中的决定性作用。

尤其对于制造业企业创新，更容易出现所谓的"市场失灵"现象。这是因为其创新具有高风险性、不确定性、外部性以及周期长等特征，导致制造业企业创新投资的意愿会较低，从而造成创新投资不足。为此，政府通常会通过政府支持措施来激发制造业企业的投资活力。徐明（2021）基于市场失灵理论提出，政府引导基金能够缓解中小科技企业以及初创企业融资的市场失灵问题；宋灿等（2022）也提出，产业政策扶持能够有效矫正创新体系内的市场失灵，从而对企业创新产生促进作用。

2.1.2　信息不对称理论

信息不对称理论认为不同主体所获得的信息是存在差异的。而正是存在这种信息获取的差异，使得市场主体存在信息优势方和劣势方。对于信息优势方来说，获取的信息更加有利，在决策中面临"道德风险"，信息优势方会有目的的隐藏自己已经获取的信息而不让其他主体知晓，进而做出有利于自己而损害其他主体的决策，这样使得信息劣势方面临损失或伤害。而信息劣势方在面对市场信息不对称的情况下，往往采取市场平均价格来进行商品交易，这样会产生劣质商品驱逐优质商品的现象，进而导致市场交易产品的质量下降，即造成"逆向选择"。而无论是"道德风险"还是"逆向选择"都会导致市场缺乏效率。而造成市场信息不对称的主要原因有两方面。一是信息的产生具有天然的不对称性；二是信息所有者为自身利益会设法掩盖信息。信息不对称的存在会使得资源不能合理配置，市场交易的整体成本增高。

在企业创新过程中，因为信息不对称问题的存在企业内部情况难以被外界了解，外部投资者也无法准确了解企业内部信息，从而难以做出正确的投资决策，而科创政策则会缓解企业的信息不对称情况，提高企业创新水平。企业受政府科创政策的支持会向外界传递企业运营、投资、创新成果等方面的积极信息，这种信息的传递能够有效降低企业的内部宣传成本和行业竞争成本，并通过信息的传递使投资者更加了解企业的创新状况从而吸引更多投资。如刘春林和田玲（2021）、张岩和吴芳（2022）等研究均指出，受政策支持的企业会向利益相关者传递"有能力"和"能信任"两方面的积极信息，从而有利于降低信息不对称，获得利益相关者的正面评价，获得企业创新的相关资源支持。

2.1.3　资源依赖理论

资源依赖理论认为组织需要通过获取环境中的资源来维持生存，组织通过不断与外部环境交换资源维持企业经营。而对资源依赖程度的强弱则取决于所需资源的稀缺程度和获取过程的难易程度。组织对环境及其中资源的依赖也是资源依赖学派解释组织内权力分配问题的起点。资源依赖理论强调组织权利，把组织视为一个政治行动者，认为组织的策略无不与组织试图获取资源、控制其他组织的权力行为相关。同时所有组织都生存于客观环境之中并同时依赖于其中的资源供给，但是环境的不确定性和资源的缺乏就导致了企业之间的相互差异。对于那些有价值的、稀缺的、具有不可替代性和不可复制性的资源是所有企业趋之若鹜的，获得这些资源的组织便具有更大的自主性和创造性空间，同时会影响其他缺乏资源的组织。

资金、土地、人才、技术以及采购渠道、销售渠道等等这些均是企业在创新风险承担过程中所依赖的重要资源，企业需要不断同外部客观环境进行交换以维持自身的高效运转，同时提高企业的创新水平。而在我国市场中，政府的宏观调控对资源的流向和分配发挥着不容小觑的作用。政府会利用政治手段的强制性和权威性掌握着关键资源的流动去向并同时影响着企业的风险承担行为，进而影响企业创新决策。蔡新蕾等（2013）基于资源依赖理论研究发现企业的政治行为会通过获取更多的资源提高企业的原始创新能力；王琳和陈志军（2020）从资源依赖理论出发，分析了创新型企业价值共创行为对企业即兴反应能力的影响。

2.2 文献综述

2.2.1 制造业企业创新的相关研究

制造业是国民经济发展的支柱产业，而创新是实现制造业高质量发展的核心（刘汶荣，2021）。由于企业创新活动具有周期长、成本高、风险大等异质性特征，制造业企业创新动力不足、创新水平较低成为制约制造业高质量发展的重要掣肘（罗双成 等，2021；宋玉臣 等，2021；章新蓉 等，2021；刘义臣 等，2021）。如何提高制造业企业创新水平，是学术界、政策制定者和企业管理层等共同关注的重要理论和实践问题。

大量研究对制造业企业创新的不同属性、不同维度展开研究，如制造业企业绿色创新（解学梅、韩宇航，2022；Gao K. et al.，2022）、创新绩效（党琳 等，2021；Li J. and Ye S.，2020；Dogan E. and Wong K. N.，2020）、创新效率（Zheng D. et al.，2020；Desmarchelier B. et al.，2020；朱慧明 等，2021）、突破式创新和高质量创新（孙文浩和张杰，2020；田立法 等，2021）。还有学者对制造业企业创新的影响因素展开了丰富的探讨。刘婷婷（2019）分析了制造业企业跨组织合作研发绩效的影响因素，如企业的合作广度和深度、自主研发水平以及合作伙伴性质的多样化特征等。那丹丹和李英（2020）专门研究了制造业企业转型升级的影响因素，包括技术创新和结构优化是、资源节约、两化融合、营销模式、环境保护等，其中科技创新是核心因素。朱慧明等（2021）基于创新价值链理论，研究了制造业企业技术创新效率的影响因素，其中，员工教育质量、盈利能力和现金流动性是正向影响因素，发明专利、出口程度、存续年限和企业成长性是负向影响因素。王莉静和丁琬君（2021）研究制造业企业创新资源整合的影响因素，指出创新战略是其先决因素，组织结构调整、创新情境、运营环节是其驱动因素。

还有部分学者研究了特定因素对制造业企业创新的影响。第一，关于外部环境因素。马红和侯贵生（2020）发现，在较长的时间范围内，雾霾污染能够倒逼企业提高创新意愿。党琳等（2021）研究指出，当前数字经济发展会通过改善外来投资与风险投资与私募股权（venture capital，简称 VC；private equity，简称 PE）活跃度等创新环境来影响制造业企业的合作创新绩效。刘鑫鑫和惠宁（2021）发现，区域互联网的发展有利于当地进高端技术的引进以及自主创新能力的提升。孙文浩和张杰（2022）指出，省级高新区升级能显著提高区域内制造业企业的研发投入水平，进而提高制造业企业创新产出。第二，关于公司治理及高管特性因素，吴建祖和华欣意（2021）研究发现，高管团队环境注意力对制造业企业实施绿色创新战略具有正向促进作用。叶建木等（2021）指出，高管团队风险偏好对医药制造业企业不同创新阶段下的再创新绩效影响存在差异。第三，关于政府政策因素。薛阳和胡丽娜（2020）研究指出，政府补助有利于制造业企业加大研发投入，提高制造业企业创新的积极性。张美莎和冯涛（2020）指出国际环境监管政策的实施会倒逼中国制造业上游企业创新。林志帆等（2022）指出，选择性产业政策只会诱使制造业企业增加非发明专利数量，而功能性产业政策则才会提高企业的发明专利数量。第四，关于资源因素。Li L. 等（2020）研究指出，融资约束会限制制造业企业开展绿色创新活动。李真和陈天明（2021）发现，银行信贷规模的扩大会缓解制造业企业面临的融资约束压力以及企业内部的现金流约束压力，进而促进制造业企业创新投入和产出的提高，但银行信贷偏向却会导致企业创新的分化。宋玉臣等（2022）研究发现，制造业上市公司开展非公开发行和现金认购的股权再融资有利于企业创新水平的提高。第五，关于企业行为因素。肖阳和张晓飞（2020）研究指出，制造业企业的技术并购有利于企业创新的持续性。罗超平和胡猛（2021）指出，互联网线上销售对制造业企业创新具有促进作用，进而提高企业的全要素生产率。

2.2.2 科创政策与制造业企业创新之间关系的相关研究

随着社会经济的发展，市场经济已经难以满足国家对于企业创新发展的要求，为弥补市场经济的缺陷，政府普遍通过颁布科创政策的方式来干预市场，其目的是促进制造业企业加大创新投入，提高创新水平。结构主义经济学家研究发现，国家可以通过颁布政策促进企业创新（Hao et al.，2021），也有学者认为，科创政策对企业创新的影响机制较为复杂，容易引起寻租行为，所以其对企业创新有效性方面的作用仍然值得探讨（张杰，2015）。因此，目前科创政策是促进还是抑制企业创新尚未有定论。

关于科创政策的促进论，学者认为科创政策有利于提高制造业企业创新水平。

首先，根据资源依赖理论，企业的创新活动需要大量的人力、物力、财力等资源，而科创政策则会通过资源配置功能为企业创新提供资源支撑，进而激发企业创新活力，提高创新水平。关于人力资源的支持，当前中央及各地政府广泛实施了"万人计划""英才计划"等人才支持政策，这些政策通过对企业人才建设的奖励和补贴，为企业集聚起大量创新人才，受支持的企业会向利益相关者传递"有能力"和"能信任"两方面的积极信息，从而有利于降低信息不对称，获得利益相关者的正面评价，获得企业创新的相关资源支持（刘春林、田玲，2021；张岩、吴芳，2022；郝凤霞、吴赟，2022）。关于物力资源支持，科创政策会引导研发资本向受政策支持的行业和地区倾斜，流入的资本会提高新机器设备的投资水平，并加快设备更新改造进度，这种与机器设备相融合的物化型技术进步有利于提高创新的积聚力量，提高地区工业企业的创新水平（王林辉 等，2021）。关于财力资源，新熊彼特学派的技术创新理论认为，企业进行创新所展开的研发活动具有高风险、高成本、收益不确定等特点，不同于一般投资，研发活动需要持续稳定的资金链条，所以企业很容易陷入资金短缺的困境（Peter et al.，2012）。而政府颁布的科创政策可以通过直接补贴和间接补贴两种手段来缓解企业的融资约束问题，直接补贴即通过财政拨款等，间接补贴包括税收优惠、信贷优惠等政策（Kang and Park，2011；Mukherjee et al.，2017）。杨蓉等（2018）对制造业企业进行研究发现，科创政策会缓解制造业企业创新面临的融资约束问题，进而激励企业创新投资，其中内源融资是缓解融资问题的主要途径，其次是债权融资和政府补贴。

其次，根据市场信号传递理论，在信息不对称的情况下，科创政策的颁布有利于扩大创新产品的市场需求，进而提高企业创新水平。如，政府采购政策会通过公开招标的机制挑选企业，被选中的企业便可以通过政府采购开拓市场，提高创新产品的知名度和认可度（邵颖红、程与豪，2021；熊勇清 等，2022；王伊攀、朱晓满，2022）；企业可以通过技术进口学习国外的先进技术、创新产品与创新经验，缩小技术差距，从而提高企业创新水平（杨丽君2020）；吴昌南和钟家福（2020）研究指出，技术引进税收优惠政策能显著提升产业创新能力；示范作为联结技术开发与市场扩散之间的一个特殊阶段，能够有效推动产品市场需求，通过示范项目和示范工程为企业开拓市场提供助力（苏竣、张汉威，2014）。

最后，根据公共管理理论，政府会通过为企业创新提供公共服务，优化企业创新生态，进而激发企业创新活力，提高企业创新水平。优化营商环境是政府完善创新服务体系的一个重要着力点，王磊等（2022）、张曾莲和孟苗苗（2022）、霍春辉和张银丹（2022）等的研究均指出，营商环境优化能够显著促进企业创新效率和创新质量的提升，并且营商环境优化会通过降低交易成本、缓解融资约束、增强市场竞争程度、优化要素资源配置对企业创新产生正向影响。此外，服务平台建设、咨询调解、技术服务、公共服务、信用体系建设等方面的公共服务支持政策有利于降低研发风险，提高创新成果收益，从而促进企业创新水平（武晓芬，2018；郑烨 等，2018；魏亚运 等，2021；卫武、赵璇，2022；张培、李楠，2022）。陈晨等（2022）也指出，借助创新平台建设、政企关系改善、要素市场完善和服务环境优化等创新服务体系的优化，城市政策强化了创新型企业政策的创新效应

因此，不少学者依据资源依赖理论、信号传递理论以及公共管理理论等，从资源支撑、市场拉动、环境保障等方面对科创政策与企业投资之间的关系展开研究，并提出科创政策会促进企业创新水平提升，得到所谓的"促进论"。Su 等（2021）、党国英和刘朝阳（2021）等指出，政府颁布有利于企业创新的政策将会激励企业增加对新兴产品的生产投资，进而加大企业的研发投入。叶志伟等（2021）指出，受到科创政策支持的企业，管理者会乐观地估计未来经营情况，有更强烈的动机扩大创新投资规模，加速企业的发展。张杰（2021）

发现，科创政策中的高新技术企业减税政策和研发加计扣除政策等税收优惠政策能显著提高企业的自主投资水平，表现为挤入效应。Guo C. 和 Niu Y. （2022）指出，政府补贴能够有效缓解经济政策不确定性对企业创新的负向影响。

关于科创政策的抑制论，部分学者认为，科创政策会降低企业自主创新水平。

基于非理性人的认识，学者指出科创政策在促进企业扩大研发规模的同时，也容易使企业陷入非理性的境地，容易盲目扩大研发投资规模，加速财务危机的发生。根据经济学理论，随着政策激励强度的增加，任何激励措施都存在边际效率下降的趋势，当政策强度过高时，会削弱这种引导作用。"潮涌现象"和"羊群现象"往往是由于产业政策加剧了企业对市场的认知偏差，导致企业做出非理性的投融资决策，企业的创新投资将会由"基于信息或激励外部性的理性从众"转为"基于过度自信认知偏差的非理性从众"（毕晓方，2019）。南晓莉和和韩秋（2015）发现，政策本身的不确定性会对新兴企业的研发投资产生抑制效应和挤出效应。毛其淋（2016）发现，高额度的政府补贴容易引起企业的"寻租行为"，企业逐渐倾向于与政府建立寻租关系来获得超额利润，这将弱化政策对企业的研发激励。黎文靖和郑曼妮（2016）发现，科创政策只显著促进了企业的策略性创新行为，并没有对实质性创新产生促进效果。李万福等（2017）发现，科创政策虽然提高了企业总体创新投资水平，但却并没有激励企业自主创新。刘兰剑等（2021）发现，科创政策在促进企业创新、提高企业创新质量的过程中存在门槛效应，即并非政策优惠越多越好，政策强度越强越好，而是有一个阈值的存在，只有在阈值范围内才能使促进效果达到最佳。曹廷求等（2021）发现，绿色信贷政策会在对重污染企业的绿色创新产生明显的抑制作用，具体表现在会降低企业信贷规模。孙自愿等（2022）发现，针对政府的科技政策，高新技术企业存在创新迎合的倾向，这种倾向会显著降低企业的创新效率和创新产出水平。

综合科创政策影响企业创新的"促进论"和"抑制论"，部分学者提出，科创政策是否对不同企业的影响存在差异？由此，学术界关于科创政策效果的异质性探讨逐渐丰富起来。

首先，区域异质性方面。陈钊和熊瑞祥（2015）发现，国家级出口加工区扶持政策的实施效果存在较强的区域异质性，当企业所在地区的主导产业与当地比较优势一致时，政策激励能够有效提升企业的创新质量，当不一致时，激励效果就会消失。熊凯军（2021）指出，相较于技术比较优势较低省份的企业，重点产业政策对技术优势较低省份企业的影响水平更高。刘斌和潘彤（2022）对比南北方的经济差距及政策驱动差异，指出南方地区的地方政府对企业创新更为重视，创新政策的实施效果也更好。其次，行业异质性方面。陈璐怡等（2021）发现，绿色产业政策对企业的创新绩效促进作用在非重污染行业中的可持续性较好，而在重污染行业中的可持续性与其存在较大差异。再次，企业异质性方面。林志帆和刘诗源（2022）指出，由于加速折旧在高资本密集型行业的潜在收益较大，因此固定资产加速折旧政策对高资本密集度行业的创新激励作用更大。丁方飞和谢昊翔（2021）研究表明在非国有企业中，科创政策提升企业的高质量创新绩效的效应更加明显。陈志勇等（2022）发现，减税政策对非制造企业、规模较大、年龄较大企业的高质量创新激励效果更佳。罗锋等（2022）也发现，区域创新政策对非国有企业、成长型企业、中小型企业以及高新技术企业创新的促进作用明显。李丹丹（2022）指出，政府研发补贴对中小企业、非国有企业创新绩效的激励效应要大于大规模企业及国有企业。最后，政策异质性方面。杨博和王林辉（2021）发现，支持型创新激励政策对国有企业与大规模企业的创新质量提升较明显，而自由裁量型政府创新补贴政策更能促进民营企业与小规模企业创新经济效益的提升。孙忠娟等（2022）发现，需求型科创政策工具能提高小型企业的创新水平，供给型政策能提高大型企业的创新水平。综上可以发现，政策对于企业创新质量的影响与所在地区、所处行业、企业自身特点，甚至是政策本身都有关系，因此探讨科创政策与企业创新之间的关系应该进行异质性探讨。

2.2.3　科创政策与制造业企业创新之间影响机制的相关研究

关于科创政策与制造业企业创新之间的影响机制，学者已经从融资机制（李戎、刘璐茜，2021；王丽萍 等，2021；陈晨 等，2021）、人力资本集聚机制（陈晨 等，2021；保永文 等，2021）、市场竞争机制（王丽萍 等，2021；宋灿等，2022）、信号传递机制（陈晨 等，2021；保永文 等，2021）等方面展开了研究。

首先，科创政策可以通过扩宽融资渠道影响制造业企业创新水平。

企业创新活动具有长期性、高风险性和不可逆性等特点，而且创新过程中面临着高成本、资源约束和失败风险。其中，融资约束对创新的限制较大，当企业在创新过程中面临融资约束时，创新将难以为继（翟华云和刘易斯，2021）。企业融资难题大多源于金融体系不健全等宏观因素（Chen and Guariglia，2013）以及信息不对称等微观因素（张静、张焰朝，2021）。从微观角度具体来看，主要是因为信息不对称问题和代理问题，企业内部情况难以被外界了解，外部投资者也无法准确了解企业内部信息，从而难以做出正确的投资决策（李健，江金鸥 等，2020）。从宏观角度具体来看，企业所处的资本市场并不完善，根据资本结构控制权理论，资本市场的不完善性导致企业的外部融资成本要大于内部融资成本，使得企业获得资金就需要付出更大的代价，最终产生不同程度的融资约束问题（Chu and Gao，2019）。

融资约束对企业创新的抑制作用是毋庸置疑的，其对企业创新绩效的提升也有限制作用，目前已有许多学者通过大量研究验证此结论（周开国 等，2017；郭联邦、王勇，2020），而政府政策可以通过银行信贷、政府补贴、股权融资等多种方式扩宽企业融资渠道，缓解企业面临的融资约束，进而促进企业创新（李文秀、唐荣，2021；覃飞、沈艳，2021；王海、尹俊雅，2021）。关于银行信贷，李戎和刘璐茜（2021）发现，绿色金融政策会提高企业的长期借款占比，通过改善企业债务结构来促进企业绿色创新；杨蓉和朱杰（2022）发现，区域创新政策能显著提高企业的债务融资规模和债务融资期限。关于政府补贴，赖烽辉等（2021）研究发现，当企业面临较高的融资约束时，研发前补贴能够降低企业的融资成本，促进企业研发水平的提高；叶翠红（2021）也指出，政府补贴可以缓解融资约束对企业绿色创新的负向影响。关于税收优惠，彭华涛和吴瑶（2021）认为，研发费用加计扣政策能够向企业向外部市场释放有利信号，缓解外部投资者对研发项目风险的预期估算，吸引多渠道研发投资，因此，该项税收优惠政策能够削弱融资约束对创业企业研发投入强度的负面影响；高正斌等（2021）发现，减税政策能够有效提高企业的创新水平，并且在税负下降越多的企业中创新产出越多。

其次，科创政策会通过人力资本集聚促进制造业企业创新水平提升。

创新人才是企业开展创新活动最重要的要素之一，企业要想持续不断地开展创新活动，就要进行更多的创新人才储备（许玲玲 等，2022）。对于任何地区和企业而言，创新驱动的实质是人才驱动，只要拥有了一流的科技人才，就拥有了科技创新的优势和主导权（李作学、张蒙，2022）。Sun 等（2020）指出技术型人力资本的积累能够显著提高企业的创新绩效；裴政和罗守贵（2020）发现，人力资本的规模能提高企业的投资绩效，在规模较大的企业中这种影响更显著。Cheng Y. 和 Zhang J.（2021）也提出人力资本积累能够促进区域的创新水平。

科创政策的支持会为企业带来资源倾斜，吸引高素质人才向政策支持的企业集聚（许玲玲 等，2022）。主要原因有三点：一是，受政策支持的企业会获得更多的税收优惠、政府补贴和银行贷款等，这些资源不仅可以为企业创新活动提供资源支撑，还有助于降低企业得劳动雇佣成本，伴随着创新投资规模的增加，增加企业的劳动雇佣需求（陈超凡 等，2022）；二是，科创政策支持下企业降低了创新投资风险和投资成本，这有利于增加企业的税后利润，从而提高企业员工的工资水平，员工工资水平的提高会通过信息的传递吸引高水平人力资本的聚集（保永文 等，2021）；三是，受政策支持的企业会得到更多的培训学习机会，这有利于员工进一步提高其技能水平，形成企业专用的人力资本，这会大大提高员工的忠诚度，降低员工的离职率（乐菡 等，2022）。因此，科创政策会通过人力资本集聚促进企业提高创新水平（刘毓芸、程宇玮，2020；袁野 等，2021；Li. and Ye，2020）。乐菡等（2022）研究发现，地方性的"人才新政"能够显著提高当地的创新绩效；张岩和吴芳（2021）指出，地方性的"抢人"政策对当地高新技术企业市场价值的提升有显著的促进效果。孙鲲鹏 等（2021）研究发现，受人才政策影响的企业会提高研发人员招聘数量，进而提高了企业的研发投入、专利产出和研发效率。

再次，科创政策会通过加剧市场竞争程度影响制造业企业创新水平。

市场在资源配置过程中起决定性作用，市场竞争是推动企业技术创新的最根本力量（Coccia and Rolfo，2008；Meckling and Nahm，2019；岳佳彬和胥文帅，2021）。但目前对于市场竞争与企业创新之间关系的结论尚未统一。基于阿罗模型，有学者认为二者之间存在正向关系，市场竞争越激烈，越有利于企业增加研发投入（谭小芬和钱佳琪，2020）。因为市场竞争程度越高，资源配置优化程度就越高，越能拓宽促进企业创新的融资渠道（胡令、王靖宇，2020），再加之企业在竞争中需要保持其竞争优势，提高自身竞争力不被市场淘汰，此时技术创新就是其累积竞争优势、巩固和抢占市场份额的重要手段（何玉润 等，2015）。夏清华和黄剑（2019）也指出，伴随着企业市场竞争能力的逐步提升，企业将会拥有更多的创新投资机会，这会刺激企业通过进一步的开展创新活动提升企业价值。也有学者认为正好相反，当市场竞争程度提高时，其所引起的跟随效应和模仿效应会降低企业创新的边际价值，进而不利于企业创新（Nielsen，2015）。这可能与异质性有关，例如非高新技术类型企业进行金融化投资的可能性更高，当市场竞争程度越高时，其创新就越容易出现短视行为，不利于企业长远发展（王昀、孙晓华，2018）。还有学者提出二者并非简单的线性关系，而是呈非线性的倒 U 形关系，及市场竞争与企业创新之间存在阈值效应（李健 等，2016；Aghion et al.，2013）。夏清华和黄剑（2019）从信号理论的研究视角出发，也证实了市场竞争与企业创新研究之间存在倒 U 形关系。

市场机制的高效运行依赖于公平竞争的市场秩序，而科创政策的实施会影响行业市场竞争秩序。科创政策的支持可以增强企业的知名度和社会认可度，进而提升企业市场竞争力和市场占有率。具体而言，受到政府科创政策的支持会向外界传递企业运营、投资、创新成果等方面的积极信息，这种信息的传递能够有效降低企业的内部宣传成本和行业竞争成本，降低企业参与市场竞争的阻力，节约创新资源（陈晨 等，2021）。如，科创政策中的法规管制等措施可以有效规范市场中政府和企业的行为，对维护市场机制、规范市场秩序以及提高资源配置效率均有促进作用（叶光亮 等，2022）。邓伟（2021）指出，税收征收作为财政收入的主要方式，能够有效调控市场运行机制，影响公平竞争秩序，因此科创政策中的税收优惠政策公平竞争审查制度会影响市场竞争行为。张鹤（2021）指出，科创政策中的融资融券政策会提高股价的敏感度，进而激励管理层对企业产品市场竞争行为做出调整。目前有学者开始研究政府政策与市场竞争之间的协同效应，当政府政策在促进企业创新时，市场竞争程度的强弱会显著影响其正负向关系（康志勇 等，2018）。赵岩（2018）发现，市场竞争、政府支持与企业创新之间具有交互效应，企业创新绩效对市场竞争具有支持效应，企业创新绩效对政府支持具有提升效应。

最后，科创政策会通过信号传递机制影响制造业企业创新。

信号理论是由 Stiglitz（1989）、Spence（2007）等经济学家开创并逐步发展起来的，包括信号传递和信号甄别两大方面。政府科创政策的制定和实施，会向被选中的企业以及选中企业的利益相关者传递出一定信息，进而影响企业本身、其利益相关者以及政府机构的决策，进而影响企业的创新水平。第一，对于创新型企业本身，当政府明确向市场发出要对满足某种标准的企业进行政策支持时，相关企业会审查自身条件以期满足标准，并通过提高专利数量这个最基本的信号来扩大市场竞争优势以获得政府资源的持续性支持（江飞涛 等，2021）。但在这个过程中，受支持企业可能采取"寻租"方式"骗取"名号，并出现"敷衍"性行为通过政策验收评价，从而导致了政策的失灵（黄宇虹，2018），这是对科创政策"抑制论"的主要观点（毛其淋，2016；孙自愿 等，2022）。第二，对于企业利益相关者，在政府的信用背书下，政策的支持会向市场传递关于企业的积极信号，缓解企业和其利益相关者（尤其是投资者）之间信息不对称性，减轻企业的融资约束（郭玥，2018；余典范、王佳希，2022）。陈晨等（2022）根据投资者情绪理论指出，科创政策的支持会强化投资者的正面信息反馈，投资者消化市场信息后，会提高对企业创新项目的预期，投资者在趋利动机驱使下会增加对企业的创新投资，提升企业的投资水平。第三，对于政府部门，当政府通过筛查接受某类企业具备了政策支持的信号后，便会进行相应的政策支持以兑现其前期的信号承诺（黎文靖、郑曼妮，2016）。张奇峰等（2017）指出，政策的支持会加强企业与政府之间的沟通互联，消除政府和企业之间的信息不对称，政治关联通过信息效应为企业带来政府更多的资源支持和服务保障，促进企业创新发展。依据信号传递机制，徐军玲和刘莉（2020）、武威和刘玉廷（2020）、邓峰等（2021）、卢现祥和李磊（2021）、刘春林和田玲（2021）等均对科创政策与企业创新之间的关系展开了探讨。

除了前述总结的融资机制、人力资本集聚机制、市场竞争机制以及信号传递机制，还有少部分学者提出了经验机制（胡凯、刘昕瑞，2022）、创新数量（陈志勇 等，2022）、企业创新可行性评估（谢斌 等，2021）等在科创政策与企业创新之间的传导作用。

2.2.4　科创政策优化路径的相关研究

关于科创政策优化路径的现有研究主要是以政策建议的定性分析范式展开探讨。史永乐和严良（2022）通过借鉴发达国家的经验提出我国在完善科技创新元治理体系中要加强顶层设计、提升治理主体能力和政策工具协同运用的路径选择。陈劲和阳镇（2021）在分析新发展格局下产业技术政策的理论逻辑及突出问题后提出政策的优化路径，即构建创新政策双元动态平衡体系、建立共性技术创新支撑体系、重塑公平竞争的政策体系等。Ferry M.（2021）从人员激励、支持模式、市场需求以及精准扶持四个方面总结了激发产业创新的财税政策优化路径。Tanaka M. 等（2018）在金融支持政策分析的基础上提出信贷支持、创新激励、结构优化等技术支持政策的优化路径。刘亭立和傅秋园（2018）在对绿色新能源产业创新政策进行评价的基础上，从平衡供需不匹配现状、构建创新链桥梁、推动人才基地建设三个方面为产业优化路径提供建议。

也有部分学者在定量分析的基础上提出了政策的优化路径。霍春辉和张银丹（2022）提出，营商环境可以通过竞争驱动效应以及融资缓冲效应两条路径影响企业创新质量，并采用回归分析方法对这两条路径进行了实证检验。徐乐等（2022）构建了双方和三方演化博弈模型，探讨了政府、公众、企业在绿色技术创新中的行为策略选择和内生演化路径。

现有文献对科创政策优化路径的研究比较薄弱，很难为本研究科创政策优化路径的分析提供方法论上的经验借鉴。为此，本书从方法论角度整理了企业创新优化路径的部分研究，希冀能为本书科创政策研究提供方法上的借鉴。整体而言，企业创新路径优化的研究方法大多是以案例分析为基础的定性分析，也有部分学者采用回归分析、组态分析以及仿真模拟等定量方法展开探讨。

首先，基于理论分析和案例分析的路径研究。束超慧等（2022）从理论上提出，人工智能通过"知识创造-源头技术创新""人机协同-核心能力平台""价值共创-创新生态系统"三条路径实现颠覆性创新，并以科大讯飞为案例进行深入剖析。肖鹏和孙晓霞（2021）在对安徽中鼎密封件股份有限公司进行案例分析时，从低端产品、内向型开放式创新等八个维度构建了制造型跨国企业产品高端化的路径模型。尚晏莹和蒋军锋（2021）以海尔和长虹为案例，提出企业商业模式创新的"外部环境—内部环境—内外部交互"三因素理论框架和创新路径。余菲菲等（2021）通过三个案例分析提炼出以贫困人口多维需求为中心的产品创新、企业-政府-社会组织等多主体协同创新和"链式合作与跨链重整"的三条行业扶贫创新路径。张志鑫和闫世玲（2022）基于双循环新发展格局，从理论层面提出推动企业技术创新的四条实践路径，即协同调控配置创新资源、产业链升级带动创新发展、供给侧改革提升创新质量和知识产权保障创新动力。其次，基于回归分析的路径探讨，霍春辉和张银丹（2022）提出，营商环境可以通过竞争驱动效应以及融资缓冲效应两条路径影响企业创新质量，并采用回归分析方法对这两条路径进行了实证检验。汪明月和李颖明

（2021）通过回归分析研究发现，企业绿色技术创新升级路径是显著存在的，其中绿色工艺创新是中介变量，且间接路径所占的比重要大于直接路径。宋广蕊等（2021）通过构建结构方程模型实证发现，企业的创新投资行为中存在同群效应，其与企业管理者创新投资行为意向一起在创新投资行为传递中发挥中介作用。再次，基于 fsQCA 方法的路径分析。曾经纬和李柏洲（2022）采用组态思维，运用 fsQCA 方法考察了技术、组织和环境等前因变量对企业绿色创新的联合影响，提出突破式绿色创新存在三条组态路径，渐进式绿色创新存在四条组态路径。曲小瑜（2021）同样采用 fsQCA 方法对产生高朴素式创新绩效的前因变量进行组态分析，并得到双重网络嵌入驱动型、市场网络嵌入下拼凑与认知驱动型、制度网络嵌入下即兴与认知驱动型三条路径。樊霞和李芷珊（2021）采用 fsQCA 方法研究实现研发国际化创新高绩效的实现路径，发现制度主导下开发市场的基地打造型和环境复杂化下突破创新的联盟合作型是两条主要路径。冯立杰等（2021）也是采用 fsQCA 方法对企业创新驱动路径展开探讨。最后，基于仿真和博弈工具的路径研究。李文等（2021）采用 NK 模型的仿真工具模拟了制造企业商业模式创新的优化路径，并以海尔服务化转型进行案例分析。徐乐等（2022）构建了双方和三方演化博弈模型，探讨了政府、公众、企业在绿色技术创新中的行为策略选择和内生演化路径。

2.2.5　文献总结及评述

综上所述，现有国内外文献已经对制造业企业创新、科创政策与制造业企业创新的影响关系、机制及路径展开了丰富的研究，这为本书研究的开展奠定了理论基础，尤其是路径研究中的研究方法为本书提供了参考，但现有文献还存在一定的不足尚需深入研究。文献评述如下：

关于制造业企业创新，现有研究对制造业企业创新的不同属性以及制造业企业创新的影响因素展开了丰富的研究。一方面，关于制造业企业创新的不同属性，已从创新效率、绿色创新、高质量创新等不同角度展开研究，但从创新投入、创新产出两个角度同时进行探讨的比较少。另一方面，关于制造业企业创新的影响因素，部分学者对影响企业创新的各种因素进行综合探讨，也有学者锚定于外部环境、政府政策、公司治理、资源获取、企业行为等特定因素进行分析，分析发现政策因素是其中的重要因素之一，因此本书将据此聚焦于政策因素，研究科创政策对制造业企业创新的影响。

关于科创政策与制造业企业创新的关系研究，目前学术界还没有形成统一结论。部分学者基于资源依赖理论、信号传递理论以及公共管理理论从政策资源供给、需求拉动、环境保障等方面提出了科创政策对制造业企业创新的"促进论"，但也有部分学者得出了相反的结论，提出了所谓的"抑制论"，据此许多学者进行了相应的异质性讨论。综合现有科创政策与企业创新的关系研究，尚需进一步提供两者关系的经验证据，且需要加强不同政策工具的效果分析，更为重要的是，政府和企业双方，抑或是公众参与下的政府、企业和公众三方的决策过程都是动态变化、相互依存的，应该从动态角度加深对不同主体参与下的政府科创政策对制造业企业创新影响的演化博弈分析。

关于科创政策与制造业企业创新的影响机制研究，现有研究已经提出了融资渠道、人力资本集聚、市场竞争以及信号传递等不同的传导机制，还需要深入挖掘其他重要的影响机制。且现有研究尚未对不同科创政策工具影响企业创新的影响机制进行对比分析，应从理论及实证层面进一步丰富科创政策及其不同政策工具影响企业创新的具体机制。

关于科创政策的优化路径研究，现有研究主要是以政策建议的定性分析范式展开探讨，也有少量学者在定量分析的基础上提出政策的优化路径，相关研究比较薄弱。为此本书整理了企业创新水平提升优化路径研究的相关方法，其中组态分析以及仿真模拟的研究方法为本书开展提供了方法借鉴，但现有关于科创政策引导企业创新水平提升路径的相关研究缺乏从外部政策工具及企业内部因素两个层面的综合考量；且科创政策引导企业创新水平优化应涉及政府、企业、高校等多方主体，是一个复杂的系统，但现有研究缺乏在综合考虑多方主体下的优化路径影响制造业企业创新效果的仿真分析。

基于前人研究基础和不足，本书将首先对科创政策如何影响制造业企业创新进行演化博弈分析；其次，理论构建科创政策对制造业企业创新的影响机制并进行实证检验；再次，综合采用 fsQCA 方法以及系统动力学模型分析科创政策优化路径以及不同优化路径对制造业企业创新的影响效果；最后，给出本书研究结论和建议。希冀通过本书研究可以为政府完善科创政策体系提供决策参考，为制造业企业创新水平的提高提供经验借鉴。

第三章　科创政策与制造业企业创新的演化博弈研究

　　政府科创政策如何有效驱动制造业企业进行创新呢？这是本书需要探讨的第一个有趣的话题。根据利益相关者理论，制造业企业创新的利益相关者是指能够影响创新的所有相关个体或者群体，通常主要包括政府、制造业企业、社会公众等。"十四五"规划中提出，"坚持创新在我国现代化建设全局中的核心地位"，"形成以企业为主体、市场为导向、产学研用深度融合的技术创新体系"。前文已经提到，政府主要通过政策规划和激励引导制造业企业创新，制造业企业作为创新的主体更要发挥其主体作用。同时，社会公众的行为也会对制造企业的创新产生重要影响，如消费者的需求和偏好会对制造业企业创新产生监督作用，进而影响制造业企业创新产品的市场需求以及创新人才的招聘。因此，本书选取政府、制造业企业和社会公众作为制造业企业创新的利益相关者，三类群体之间相互影响，相互制约，其作用机制如图3-1所示。其中，政府和制造业企业属于监管调控关系，公众和制造业企业属于共生冲突关系，政府和社会公众属于委托代理关系。

　　首先，政府采取一系列科创政策干预制造业企业的创新决策，通过支持或者监管型政策引导或者督促制造业企业进行创新。政府作为科创政策出台的扮演者，其会在政策出台的成本与政策收益之间进行权衡，从而决定政策干预的范围和力度。制造业企业作为创新的主体力量，其创新活动有利于打破企业的发展困局，提高企业竞争力，但同时因为创新具有风险高、不确定性强等特征，作为"经济人"的企业便会出现相机抉择的行为（梁雁茹、徐建中，2022），这就导致企业可能不会主动进行创新，而政府的干预政策在一定程度上可以促进或者倒逼企业进行创新。因此，政府的扶持以及监管行为均可能对制造业企业创新产生驱动作用。本书基于此探究了政府-企业的演化博弈研究。

　　其次，制造业企业的创新行为不仅受到自身利益最大化目标的限制，还受到社会公众监督的影响。在现实中，企业追求自身利益最大化的目标往往缺乏社会责任感，可能会导致其目标与社会公众的利益产生冲突。对于制造业企业创新行为，企业和公众之间可能存在一定程度的冲突关系，但也存在共生的可能。公众的创新偏好可能会促进制造业企业改变其生产策略以提高自身科技创新能力，生产符合公众喜好的产品，从而影响创新产品的市场需求。但是部分企业可能由于成本等限制，无法实现科技创新的要求，从而将不实施科技创新的负效应转嫁给公众，公众则采取举报等方式倒逼企业进行科技创新。此外，公众的关注于举报还会影响行业内创新人才的流向，一般而言，创新人才更倾向于选择公众评价较高的企业，因此，公众关注与公众举报均对制造业企业创新产生驱动作用。本书基于此探究了公众-企业的演化博弈研究。

最后，政府和社会公众在促进制造业技术创新中共同发挥作用。政府行为直接影响公众参与制造业科技创新。比如，政府可以通过提出举报奖励等方式鼓励公众对科技创新进行监督，提高公众的科技创新意识，从而促进企业提高科技创新水平。政府还可以通过健全监督平台，为社会公众提供一个便利且有效的监督环境，以刺激公众发挥其监督作用。同时，社会公众可以采取产品投诉等监督方式向政府表达自身的利益诉求。而政府为了获取公众信任，会及时、有效地处理公众投诉，从而倒逼企业进行科技创新。据此，本书展开了政府-公众-制造业企业三方演化博弈研究，探究政府和公众在制造业企业创新上的协同效应。

需要强调的是，在演化博弈分析过程中，本书将对政府科创政策工具进行详细分析。从政策工具角度，科创政策可以划分为供给型、需求型以及环境型三种类型，三种科创政策工具在影响制造业企业创新行为中分别发挥着资源供给、需求拉动、环境保障的功能（杨巧云 等，2021；李鹏利 等，2021；胡志明 等，2022）。因此，为深入分析三类政策工具对制造业企业创新的影响效果，本书在演化博弈模型构建中将结合不同政策工具的假设，对政策工具的效果进行模拟仿真，对现行政策参数进行冲击，从而验证单个政策工具的有效性以及多种政策工具的交互效果。

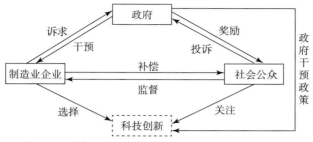

图 3-1 制造业企业创新的利益相关者及其作用机制

3.1 政府科创政策与制造业企业创新的演化博弈

3.1.1 研究假设

本书从支持以及监管的双重视角出发，构建政府与制造业企业的两方演化博弈模型。因此，本书做出如下假设：

假设 H1：存在政府（G）与制造业企业（E）两个主体，政策的策略选择为｛干预，不干预｝，制造业企业的策略选择为｛创新，不创新｝。政府选择"干预"策略的概率为 x，相应的政府选择"不干预"策略的概率为 $1-x$。制造业企业选择"创新"策略的概率为 y，相应的企业选择"不创新"策略的概率为 $1-y$。并同时满足条件 $0 \leqslant x \leqslant 1$，$0 \leqslant y \leqslant 1$。且 x、y 均为时间 t 的函数。政府和企业经过不断的学习，达到演化稳定策略（evolutionarily stable strategy，简称 ESS）（Li et al.，2014）。x^*、y^* 分别表示 ESS 下政府和企业的选择概率。

假设 H2：不考虑其他约束条件的影响，政策和制造业企业作为完全独立的主体，具有独立选择策略的能力。两主体都具备一定的学习能力，并符合有限理性原则（Liu et al.，2019；Liu et al.，2020；Guo and Zhang，2018；Yang and Yang，2019；Liu and Yang，2018，Liu et al.，2014）。

假设 H3：政府采用支持型科创政策引导制造业企业创新。政策工具主要分为供给型、需求型和环境型三类政策工具。政府支持企业创新会通过三种政策工具对企业的创新行为进行鼓励。如财政补贴、政府采购以及人才支持等。假设供给型、需求型和环境型政策工具的执行强度因子分别为 α、β 和 γ。而政府采用三类政策工具的成本分别为 A、J 和 K。对于供给型政策工具来说，政府通过财政补贴、银行贷款等手段给予企业一定的资金优惠，即企业创新即可享受到一定的资金补贴。需求型政策工具是政府通过政府购买创新产品等行为引导市场需求，这一部分收益计算在企业的总收益里。而环境型政策工具是一种公共产品，在政府支持创新的行为下，无论企业创新与否，政府都会进行一定的环境塑造。因此，在该假设下，无论企业创新与否政府都要营造创新环境，支出为 γK。企业进行创新，政府会给予一定的供给型资金补贴 αA，需求型政策工具的市场购买为 βJ。因此，政府在此条件下支出为 $\alpha A + \beta J + \gamma K$。

假设 H4：政府采用监管性科创政策约束企业行为，倒逼制造业企业进行创新。如通过征收惩罚型税费（如环保税）等手段督促企业进行创新。假设政府实施监管行为的成本为 R，其执行强度为 δ。

假设 H5：制造业企业初始收益为 P，企业进行创新的成本为 C，企业创新后所获得的收益比原来进行不创新时增加了 ΔP，企业创新带给政府的收益为 P_g。若企业不进行创新会导致企业的收益发生下降，量化该下降的强度为 ε，假设不创新后企业获得的收益为 $(1-\varepsilon)P$，而企业不创新带给政府的损失为 S_g。

根据上述假设，企业和政府的支付矩阵见表 3-1。

表 3-1　企业和政府的支付矩阵

		政府	
		干预 x	不干预 $1-x$
企业	创新 y	$P + \Delta P + \alpha A + \beta J - C$ $P_g - \alpha A - \beta J - \gamma K$	$P + \Delta P - C$ P_g
	不创新 $1-y$	$(1-\varepsilon)P - \delta R$ $\delta R - \gamma K - S_g$	$(1-\varepsilon)P$ $-S_g$

3.1.2　政府与制造业企业演化稳定策略分析

政府进行干预和不干预两种策略下的期望收益如式（3-1）和（3-2）所示：

$$U_G = y(P_g - \alpha A - \beta J - \gamma K) + (1-y)(\delta R - \gamma K - S_g) \tag{3-1}$$

$$U_{\overline{G}} = y P_g + (1-y)(-S_g) \tag{3-2}$$

此时，政府的平均收益如式（3-3）所示：

$$\overline{U_{\mathrm{G}}} = xU_{\mathrm{G}} + (1-x)\,U_{\overline{\mathrm{G}}} \tag{3-3}$$

制造业企业进行创新和不创新的期望收益如式（3-4）和（3-5）所示：

$$U_{\mathrm{E}} = x\,(P + \Delta P + \alpha A + \beta J - C) + (1-x)(P + \Delta P - C) \tag{3-4}$$

$$U_{\overline{\mathrm{E}}} = x\,[(1-\varepsilon)\,P - \delta R] + (1-x)\,(1-\varepsilon)\,P$$

$$= x\,(P - \varepsilon P - \delta R) + (1-x)(P - \varepsilon P) \tag{3-5}$$

此时，制造业企业的平均收益如式（3-6）所示：

$$\overline{U_{\mathrm{E}}} = yU_{\mathrm{E}} + (1-y)\,U_{\overline{\mathrm{E}}} \tag{3-6}$$

根据 Malthusian 方程，当博弈中选取某一策略的收益高于该群体其他策略的平均收益时，则认为该策略能够适应该群体演化过程。针对政府和制造业企业两个主体博弈进行复制动态分析，获得政府的复制动态方程如式（3-7）所示：

$$F\,(x) = \frac{\mathrm{d}x}{\mathrm{d}t} = x\,(U_{\mathrm{G}} - \overline{U_{\mathrm{G}}}) = x\,(1-x)\,(U_{\mathrm{G}} - U_{\overline{\mathrm{G}}})$$

$$= x\,(x-1)\,[\,y\,(\alpha A + \beta J + \gamma K) + (y-1)(\delta R - \gamma K)\,] \tag{3-7}$$

制造业企业的复制动态方程如式（3-8）所示：

$$F\,(y) = \frac{\mathrm{d}y}{\mathrm{d}t} = y\,(U_{\mathrm{E}} - \overline{U_{\mathrm{E}}}) = y\,(1-y)\,(U_{\mathrm{E}} - U_{\overline{\mathrm{E}}})$$

$$= y\,(1-y)\,[\,x\,(\alpha A + \beta J + \delta R) - C + \varepsilon P + \Delta P\,] \tag{3-8}$$

根据微分方程稳定性原理，当所有的动态方程都为 0 时，意味着整个动态系统将趋于稳定。政府和企业博弈模型的均衡点可以通过式（3-9）计算：

$$\begin{cases} F\,(x) = \dfrac{\mathrm{d}x}{\mathrm{d}t} = 0 \\[2mm] F\,(y) = \dfrac{\mathrm{d}y}{\mathrm{d}t} = 0 \end{cases} \tag{3-9}$$

显然，存在四个特殊均衡解 $E_1(0,\,0)$、$E_2(1,\,0)$、$E_3(0,\,1)$、E_4（1，1），且在每一个均衡点上政府和企业均采用了纯策略。此外，当满足式（3-10），还存在混合策略的均衡点 $E_5(x^*,\,y^*)$。

$$\begin{cases} y\,(\alpha A + \beta J + \gamma K) + (y-1)\,(\delta R - \gamma K) = 0 \\[2mm] x\,(\alpha A + \beta J + \delta R) - C + \varepsilon P + \Delta P = 0 \end{cases} \tag{3-10}$$

求解可得，$x^* = \dfrac{C - \varepsilon P - \Delta P}{\alpha A + \beta J + \delta R}$，$y^* = \dfrac{\delta R - \gamma K}{\alpha A + \beta J + \delta R}$，即混合策略的均衡点为 $E_5(\dfrac{C - \varepsilon P - \Delta P}{\alpha A + \beta J + \delta R},\ \dfrac{\delta R - \gamma K}{\alpha A + \beta J + \delta R})$。只有满足 $0 < x^* < 1$，$0 < y^* < 1$

时，混合策略的均衡解位于演化博弈解域内。

根据复制动态方程得到的平衡点是否是演化稳定策略需要进一步验证。只有当均衡点同时满足严格纳什均衡和纯策略纳什均衡时，均衡点才处于演化稳定状态。对于混合策略的均衡点 $E_5(\dfrac{C-\varepsilon P-\Delta P}{\alpha A+\beta J+\delta R}, \dfrac{\delta R-\gamma K}{\alpha A+\beta J+\delta R})$，不可能成为演化稳定策略。接下来通过分析雅克比矩阵的特征值，判断特殊均衡点 $E_1 \sim E_4$ 的稳定性。该系统的雅克比矩阵为

$$\begin{pmatrix} (2x-1)\begin{bmatrix} y(\alpha A+\beta J+\gamma K) \\ +(y-1)(\delta R-\gamma K) \end{bmatrix} & x(x-1)(\alpha A+\beta J+\delta R) \\ y(1-y)(\alpha A+\beta J+\delta R) & (1-2y)\begin{bmatrix} x(\alpha A+\beta J+\delta R) \\ -C+\varepsilon P+\Delta P \end{bmatrix} \end{pmatrix}。$$

对于均衡点 $E_1(0,0)$，其雅克比矩阵 $\boldsymbol{J}_1$ 为

$$\boldsymbol{J}_1 = \begin{pmatrix} \delta R-\gamma K & 0 \\ 0 & -C+\varepsilon P+\Delta P \end{pmatrix}。$$

在矩阵 J_1 中，可得其特征值为 $\lambda_1=\delta R-\gamma K$，$\lambda_2=-C+\varepsilon P+\Delta P$。当 $\delta R-\gamma K<0$ 且 $\Delta P-C+\varepsilon P<0$，雅克比矩阵所有特征值均为负值，满足系统演化稳定性的充要条件。此时，政府"干预"的收益小于"不干预"的收益，制造业企业"创新"的收益小于"不创新"时的收益，因此，（0，0）是演化稳定的均衡点。

对于均衡点 $E_2(1,0)$，其雅克比矩阵 $\boldsymbol{J}_2$ 为

$$\boldsymbol{J}_2 = \begin{pmatrix} \gamma K-\delta R & 0 \\ 0 & \alpha A+\beta J+\delta R-C+\varepsilon P+\Delta P \end{pmatrix}。$$

在矩阵 $\boldsymbol{J}_2$ 中，可得其特征值为 $\lambda_1=\gamma K-\delta R$，$\lambda_2=\alpha A+\beta J+\delta R-C+\varepsilon P+\Delta P$。当 $\gamma K-\delta R<0$ 且 $\alpha A+\beta J+\delta R-C+\varepsilon P+\Delta P<0$，雅克比矩阵所有特征值均为负值，满足系统演化稳定性的充要条件。此时，政府"干预"的收益大于"不干预"的收益，制造业企业"创新"的收益小于"不创新"时的收益，因此，（1，0）是演化稳定的均衡点。

对于均衡点 $E_3(0,1)$，其雅克比矩阵$\boldsymbol{J}_3$ 为

$$\boldsymbol{J}_3 = \begin{pmatrix} -(\alpha A+\beta J+\gamma K) & 0 \\ 0 & C-\varepsilon P-\Delta P \end{pmatrix}。$$

在矩阵 $\boldsymbol{J}_3$ 中，可得其特征值为 $\lambda_1=-(\alpha A+\beta J+\gamma K)<0$，$\lambda_2=C-\varepsilon P-$

ΔP。当 $C - \varepsilon P - \Delta P < 0$，雅克比矩阵所有特征值均为负值，满足系统演化稳定性的充要条件。此时，政府"干预"的收益小于"不干预"的收益，制造业企业"创新"的收益大于"不创新"时的收益，因此，（0，1）是演化稳定的均衡点。

对于均衡点 $E_4(1，1)$，其雅克比矩阵 $\boldsymbol{J}_4$ 为

$$\boldsymbol{J}_4 = \begin{pmatrix} \alpha A + \beta J + \gamma K & 0 \\ 0 & -(\alpha A + \beta J + \delta R - C + \varepsilon P + \Delta P) \end{pmatrix}$$

在矩阵 $\boldsymbol{J}_4$ 中，可得其特征值为 $\lambda_1 = \alpha A + \beta J + \gamma K > 0$，$\lambda_2 = -(\alpha A + \beta J + \delta R - C + \varepsilon P + \Delta P)$，$\lambda_1$ 不满足系统演化稳定性的充要条件。因此，（1，1）不是演化稳定的均衡点。

基于上述计算分析，可以得到表 3-2。当 $\delta R - \gamma K > 0$ 且 $0 < C - \varepsilon P - \Delta p < \alpha A + \beta J + \delta R$ 时，无演化稳定的均衡点，其演化路径如图 3-2（a）所示。当 $\delta R - \gamma K > 0$ 且 $C - \varepsilon P - \Delta P < 0$，即政府监管带来的惩罚性收入大于政府环境型政策工具的支出，且制造业企业创新成本小于企业创新获得的收益与企业不创新损失的收益之和时，（不干预，创新）为均衡策略，其演化路径如图 3-2（b）所示。当 $\delta R - \gamma K > 0$ 且 $C - \varepsilon P - \Delta P > \alpha A + \beta J + \delta R$，即政府监管带来的惩罚性收入大于政府环境型政策工具的支出，且制造业企业创新成本大于企业创新获得的收益及政府补贴与企业不创新损失的收益之和时，（干预，不创新）为均衡策略，其演化路径如图 3-2（c）所示。

表 3-2　均衡点稳定性分析

均衡点	特征值 λ_1，λ_2	实部符号	稳定性分析
（0，0）	$\delta R - \gamma K$， $-C + \varepsilon P + \Delta P$	（N，N）	不确定，当 $\delta R - \gamma K < 0$ 且 $\Delta P - C + \varepsilon P < 0$，为 ESS
（1，0）	$\gamma K - \delta R$， $\alpha A + \beta J + \delta R - C + \varepsilon P + \Delta P$	（N，N）	不确定，当 $\gamma K - \delta R < 0$ 且 $\alpha A + \beta J + \delta R - C + \varepsilon P + \Delta P < 0$，为 ESS
（0，1）	$-(\alpha A + \beta J + \gamma K)$， $C - \varepsilon P - \Delta P$	（−，N）	不确定，当 $C - \varepsilon P - \Delta P < 0$，为 ESS
（1，1）	$\alpha A + \beta J + \gamma K$， $-(\alpha A + \beta J + \delta R - C + \varepsilon P + \Delta P)$	（+，N）	不稳定点

注："N"表示实部符号不确定。

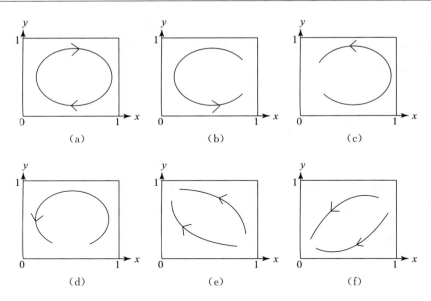

图 3-2　政府与企业演化博弈的局部稳定性

进一步地，当 $\delta R - \gamma K < 0$ 且 $C - \varepsilon P - \Delta P < 0$，即政府监管带来的惩罚性收入小于政府环境型政策工具的支出，且制造业企业创新成本大于企业创新获得的收益与企业不创新损失的收益之和，小于企业创新获得的收益及政府补贴与企业不创新损失的收益之和时，（不干预，创新）为均衡策略，其演化路径如图 3-2（d）所示。当 $\delta R - \gamma K < 0$ 且 $0 < C - \varepsilon P - \Delta P < \alpha A + \beta J + \delta R$，即政府监管带来的惩罚性收入小于政府环境型政策工具的支出，且制造业企业创新成本小于企业创新获得的收益与企业不创新损失的收益之和时，（不干预，不创新）为均衡策略，其演化路径如图 3-2（e）所示。当 $\delta R - \gamma K < 0$ 且 $C - \varepsilon P - \Delta P > \alpha A + \beta J + \delta R$，即政府监管带来的惩罚性收入小于政府环境型政策工具的支出，且制造业企业创新成本大于企业创新获得的收益及政府补贴与企业不创新损失的收益之和时，（不干预，不创新）为均衡策略，演化路径如图 3-2（f）所示。

3.1.3　政府与制造业企业演化博弈仿真分析

3.1.3.1　政府与制造业企业双方博弈仿真分析

为分析不同政府政策选择下制造业企业创新的稳定运行轨迹，本书利用 MATLAB 软件对上述演化博弈模型进行仿真分析，并对不同政策工具的执行强度分别进行了仿真模拟，图 3-3 到图 3-8 都显示了政府和企业双方的稳定策略演化路径，其中，x、y分别表示政府干预创新、制造业企业创新的比重。其他参数设置如表3-3所示，并分以下几种初始情形进行了设定。

表 3-3　政府与企业演化博弈模型参数

变量符号	变量说明	变量符号	变量说明
x	政府选择"干预"策略的概率	δ	政府实施监管执行强度
y	企业选择"创新"策略的概率	R	政府实施监管行为的成本
α	供给型政策工具的执行强度	P	企业初始收益
β	需求型政策工具的执行强度	C	企业进行创新的成本
γ	环境型政策工具的执行强度	ΔP	企业创新后比原来不创新时增加的收益
A	政府供给型政策工具的成本	P_g	企业创新带给政府的收益
J	政府需求型政策工具的成本	ε	企业不创新导致企业的收益损失强度
K	政府环境型政策工具的成本	S_g	企业不创新带给政府的损失

情形1：当政府支持创新成本较高，而企业创新收益较高时，设定 $\Delta P = 4$、$\alpha = 0.5$、$\beta = 0.5$、$\gamma = 0.5$、$\delta = 0.5$、$\varepsilon = 0.5$、$A = 5$、$J = 2$、$K = 1$、$R = 1$、$C = 10$、$P = 15$。稳态为"政府不干预、企业创新"，系统演化路径如图3-3所示。

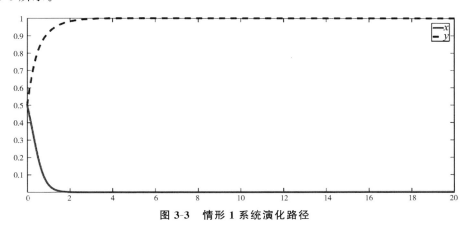

图 3-3　情形 1 系统演化路径

情形2：当政府履责成本较高，而企业创新收益较低时，设定 $\Delta P = 2$、$\alpha = 0.5$、$\beta = 0.5$、$\gamma = 0.5$、$\delta = 0.5$、$\varepsilon = 0.5$、$A = 5$、$J = 2$、$K = 1$、$R = 1$、$C = 10$、$P = 15$。稳态为"政府不干预、企业不创新"，系统演化路径如图3-4所示。

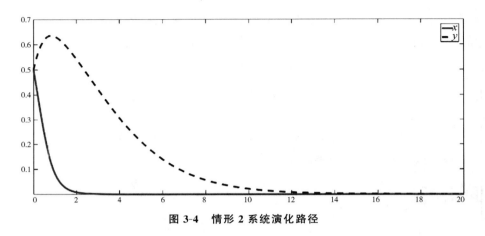

图 3-4　情形 2 系统演化路径

　　情形 3：当政府支持创新成本较高，而企业创新成本较高时，本书设定 $\Delta P=4$、$\alpha=0.5$、$\beta=0.5$、$\gamma=0.5$、$\delta=0.5$、$\varepsilon=0.5$、$A=5$、$J=2$、$K=1$、$R=1$、$C=12$、$P=15$。稳态为"政府不干预、企业不创新"，系统演化路径如图 3-5 所示。

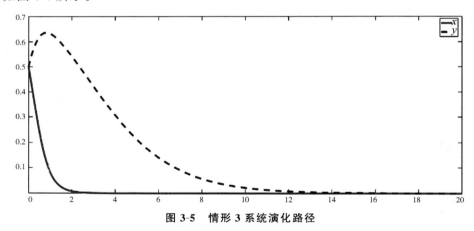

图 3-5　情形 3 系统演化路径

　　综上可以看出，政府和企业在进行是否进行创新策略的决策时，主要考虑各自的成本和收益，政府在供给型政策、需求型政策和环境型政策等支持企业创新的成本较高时，倾向于采取不干预的策略，当企业创新成本较高或者收益较低时，倾向于采取不创新的策略。而情形 1 的稳态均衡策略为"政府不干预、企业自主创新"时二者能够达到的一种较为理想的状态，因此，本书选择情形 1 作为初始情形，分析不同政策执行强度变化下企业策略的演化轨迹，从而分析政府政策工具对企业创新的影响。

在供给型政策强度分别为 0.1、0.5、0.9 时进行仿真分析，在三种供给型政策工具的执行强度下，"政府不干预、企业创新"均为稳定策略。而且，随着供给型政策工具的执行强度的增加，达到稳定状态的速度更快，因此，政府使用供给型政策工具能够加快促进制造业企业进行创新。系统演化路径如图 3-6 所示。

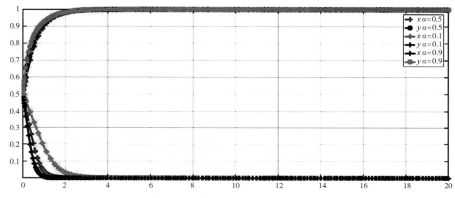

图 3-6　不同供给型政策工具的执行强度下系统演化路径

在需求型政策工具的执行强度分别为 0.1、0.5、0.9 时进行仿真分析，在三种需求型政策工具的执行强度下，"政府不干预、企业创新"均为稳定策略。而且，随着需求型政策工具的执行强度的增加，达到稳定状态的速度更快，因此，政府使用需求型政策工具能够加快促进制造业企业进行创新。系统演化路径如图 3-7 所示。

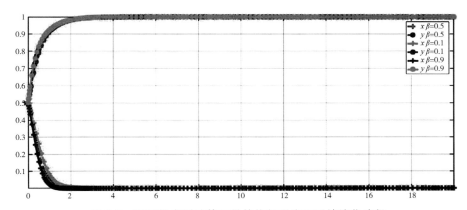

图 3-7　不同需求型政策工具的执行强度下系统演化路径

在环境型政策工具的执行强度分别为 0.1、0.5、0.9 时进行仿真分析，在三种环境型政策工具的执行强度下，"政府不干预、企业创新"均为稳定策略。而且，随着环境型政策工具的执行强度的增加，达到稳定状态的速度更快，因此，政府使用环境型政策工具能够加快促进制造业企业进行创新。系统演化路径如图 3-8 所示。

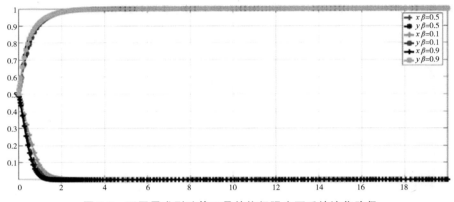

图 3-8 不同需求型政策工具的执行强度下系统演化路径

3.2 社会公众与制造业企业创新的演化博弈

对于制造业企业创新的影响并不只有政府一个主体，政府的科创政策也并不都能直接对企业创新行为产生直接影响。企业作为市场主体，还要考虑消费者的需要和偏好，而政府的政策需要全社会氛围的营造对企业创新产生间接影响。因此本书更进一步考虑把社会公众加入博弈模型，本部分构建了制造业企业与社会公众的两主体演化博弈模型，重点对企业创新与社会公众进行演化博弈与仿真分析。

本书构建制造业企业与社会公众两主体演化博弈模型，假设社会公众的策略包含关注和不关注两种行为。公众关注主要表现在两方面，一方面是公众支持创新，即更加关注产品的升级换代或者某些创新带来的体验，或者作为消费者实际购买企业的产品；另一方面公众对于不创新产品产生的某些质量问题进行投诉、差评或者去购买替代品，进而影响企业的口碑和收益，也对企业的声誉和收入产生负面影响，进而倒逼企业进行创新。

3.2.1　研究假设

假设1：存在社会公众（M）与制造业企业（E）两个主体，社会公众的策略选择为{关注，不关注}，制造业企业的策略选择为{创新，不创新}。社会公众选择"关注"策略的概率为 z，相应的社会公众选择"不关注"策略的概率为 $1-z$。制造业企业选择"创新"策略的概率为 y，相应的企业选择"不创新"策略的概率为 $1-y$。并同时满足条件 $0 \leqslant z \leqslant 1$，$0 \leqslant y \leqslant 1$。且 z、y 均为时间 t 的函数。社会公众和企业经过不断的学习，达到演化稳定策略（ESS）。z^*、y^* 分别表示 ESS 下社会公众和企业的选择概率。

假设2：不考虑其他约束条件的影响，社会公众和企业作为完全独立的主体，具有独立选择策略的能力。两主体都具备一定的学习能力，并符合有限理性原则。

假设3：社会公众关注企业创新有三种手段，分别为购买产品、关注产品和产品投诉，其执行强度因子分别为 ϵ、θ、ϑ，采用三种手段的成本分别为 B、Q、W。因此，社会公众在三种手段上的支出分别为 ϵB、θQ、ϑW。其中，社会公众购买产品的支出由企业所得，体现为企业的总收益。

假设4：制造业企业初始收益为 P，企业进行创新的成本为 C，企业创新后所获得的收益比原来进行不创新时增加了 ΔP，企业创新带给社会公众的收益为 P_m。若企业不进行创新会导致企业的收益发生下降，量化该下降的强度为 ε，假设不创新后企业获得的收益为 $(1-\varepsilon)P$，而企业不创新带给社会公众的损失为 S_m。产品投诉造成企业的损失量化为 T。由于公众支持企业创新额外获得的收益为 ΔP_m。

由此可得到社会公众与制造业企业的两方博弈演化矩阵，如表3-4所示：

表 3-4　社会公众与企业的两方博弈支付矩阵

		社会公众	
		关注 z	不关注 $1-z$
企业	创新 y	$P+\Delta P-C$ $P_m-\epsilon B-\theta Q-\vartheta W+\Delta P_m$	$P+\Delta P-C$ P_m
	不创新 $1-y$	$(1-\varepsilon)P-T$ $-S_m-\theta Q-\vartheta W$	$(1-\varepsilon)P$ $-S_m$

3.2.2 制造业企业与公众演化稳定策略分析

社会公众关注创新和不关注两种行为的期望收益如式（3-11）和（3-12）所示：

$$U_{\mathrm{M}} = y(P_{\mathrm{m}} - \epsilon B - \theta Q - \vartheta W + \Delta P_{\mathrm{m}}) + (1 - y)(- S_{\mathrm{m}} - \theta Q - \vartheta W)$$

$$\tag{3-11}$$

$$U_{\overline{\mathrm{M}}} = y P_{\mathrm{m}} + (1 - y)(- S_{\mathrm{m}}) \tag{3-12}$$

社会公众的平均收益如式（3-13）所示：

$$\overline{U_{\mathrm{M}}} = z U_{\mathrm{M}} + (1 - z) U_{\overline{\mathrm{M}}} \tag{3-13}$$

由此可得，社会公众的复制动态方程如式（3-14）所示：

$$F(z) = \frac{\mathrm{d}z}{\mathrm{d}t} = z(U_{\mathrm{M}} - \overline{U_{\mathrm{M}}}) = z(1 - z)(U_{\mathrm{M}} - U_{\overline{\mathrm{M}}})$$

$$= z(1 - z)\left[y(\Delta P_{\mathrm{m}} - \epsilon B) - \theta Q - \vartheta W \right] \tag{3-14}$$

制造业企业创新和不创新的两种策略期望收益分别如式（3-15）和（3-16）所示：

$$U_{\mathrm{E}} = z(P + \Delta P - C) + (1 - z)(P + \Delta P - C) = P + \Delta P - C \tag{3-15}$$

$$U_{\overline{\mathrm{E}}} = z((1 - \varepsilon)P - T) + (1 - z)(1 - \varepsilon)P = (1 - \varepsilon)P - zT \tag{3-16}$$

此时，制造业企业的平均收益如式（3-17）所示：

$$\overline{U_{\mathrm{E}}} = y U_{\mathrm{E}} + (1 - y) U_{\overline{\mathrm{E}}} \tag{3-17}$$

制造业企业的复制动态方程如式（3-18）所示：

$$F(y) = \frac{\mathrm{d}y}{\mathrm{d}t} = y(U_{\mathrm{E}} - \overline{U_{\mathrm{E}}}) = y(1 - y)(U_{\mathrm{E}} - U_{\overline{\mathrm{E}}})$$

$$= y(1 - y)\left[zT + \varepsilon P + \Delta P - C \right] \tag{3-18}$$

制造业企业和社会公众博弈模型的均衡点可以通过式（3-19）计算：

$$\begin{cases} F(y) = \dfrac{\mathrm{d}y}{\mathrm{d}t} = 0 \\ F(z) = \dfrac{\mathrm{d}z}{\mathrm{d}t} = 0 \end{cases} \tag{3-19}$$

显然，存在四个特殊均衡解 $E_1(0, 0)$、$E_2(1, 0)$、$E_3(0, 1)$、$E_4(1, 1)$，且在每一个均衡点上企业和社会公众均采用了纯策略。此外，当满足式（3-20）时，还存在混合策略的均衡点 $E_5(x^*, y^*)$.

$$\begin{cases} zT + \varepsilon P + \Delta P - C = 0 \\ y(\Delta P_{\mathrm{m}} - \epsilon B) - \theta Q - \vartheta W = 0 \end{cases} \tag{3-20}$$

求解可得，$y^* = \dfrac{\theta Q + \vartheta W}{\Delta P_m - \epsilon B}$，$z^* = \dfrac{C - \Delta P - \varepsilon P}{T}$，即混合策略的均衡点为 $E_5\left(\dfrac{\theta Q + \vartheta W}{\Delta P_m - \epsilon B}, \dfrac{C - \Delta P - \varepsilon P}{T}\right)$。只有满足 $0 < y^* < 1$，$0 < z^* < 1$ 时，混合策略的均衡解位于演化博弈解域内。

根据复制动态方程得到的平衡点是否是演化稳定策略需要进一步验证。只有当均衡点同时满足严格纳什均衡和纯策略纳什均衡时，均衡点才处于演化稳定状态。对于混合策略的均衡点 $E_5\left(\dfrac{\theta Q + \vartheta W}{\Delta P_m - \epsilon B}, \dfrac{C - \Delta P - \varepsilon P}{T}\right)$，不可能成为演化稳定策略。接下来通过分析雅克比矩阵的特征值，判断特殊均衡点 E_1 至 E_4 的稳定性。该系统的雅克比矩阵为

$$\begin{pmatrix} (1-2y)(zT + \varepsilon P + \Delta P - C) & y(1-y)T \\ z(1-z)(\Delta P_m - \epsilon B) & (1-2z)\left[y(\Delta P_m - \epsilon B) - \theta Q - \vartheta W\right] \end{pmatrix}。$$

对于均衡点 $E_1(0, 0)$，其雅克比矩阵 $\boldsymbol{J}_1$ 为

$$\boldsymbol{J}_1 = \begin{pmatrix} \varepsilon P + \Delta P - C & 0 \\ 0 & -\theta Q - \vartheta W \end{pmatrix}。$$

在矩阵 $\boldsymbol{J}_1$ 中，可得其特征值为 $\lambda_1 = \varepsilon P + \Delta P - C$，$\lambda_2 = -\theta Q - \vartheta W < 0$。当 $\varepsilon P + \Delta P - C < 0$，雅克比矩阵所有特征值均为负值，满足系统演化稳定性的充要条件。此时，社会公众"关注"的收益小于"不关注"的收益，制造业企业"创新"的收益小于"不创新"时的收益，因此，（0，0）是演化稳定的均衡点。

对于均衡点 $E_2(1, 0)$，其雅克比矩阵 $\boldsymbol{J}_2$ 为

$$\boldsymbol{J}_2 = \begin{pmatrix} -(\varepsilon P + \Delta P - C) & 0 \\ 0 & \Delta P_m - \epsilon B - \theta Q - \vartheta W \end{pmatrix}。$$

在矩阵 $\boldsymbol{J}_2$ 中，可得其特征值为 $\lambda_1 = -(\varepsilon P + \Delta P - C)$，$\lambda_2 = \Delta P_m - \epsilon B - \theta Q - \vartheta W$。当 $\varepsilon P + \Delta P - C > 0$ 且 $\Delta P_m - \epsilon B - \theta Q - \vartheta W < 0$，雅克比矩阵所有特征值均为负值，满足系统演化稳定性的充要条件。此时，社会公众"关注"的收益小于"不关注"的收益，制造业企业"创新"的收益大于"不创新"时的收益，因此，（1，0）是演化稳定的均衡点。

对于均衡点 $E_3(0, 1)$，其雅克比矩阵 $\boldsymbol{J}_3$ 为

$$\boldsymbol{J}_3 = \begin{pmatrix} T + \varepsilon P + \Delta P - C & 0 \\ 0 & \theta Q + \vartheta W \end{pmatrix}。$$

在矩阵 J_3 中，可得其特征值为 $\lambda_1 = T + \varepsilon P + \Delta P - C$，$\lambda_2 = \theta Q + \vartheta W > 0$，$\lambda_2$ 不满足系统演化稳定性的充要条件。因此，（0，1）不是演化稳定的均衡点。

对于均衡点 $E_4(1,1)$，其雅克比矩阵 J_4 为

$$J_4 = \begin{pmatrix} -(T + \varepsilon P + \Delta P - C) & 0 \\ 0 & -(\Delta P_m - \sigma B - \theta Q - \vartheta W) \end{pmatrix}。$$

在矩阵 J_4 中，可得其特征值为 $\lambda_1 = -(T + \varepsilon P + \Delta P - C)$，$\lambda_2 = -(\Delta P_m - \sigma B - \theta Q - \vartheta W)$。当 $T + \varepsilon P + \Delta P - C > 0$ 且 $\Delta P_m - \sigma B - \theta Q - \vartheta W > 0$，雅克比矩阵所有特征值均为负值，满足系统演化稳定性的充要条件。此时，社会公众"关注"的收益大于"不关注"的收益，制造业企业"创新"的收益大于"不创新"时的收益，因此，（1，1）是演化稳定的均衡点。基于上述计算分析，可以得到表 3-5。

表 3-5　均衡点稳定性分析

均衡点	特征值 λ_1，λ_2	实部符号	稳定性分析
（0，0）	$\varepsilon P + \Delta P - C$， $-\theta Q - \vartheta W$	（N，－）	不确定，当 $\varepsilon P + \Delta P - C < 0$，为 ESS
（1，0）	$-(\varepsilon P + \Delta P - C)$， $\Delta P_m - \sigma B - \theta Q - \vartheta W$	（N，N）	不确定，当 $\varepsilon P + \Delta P - C > 0$ 且 $\Delta P_m - \sigma B - \theta Q - \vartheta W < 0$，为 ESS
（0，1）	$T + \varepsilon P + \Delta P - C$， $\theta Q + \vartheta W$	（N，＋）	不稳定点
（1，1）	$-(T + \varepsilon P + \Delta P - C)$， $-(\Delta P_m - \sigma B - \theta Q - \vartheta W)$	（N，N）	不确定，当 $\varepsilon P + \Delta P - C + T > 0$ 且 $\Delta P_m - \sigma B - \theta Q - \vartheta W > 0$，为 ESS

注："N"表示实部符号不确定。

由表 3-5 可以看出，当 $\Delta P_m - \sigma B - \theta Q - \vartheta W > 0$ 且 $\varepsilon P + \Delta P - C < -T$，即制造业企业创新带给社会公众的收益大于公众支持创新的成本，且制造业企业创新成本大于企业创新获得的收益与企业不创新及产品投诉损失的收益之和时，（不创新，不关注）为均衡策略。当 $\Delta P_m - \sigma B - \theta Q - \vartheta W > 0$ 且 $-T < \varepsilon P + \Delta P - C <$ 0，即制造业企业创新带给社会公众的收益大于公众支持创新的成本，且制造业企业创新成本大于企业创新获得的收益与企业不创新损失的收益之和，小于企业

创新获得的收益与企业不创新及产品投诉损失的收益之和时，（不创新，不关注）以及（创新，关注）均为均衡策略。当 $\Delta P_m - \hbar B - \theta Q - \vartheta W > 0$ 且 $\varepsilon P + \Delta P - C > 0$ 时，制造业企业创新带给社会公众的收益大于公众支持创新的成本，且制造业企业创新成本小于企业创新获得的收益与企业不创新损失的收益之和时，（创新，关注）为均衡策略。当 $\Delta P_m - \hbar B - \theta Q - \vartheta W < 0$ 且 $\varepsilon P + \Delta P - C < -T$，即制造业企业创新带给社会公众的收益小于公众支持创新的成本，且制造业企业创新成本大于企业创新获得的收益与企业不创新及产品投诉损失的收益之和时，（不创新，不关注）为均衡策略。当 $\Delta P_m - \hbar B - \theta Q - \vartheta W < 0$ 且 $-T < \varepsilon P + \Delta P - C < 0$ 时，即制造业企业创新带给社会公众的收益大于公众支持创新的成本，且制造业企业创新成本大于企业创新获得的收益与企业不创新损失的收益之和，小于企业创新获得的收益与企业不创新及产品投诉损失的收益之和时，（不创新，不关注）为均衡策略。当 $\Delta P_m - \hbar B - \theta Q - \vartheta W < 0$ 且 $\varepsilon P + \Delta P - C > 0$，即制造业企业创新带给社会公众的收益小于公众支持创新的成本，且制造业企业创新成本小于企业创新获得的收益与企业不创新损失的收益之和时，（创新，不关注）为均衡策略。

3.2.3　制造业企业与公众演化仿真分析

为分析不同公众行为下下制造业企业创新的稳定运行轨迹，本书利用 MATLAB 软件对企业与公众的演化博弈模型进行仿真分析，并对不同政策强度分别进行了仿真模拟，图 3-9 到图 3-14 都显示了公众和制造业企业双方的稳定策略演化路径，其中，y、z 分别表示制造业企业创新、公众关注企业创新的比重。其他参数设置如表 3-6 所示，并分以下几种初始情形进行了设定。

表 3-6　公众与企业双方演化博弈参数

变量符号	变量说明	变量符号	变量说明
y	企业选择"创新"策略的概率	θ	社会公众关注产品执行强度
z	公众选择"关注"策略的概率	ϑ	社会公众投诉产品执行强度
P	企业初始收益	B	社会公众购买产品成本
C	企业进行创新的成本	Q	社会公众关注产品成本
ΔP	企业创新后比原来不创新增加的收益	W	社会公众产品投诉成本

续表

变量符号	变量说明	变量符号	变量说明
P_g	企业创新带给政府的收益	S_m	企业不创新带给社会公众的损失
ε	企业不创新导致企业的收益损失强度	T	产品投诉造成企业的损失
S_g	企业不创新带给政府的损失	ΔP_m	公众支持企业创新额外获得收益
ϵ	社会公众购买产品执行强度		

情形 1：当公众关注创新成本较高，而企业创新收益较高时，本书设定 $\Delta P_m = 1$、$\epsilon = \varepsilon = \theta = \vartheta = 0.5$、$\Delta P = 4$、$B = 3$、$Q = 2$、$W = 1$、$T = 1$、$P = 15$、$C = 10$。稳态为"公众不关注、企业创新"，系统演化路径如图 3-9 所示。

情形 2：当公众关注创新成本较低，而企业创新收益较高时，本书设定 $\Delta P_m = 1$、$\epsilon = \varepsilon = \theta = \vartheta = 0.5$、$\Delta P = 4$、$B = 1$、$Q = 0.5$、$W = 0.1$、$T = 1$、$P = 15$、$C = 10$。稳态为"公众关注、企业创新"，系统演化路径如图 3-10 所示。

情形 3：当公众关注创新成本较高，而企业创新成本较高时，本书设定 $\Delta P_m = 1$、$\epsilon = \varepsilon = \theta = \vartheta = 0.5$、$\Delta P = 4$、$B = 3$、$Q = 2$、$W = 1$、$T = 1$、$P = 15$、$C = 12$。稳态为"公众不关注、企业不创新"，系统演化路径如图 3-11 所示。

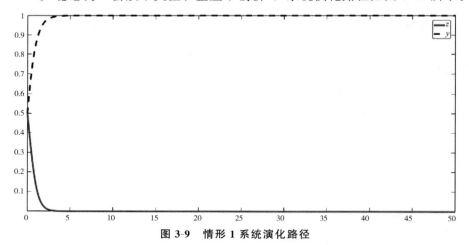

图 3-9　情形 1 系统演化路径

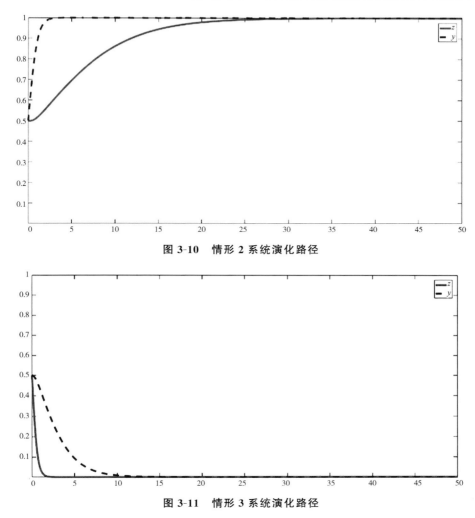

图 3-10　情形 2 系统演化路径

图 3-11　情形 3 系统演化路径

综上可以看出，公众和企业在进行是否进行创新策略的决策时，主要考虑各自的成本和收益，政府在关注、购买创新型产品的成本较高时，公众倾向于采取不关注的策略，当企业创新成本较高或者收益较低时，倾向于采取不创新的策略。而情形 1 的稳态均衡策略为"公众不关注、企业自主创新"时二者能够达到的一种较为理想的状态，因此，本书选择情形 1 作为初始情形，分析不同公众关注产品执行强度变化下企业策略的演化轨迹，从而分析公众行为对企业创新的影响。

在社会公众购买产品执行强度分别为 0.1、0.5、0.9 的时进行仿真分析，在三种购买产品执行强度下，"企业创新、公众不关注"均为稳定策略。而且，随着购买产品执行强度的增加，达到稳定状态的速度更快，因此，公众对创新型产品的购买能够加快促进制造业企业进行创新。系统演化路径如图 3-12 所示。

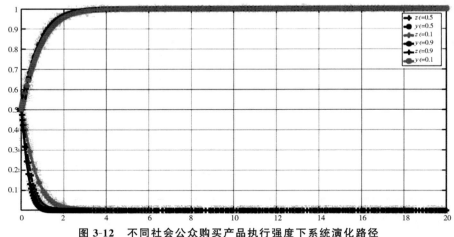

图 3-12　不同社会公众购买产品执行强度下系统演化路径

在社会公众关注产品执行强度分别为 0.1、0.5、0.9 的时进行仿真分析，在三种关注强度下，"企业创新、公众不关注"均为稳定策略。而且，随着关注产品执行强度的增加，达到稳定状态的速度更快，因此，公众对创新型产品的关注能够加快促进制造业企业进行创新。系统演化路径如图 3-13 所示。

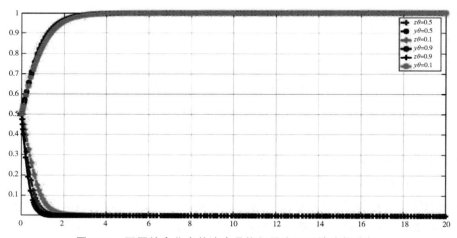

图 3-13　不同社会公众关注产品执行强度下系统演化路径

在社会公众投诉产品执行强度分别为 0.1、0.5、0.9 的时进行仿真分析，在三种投诉产品执行强度下，"企业创新、公众不关注"均为稳定策略。而且，随着投诉强度产品执行的增加，达到稳定状态的速度更快，因此，公众对产品的投诉能够加快促进制造业企业进行创新。系统演化路径如图 3-14 所示。

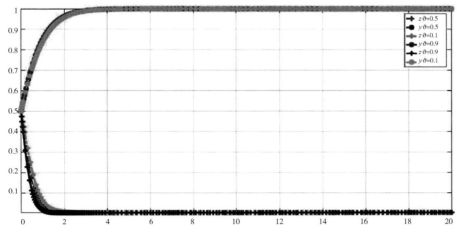

图 3-14　不同公众投诉产品执行强度下系统演化路径

3.3　政府科创政策、制造业企业创新与社会公众的演化博弈

3.3.1　研究假设

从上述研究可以看出，政府和社会公众的行为都会对制造业企业的创新行为产生影响。企业从创新的成本收益角度考虑是否进行企业创新，而政府从长远角度引导企业进行创新，提升国家或地区的综合实力。而社会公众从消费者的角度购买或关注更加便捷的创新产品，还会对落后的产品进行质量投诉。因此，本书构建政府-社会公众-企业的三方演化博弈模型。假设如下：

假设 H1：存在政府（G）、社会公众（M）与企业（E）三个主体，政府的策略选择为｛干预，不干预｝。社会公众的策略选择为｛关注，不关注｝，企业的策略选择为｛创新，不创新｝。政府选择"干预"的概率为 x，相应的"不干预"的概率为 $1-x$。社会公众选择"关注"策略的概率为 z，相应的社会公众选择"不关注"策略的概率为 $1-z$。企业选择"创新"策略的概率为 y，相应的企业选择"不创新"策略的概率为 $1-y$。并同时满足条件 $0 \leqslant x \leqslant 1$、$0 \leqslant y \leqslant 1$、$0 \leqslant z \leqslant 1$。且 x、y、z 均为时间 t 的函数。政府、社会公众和企业经过不断学习，达到演化稳定策略（ESS）。x^*、y^*、z^* 分别表示 ESS 下政府、企业和社会公众的选择概率。

假设 H2：不考虑其他约束条件的影响，政府、社会公众和企业作为完全独立的主体，具有独立选择策略的能力。三个博弈主体都具备一定的学习能力，并符合有限理性原则。

假设 H3：政府采用支持型科创政策引导企业创新。政策工具主要分为供给型、需求型和环境型三类政策工具。政府支持企业创新会通过三种政策工具对制造业企业的创新行为进行鼓励。如财政补贴、政府采购以及人才支持等。假设供给型、需求型和环境型政策工具的执行强度因子分别为 α、β 和 γ。而政府采用三类政策工具的成本分别为 A、J 和 K。

假设 H4：政府采用监管性科创政策约束企业行为，倒逼制造业企业进行创新。如通过征收惩罚型税费（如环保税）等手段督促企业进行创新。假设政府实施监管行为的成本为 R，其执行强度为 δ。

假设 H5：社会公众关注制造业企业创新有三种手段，分别为购买产品、关注产品和产品投诉，其执行强度因子分别为 ϵ、θ、ϑ，所消耗的成本分别为 ϵB、θQ、ϑW。其中，社会公众购买产品的支出由企业所得，体现为企业总收益。

假设 H6：制造业企业初始收益为 P，企业进行创新的成本为 C，企业创新后所获得的收益比原来进行不创新时增加了 ΔP，企业创新带给政府的收益为 P_g。企业创新带给社会公众的收益为 P_m。若企业不进行创新会导致企业的收益发生下降，量化该下降的强度为 ε，假设不创新后企业获得的收益为 $(1-\varepsilon)P$，而企业不创新带给政府的损失为 S_g，企业不创新带给社会公众的损失为 S_m。产品投诉造成企业的损失量化为 T，造成政府的损失量化为 D，这一支出包括政府为调查社会公众投诉消耗的成本以及为鼓励社会公众举报产品质量而设置的各项奖励等。由于公众支持企业创新额外获得的收益为 ΔP_m。

根据以上假设，构建了包含政府、社会公众和制造业企业三方主体的博弈支付矩阵，如表 3-7 所示。

表 3-7　政府、社会公众和企业三方主体的博弈支付矩阵

	政府干预 x	
	社会公众关注 z	社会公众不关注 $1-z$
企业创新 y	$P+\Delta P+\alpha A+\beta J-C$ $P_g-\alpha A-\beta J-\gamma K$ $P_m-\epsilon B-\theta Q-\vartheta W+\Delta P_m$	$P+\Delta P+\alpha A+\beta J-C$ $P_g-\alpha A-\beta J-\gamma K$ P_m
企业不创新 $1-y$	$(1-\varepsilon)P-\delta R-T$ $\delta R-\gamma K-S_g-D$ $-S_m-\theta Q-\vartheta W$	$(1-\varepsilon)P-\delta R$ $\delta R-\gamma K-S_g$ $-S_m$
	政府不干预 $1-x$	
	社会公众关注 z	社会公众不关注 $1-z$
企业创新 y	$P+\Delta P-C$ P_g $P_m-\epsilon B-\theta Q-\vartheta W+\Delta P_m$	$P+\Delta P-C$ P_g P_m
企业不创新 $1-y$	$(1-\varepsilon)P-T$ $-S_g-D$ $-S_m-\theta Q-\vartheta W$	$(1-\varepsilon)P$ $-S_g$ $-S_m$

3.3.2　政府、公众与制造业企业演化博弈策略分析

由此可得，政府干预和不干预制造业企业创新的期望收益如式（3-21）和（3-22）所示：

$$U_G=z[y(P_g-\alpha A-\beta J-\gamma K)+(1-y)(\delta R-\gamma K-S_g-D)]+$$
$$(1-z)[y(P_g-\alpha A-\beta J-\gamma K)+(1-y)(\delta R-\gamma K-S_g)]$$
$$=-\gamma K+y(P_g-\alpha A-\beta J)+(1-y)(\delta R-S_g)+(y-1)zD$$

$$(3-21)$$

$$U_{\overline{G}}=z[yP_g+(1-y)(-S_g-D)]+(1-z)[yP_g+(1-y)(-S_g)]$$
$$=yP_g+(1-y)(-S_g)+(y-1)zD$$

$$(3-22)$$

计算可得政府的平均收益如式（3-23）所示：

$$\overline{U_{\mathrm{G}}} = x U_{\mathrm{G}} + (1 - x) U_{\overline{\mathrm{G}}} \tag{3-23}$$

因此，政府的复制动态方程如式（3-24）所示：

$$F(x) = \frac{\mathrm{d}x}{\mathrm{d}t} = x(U_{\mathrm{G}} - \overline{U_{\mathrm{G}}}) = x(1 - x)(U_{\mathrm{G}} - U_{\overline{\mathrm{G}}})$$

$$= x(x - 1)\left[\gamma K + y(\alpha A + \beta J) + (y - 1)\delta R\right] \tag{3-24}$$

制造业企业创新和不创新策略的期望收益如式（3-25）和（3-26）所示：

$$U_{\mathrm{E}} = z\left[x(P + \Delta P + \alpha A + \beta J - C) + (1 - x)(P + \Delta P - C)\right] + (1 - z) \cdot$$

$$\left[x(P + \Delta P + \alpha A + \beta J - C) + (1 - x)(P + \Delta P - C)\right]$$

$$= x(\alpha A + \beta J) + (P + \Delta P - C) \tag{3-25}$$

$$U_{\mathrm{E}} = z\{x\left[(1 - \varepsilon)P - \delta R - T\right] + (1 - x)\left[(1 - \varepsilon]P - T\right]\} + (1 - z) \cdot$$

$$\{x\left[(1 - \varepsilon)P - \delta R\right] + (1 - x)(1 - \varepsilon)P\}$$

$$= -x\delta R + (1 - \varepsilon)P - zT \tag{3-26}$$

计算可得制造业企业的平均收益如式（3-27）所示：

$$\overline{U_{\mathrm{E}}} = y U_{\mathrm{E}} + (1 - y) U_{\overline{\mathrm{E}}} \tag{3-27}$$

因此，制造业企业的复制动态方程如式（3-28）所示：

$$F(y) = \frac{\mathrm{d}y}{\mathrm{d}t} = y(U_{\mathrm{E}} - \overline{U_{\mathrm{E}}}) = y(1 - y)(U_{\mathrm{E}} - U_{\overline{\mathrm{E}}})$$

$$= y(1 - y)\left[x(\alpha A + \beta J + \delta R) + \varepsilon P + \Delta P - C + zT\right] \tag{3-28}$$

社会公众关注和不关注创新的期望收益如式（3-29）和（3-30）所示：

$$U_{\mathrm{M}} = x\left[y(P_{\mathrm{m}} - \epsilon B - \theta Q - \vartheta W + \Delta P_{\mathrm{m}}) + (1 - y)(-S_{\mathrm{m}} - \theta Q - \vartheta W)\right] + (1 - x) \cdot$$

$$\left[y(P_{\mathrm{m}} - \epsilon B - \theta Q - \vartheta W + \Delta P_{\mathrm{m}}) + (1 - y)(-S_{\mathrm{m}} - \theta Q - \vartheta W)\right]$$

$$= y(P_{\mathrm{m}} - \epsilon B + \Delta P_{\mathrm{m}}) + (y - 1)S_{\mathrm{m}} - (\theta Q + \vartheta W) \tag{3-29}$$

$$U_{\overline{\mathrm{M}}} = x\left[y P_{\mathrm{m}} + (1 - y)(-S_{\mathrm{m}})\right] + (1 - x)\left[y P_{\mathrm{m}} + (1 - y)(-S_{\mathrm{m}})\right]$$

$$= y P_{\mathrm{m}} + (y - 1)S_{\mathrm{m}} \tag{3-30}$$

社会公众的平均收益如式（3-31）所示：

$$\overline{U_{\mathrm{M}}} = z U_{\mathrm{M}} + (1 - z) U_{\overline{\mathrm{M}}} \tag{3-31}$$

由此可得，社会公众的复制动态方程如式（3-32）所示：

$$F(z) = \frac{\mathrm{d}z}{\mathrm{d}t} = z(U_{\mathrm{M}} - \overline{U_{\mathrm{M}}}) = z(1 - z)(U_{\mathrm{M}} - U_{\overline{\mathrm{M}}})$$

$$= z(1 - z)\left[y(\Delta P_{\mathrm{m}} - \epsilon B) - (\theta Q + \vartheta W)\right] \tag{3-32}$$

企业和社会公众博弈模型的均衡点可以通过式（3-33）计算：

$$\begin{cases} F(x) = \dfrac{\mathrm{d}x}{\mathrm{d}t} = 0 \\[2mm] F(y) = \dfrac{\mathrm{d}y}{\mathrm{d}t} = 0 \\[2mm] F(z) = \dfrac{\mathrm{d}z}{\mathrm{d}t} = 0 \end{cases} \tag{3-33}$$

根据式（3-33），可以得到八个均衡解 $E_1(0，0，0)$、$E_2(1，0，0)$、$E_3(1，1，0)$、$E_4(1，0，1)$、$E_5(0，1，0)$、$E_6(0，1，1)$、$E_7(0，0，1)$、$E_8(1，1，1)$。接下来通过分析雅克比矩阵的特征值，判断特殊均衡点 $E_1 \sim E_8$ 的稳定性。该系统的雅克比矩阵为

$$\begin{pmatrix} (2x-1)F_1 & x(x-1)(\alpha A + \beta J + \delta R) & 0 \\ y(1-y)(\alpha A + \beta J + \delta R) & (1-2y)F_2 & y(1-y)T \\ 0 & z(1-z)(\Delta P_{\mathrm{m}} - \epsilon B) & (1-2z)F_3 \end{pmatrix}。$$

其中，$F_1 = \gamma K + y(\alpha A + \beta J) + (y-1)\delta R$；$F_2 = x(\alpha A + \beta J + \delta R) + \varepsilon P + \Delta P - C + zT$；$F_3 = y(\Delta P_{\mathrm{m}} - \epsilon B) - (\theta Q + \vartheta W)$。

对于均衡点 $E_1(0，0，0)$，其雅克比矩阵 $\boldsymbol{J}_1$ 为

$$\boldsymbol{J}_1 = \begin{pmatrix} \delta R - \gamma K & 0 & 0 \\ 0 & \varepsilon P + \Delta P - C & 0 \\ 0 & 0 & -(\theta Q + \vartheta W) \end{pmatrix}。$$

在矩阵 $\boldsymbol{J}_1$ 中，可得其特征值为 $\lambda_1 = \delta R - \gamma K$，$\lambda_2 = \varepsilon P + \Delta P - C$，$\lambda_3 = -(\theta Q + \vartheta W) < 0$。当 $\delta R - \gamma K < 0$ 且 $\varepsilon P + \Delta P - C < 0$，雅克比矩阵所有特征值均为负值，满足系统演化稳定性的充要条件。此时，政府"干预"的收益小于"不干预"的收益，社会公众"关注"的收益小于"不关注"的收益，制造业企业"创新"的收益小于"不创新"时的收益，因此，（0，0，0）是演化稳定的均衡点。

对于均衡点 $E_2(1，0，0)$，其雅克比矩阵 $\boldsymbol{J}_2$ 为

$$\boldsymbol{J}_2 = \begin{pmatrix} \gamma K - \delta R & 0 & 0 \\ 0 & \alpha A + \beta J + \delta R + \varepsilon P + \Delta P - C & 0 \\ 0 & 0 & -(\theta Q + \vartheta W) \end{pmatrix}。$$

在矩阵 $\boldsymbol{J}_2$ 中，可得其特征值为 $\lambda_1 = \gamma K - \delta R$，$\lambda_2 = \alpha A + \beta J + \delta R + \varepsilon P + \Delta P - C$，$\lambda_3 = -(\theta Q + \vartheta W) < 0$。当 $\delta R - \gamma K > 0$ 且 $\alpha A + \beta J + \delta R + \varepsilon P + \Delta P - C < 0$，雅克比矩阵所有特征值均为负值，满足系统演化稳定性的充要条件。此时，政府

"干预"的收益大于"不干预"的收益，社会公众"关注"的收益小于"不关注"的收益，制造业企业"创新"的收益小于"不创新"时的收益，因此，(1，0，0)是演化稳定的均衡点。

对于均衡点 $E_3(1，1，0)$，其雅克比矩阵 $\boldsymbol{J}_3$ 为

$$\boldsymbol{J}_3 = \begin{pmatrix} \gamma K + \alpha A + \beta J & 0 & 0 \\ 0 & -(\alpha A + \beta J + \delta R + \varepsilon P + \Delta P - C) & 0 \\ 0 & 0 & (\Delta P_m - \varepsilon B) - (\theta Q + \vartheta W) \end{pmatrix}。$$

在矩阵 $\boldsymbol{J}_3$ 中，可得其特征值为 $\lambda_1 = \gamma K + \alpha A + \beta J > 0$，$\lambda_2 = -(\alpha A + \beta J + \delta R + \varepsilon P + \Delta P - C)$，$\lambda_3 = (\Delta P_m - \varepsilon B) - (\theta Q + \vartheta W)$。$\lambda_1$ 不满足系统演化稳定性的充要条件。因此，(1，1，0) 不是演化稳定的均衡点。

对于均衡点 $E_4(1，0，1)$，其雅克比矩阵 $\boldsymbol{J}_4$ 为

$$\boldsymbol{J}_4 = \begin{pmatrix} \gamma K - \delta R & 0 & 0 \\ 0 & \alpha A + \beta J + \delta R + \varepsilon P + \Delta P - C + T & 0 \\ 0 & 0 & \theta Q + \vartheta W \end{pmatrix}。$$

在矩阵 $\boldsymbol{J}_4$ 中，可得其特征值为 $\lambda_1 = \gamma K - \delta R$，$\lambda_2 = \alpha A + \beta J + \delta R + \varepsilon P + \Delta P - C + T$，$\lambda_3 = \theta Q + \vartheta W > 0$。$\lambda_3$ 不满足系统演化稳定性的充要条件。因此，(1，0，1) 不是演化稳定的均衡点。

对于均衡点 $E_5(0，1，0)$，其雅克比矩阵 $\boldsymbol{J}_5$ 为

$$\boldsymbol{J}_5 = \begin{pmatrix} -(\gamma K + \alpha A + \beta J) & 0 & 0 \\ 0 & -(\varepsilon P + \Delta P - C) & 0 \\ 0 & 0 & (\Delta P_m - \varepsilon B) - (\theta Q + \vartheta W) \end{pmatrix}。$$

在矩阵 $\boldsymbol{J}_5$ 中，可得其特征值为 $\lambda_1 = -(\gamma K + \alpha A + \beta J) < 0$，$\lambda_2 = -(\varepsilon P + \Delta P - C)$，$\lambda_3 = (\Delta P_m - \varepsilon B) - (\theta Q + \vartheta W)$。当 $\varepsilon P + \Delta P - C > 0$ 且 $(\Delta P_m - \varepsilon B) - (\theta Q + \vartheta W) < 0$，雅克比矩阵所有特征值均为负值，满足系统演化稳定性的充要条件。此时，政府"干预"的收益小于"不干预"的收益，社会公众"关注"的收益小于"不关注"的收益，制造业企业"创新"的收益大于"不创新"时的收益，因此，(0，1，0) 是演化稳定的均衡点。

对于均衡点 $E_6(0，1，1)$，其雅克比矩阵 $\boldsymbol{J}_6$ 为

$$\boldsymbol{J}_6 = \begin{pmatrix} -(\gamma K + \alpha A + \beta J) & 0 & 0 \\ 0 & -(\varepsilon P + \Delta P - C + T) & 0 \\ 0 & 0 & (\theta Q + \vartheta W) - (\Delta P_m - \varepsilon B) \end{pmatrix}。$$

在矩阵 J_6 中，可得其特征值为 $\lambda_1 = -(\gamma K + \alpha A + \beta J) < 0$，$\lambda_2 = -(\varepsilon P + \Delta P - C + T)$，$\lambda_3 = (\theta Q + \vartheta W) - (\Delta P_m - \mathcal{B})$。当 $\varepsilon P + \Delta P - C + T > 0$ 且 $(\Delta P_m - \mathcal{B}) - (\theta Q + \vartheta W) > 0$，雅克比矩阵所有特征值均为负值，满足系统演化稳定性的充要条件。此时，政府"干预"的收益小于"不干预"的收益，社会公众"关注"的收益大于"不关注"的收益，制造业企业"创新"的收益大于"不创新"时的收益，因此，$(0，1，1)$ 是演化稳定的均衡点。

对于均衡点 $E_7(0，0，1)$，其雅克比矩阵 J_7 为

$$J_7 = \begin{pmatrix} \delta R - \gamma K & 0 & 0 \\ 0 & \varepsilon P + \Delta P - C + T & 0 \\ 0 & 0 & \theta Q + \vartheta W \end{pmatrix}。$$

在矩阵 J_7 中，可得其特征值为 $\lambda_1 = \delta R - \gamma K$，$\lambda_2 = \varepsilon P + \Delta P - C + T$，$\lambda_3 = \theta Q + \vartheta W > 0$。$\lambda_3$ 不满足系统演化稳定性的充要条件。因此，$(0，0，1)$ 不是演化稳定的均衡点。

对于均衡点 $E_8(1，1，1)$，其雅克比矩阵 J_8 为

$$J_8 = \begin{pmatrix} \gamma K + \alpha A + \beta J & 0 & 0 \\ 0 & -(\alpha A + \beta J + \delta R + \varepsilon P + \Delta P - C + T) & 0 \\ 0 & 0 & (\theta Q + \vartheta W) - (\Delta P_m - \mathcal{B}) \end{pmatrix}。$$

在矩阵 J_8 中，可得其特征值为 $\lambda_1 = \gamma K + \alpha A + \beta J > 0$，$\lambda_2 = -(\alpha A + \beta J + \delta R + \varepsilon P + \Delta P - C + T)$，$\lambda_3 = (\theta Q + \vartheta W) - (\Delta P_m - \mathcal{B})$。$\lambda_1$ 不满足系统演化稳定性的充要条件。因此，$(1，1，1)$ 不是演化稳定的均衡点。

基于上述计算分析，可以得到表3-8。由表3-8可知，当 $\gamma K - \delta R > 0$ 且 $\varepsilon P + \Delta P - C < 0$ 时，政府倾向于选择不干预的策略，企业倾向选择不创新的策略，此时演化博弈均衡点为 $(0，0，0)$，博弈趋近于"政府不干预、企业不创新、社会公众不关注"的相对稳定状态。当 $\gamma K - \delta R < 0$ 且 $\alpha A + \beta J + \delta R + \varepsilon P + \Delta P - C < 0$，考虑到政府支持创新后企业进行创新的收益仍然小于其不进行创新的收益，使其缺乏动力进行创新，博弈趋近于"政府干预、企业不创新、社会公众不关注"的状态。当 $\varepsilon P + \Delta P - C > 0$ 且 $\theta Q + \vartheta W - \Delta P_m + \mathcal{B} > 0$ 时，即企业主动创新获取的收益大于其不创新的收益，但是社会公众关注创新的收益小于其不关注的收益，所以博弈趋近于"政府不干预、企业创新、社会公众不关注"的稳定状态。相反地，当 $\varepsilon P + \Delta P - C + T > 0$ 且 $\theta Q + \vartheta W - \Delta P_m + \mathcal{B} < 0$ 时，博弈趋近于"政府不干预、企业创新、社会公众关注"的稳

定状态。除此之外，其他点均为不稳定点。

表 3-8　均衡点稳定性分析

均衡点	特征值 λ_1，λ_2，λ_3	实部符号	稳定性分析
(0，0，0)	$\delta R - \gamma K$， $\varepsilon P + \Delta P - C$， $-(\theta Q + \vartheta W)$	(N，N，−)	不确定，当 $\gamma K - \delta R > 0$ 且 $\varepsilon P + \Delta P - C < 0$，为 ESS
(1，0，0)	$\gamma K - \delta R$， $\alpha A + \beta J + \delta R + \varepsilon P + \Delta P - C$， $-(\theta Q + \vartheta W)$	(N，N，−)	不确定，当 $\gamma K - \delta R < 0$ 且 $\alpha A + \beta J + \delta R + \varepsilon P + \Delta P - C < 0$，为 ESS
(1，1，0)	$\gamma K + \alpha A + \beta J$， $-(\alpha A + \beta J + \delta R + \varepsilon P + \Delta P - C)$， $(\Delta P_m - \epsilon B) - (\theta Q + \vartheta W)$	(+，N，N)	不稳定点
(1，0，1)	$\gamma K - \delta R$， $\alpha A + \beta J + \delta R + \varepsilon P + \Delta P - C + T$， $\theta Q + \vartheta W$	(N，N，+)	不稳定点
(0，1，0)	$-(\gamma K + \alpha A + \beta J)$， $-(\varepsilon P + \Delta P - C)$， $(\Delta P_m - \epsilon B) - (\theta Q + \vartheta W)$	(−，N，N)	不确定，当 $\varepsilon P + \Delta P - C > 0$ 且 $\theta Q + \vartheta W - \Delta P_m + \epsilon B > 0$，为 ESS
(0，1，1)	$-(\gamma K + \alpha A + \beta J)$， $-(\varepsilon P + \Delta P - C + T)$， $(\theta Q + \vartheta W) - (\Delta P_m - \epsilon B)$	(−，N，N)	不确定，当 $\varepsilon P + \Delta P - C + T > 0$ 且 $\theta Q + \vartheta W - \Delta P_m + \epsilon B < 0$，为 ESS
(0，0，1)	$\delta R - \gamma K$， $\varepsilon P + \Delta P - C + T$， $\theta Q + \vartheta W$	(N，N，+)	不稳定点
(1，1，1)	$\gamma K + \alpha A + \beta J$， $-(\alpha A + \beta J + \delta R + \varepsilon P + \Delta P - C + T)$，$(\theta Q + \vartheta W) - (\Delta P_m - \epsilon B)$	(+，N，N)	不稳定点

注："N"表示实部符号不确定。

3.3.3　政府、公众与制造业企业演化博弈仿真分析

为分析不同政府行为和社会公众行为下制造业企业创新的稳定运行轨迹，本书利用 MATLAB 软件对上述演化博弈模型进行仿真分析，并对不同政策强度和社会公众参与强度分别进行了仿真模拟，图 3-15 到图 3-23 都显示了三方的稳定策略演化路径，其中，x、y、z 分别表示政府支持创新、企业创新和公众参与的比重。其他参数设置如表 3-9 所示，并分以下几种初始情形进行了设定。

表 3-9　模型变量和参数说明

符号	变量说明	符号	变量说明
x	政府选择"干预"策略的概率	P_g	企业创新带给政府的收益
y	企业选择"创新"策略的概率	ε	企业不创新导致收益损失强度
z	社会公众选择"关注"策略概率	S_g	企业不创新带给政府的损失
α	供给型政策工具的执行强度	ϵ	社会公众购买产品执行强度
β	需求型政策工具的执行强度	θ	社会公众关注产品执行强度
γ	环境型政策工具的执行强度	ϑ	社会公众投诉产品执行强度
A	政府供给型政策工具的成本	B	社会公众购买产品成本
J	政府需求型政策工具的成本	Q	社会公众关注产品成本
K	政府环境型政策工具的成本	W	社会公众产品投诉成本
δ	政府实施监管执行强度	S_m	企业不创新带给社会公众的损失
R	政府实施监管行为的成本	T	产品投诉造成企业的损失
P	企业初始收益	D	产品投诉造成政府的损失
C	企业进行创新的成本	ΔP_m	公众支持企业创新额外获取收益
ΔP	企业创新比原来不创新增加的收益		

情形 1：当政府履责和公众参与成本较高，企业创新收益较高时，设定 $\alpha = \beta = \delta = \gamma = \epsilon = \varepsilon = \theta = \vartheta = 0.5$、$\Delta P = 4$、$\Delta P_m = 1$、$A = 5$、$J = 2$、$K = 1$、$R = 1$、$P = 15$、$C = 10$、$T = 1$、$B = 3$、$Q = 2$、$W = 1$。稳态为"政府不干预、企业创新、公众不关注"，系统演化路径如图 3-15 所示。

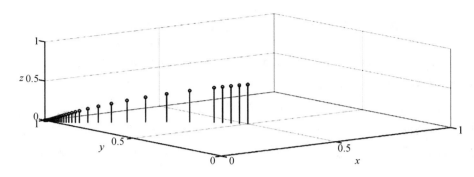

图 3-15　情形 1 系统演化路径

情形 2：当政府履责成本较高，公众参与成本较低，企业创新收益较高时，设定 $\alpha=\beta=\delta=\gamma=\epsilon=\varepsilon=\theta=\vartheta=0.5$、$\Delta P=4$、$\Delta P_m=1$、$A=5$、$J=2$、$K=1$、$R=1$、$P=15$、$C=10$、$T=1$、$B=1$、$Q=0.5$、$W=0.1$。稳态为"政府不干预、企业创新、公众关注"，系统演化路径如图 3-16 所示。

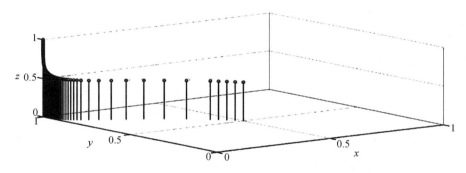

图 3-16　情形 2 系统演化路径

情形 3：当政府履责和公众参与成本较高，企业创新成本较高时，设定 $\alpha=\beta=\delta=\gamma=\epsilon=\varepsilon=\theta=\vartheta=0.5$、$\Delta P=4$、$\Delta P_m=1$、$A=5$、$J=2$、$K=1$、$R=1$、$P=15$、$C=12$、$T=1$、$B=3$、$Q=2$、$W=1$。稳态为"政府不干预、企业不创新、公众不关注"，系统演化路径如图 3-17 所示。

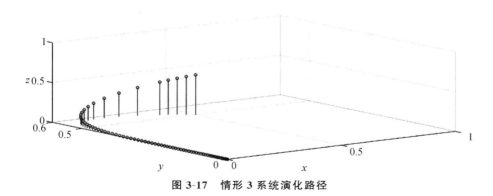

图 3-17 情形 3 系统演化路径

综上，可以看出，政府、企业和公众的稳态均衡策略选择主要是考虑其各自的成本收益，而且，在不同的政策工具的执行强度下，向稳态的收敛速度存在差异。情形 1 显示了在政府监管、公众不参与的情况下，企业能够主动进行绿色技术创新，这是一种非常理想的状态，因此，后续研究中，本书以情形 1 作为初始状态，分析不同政策工具的执行强度和公众行为对企业绿色技术创新的影响。

在供给型政策工具的执行强度分别为 0.1、0.5、0.9 时进行仿真分析，在三种供给型政策工具的执行强度下，"政府不干预、企业创新、公众不关注"均为稳定策略。而且，随着供给型政策工具的执行强度的增加，达到稳定状态的速度更快，因此，政府使用供给型政策工具能够加快促进制造业企业进行创新。系统演化路径如图 3-18 所示。

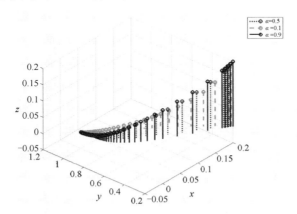

图 3-18 不同供给型政策强度的系统演化路径

在需求型政策工具的执行强度分别为 0.1、0.5、0.9 时进行仿真分析，在三种需求型政策工具的执行强度下，"政府不干预、企业创新、公众不关注"

均为稳定策略。而且，随着需求型政策工具的执行强度的增加，达到稳定状态的速度更快，因此，政府使用需求型政策工具能够加快促进制造业企业进行创新。系统演化路径如图 3-19 所示。

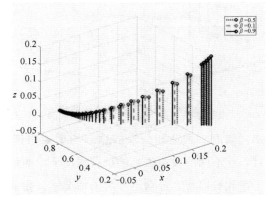

图 3-19　不同需求型政策强度下的系统演化路径

在环境型政策工具的执行强度分别为 0.1、0.5、0.9 时进行仿真分析，在三种环境型政策工具的执行强度下，"政府不干预、企业创新、公众不关注"均为稳定策略。而且，随着环境型政策工具的执行强度的增加，达到稳定状态的速度更快，因此，政府使用环境型政策工具能够加快促进制造业企业进行创新。系统演化路径如图 3-20 所示。

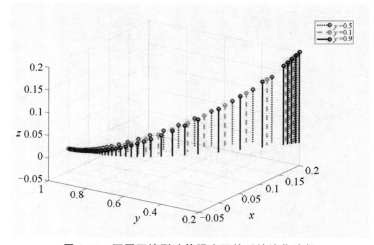

图 3-20　不同环境型政策强度下的系统演化路径

在公众购买产品执行强度分别为 0.1、0.5、0.9 时对系统演化进行仿真分析，在三种公众购买产品执行强度下，"政府不干预、企业创新、公众不关注"

均为稳定策略。而且，随着购买产品执行强度的增加，达到稳定状态的速度更快，尤其是公众购买产品执行强度从 0.1 上升到 0.5 以及从 0.5 上升到 0.9 时，达到稳定策略的速度明显加快。因此，公众对于创新型产品的实际购买能够加快促进制造业企业进行创新。系统演化路径如图 3-21 所示。

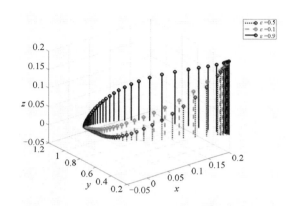

图 3-21　不同社会公众购买产品执行强度下系统演化路径

在社会公众关注产品执行强度分别为 0.1、0.5、0.9 时对系统演化进行仿真分析。在三种公众关注产品执行强度下，"政府不干预、企业创新、公众不关注"均为稳定策略。而且，随着关注强度的增加，达到稳定状态的速度更快，尤其是公众关注产品执行强度从 0.1 上升到 0.5 以及从 0.5 上升到 0.9 时，达到稳定策略的速度明显加快。因此，公众对于创新型产品的关注能够加快促进制造业企业进行创新。系统演化路径如图 3-22 所示。

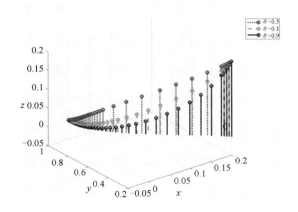

图 3-22　不同社会公众关注产品执行强度下系统演化路径

在社会公众投诉产品执行强度分别为 0.1、0.5、0.9 时对系统演化进行仿真分析，在三种公众投诉产品执行强度下，政府不干预、企业创新、公众不关注均为稳定策略。而且，随着公众投诉产品执行强度的增加，达到稳定状态的速度更快。因此，公众对于创新型产品的投诉能够倒逼制造业企业进行创新。系统演化路径如图 3-23 所示。

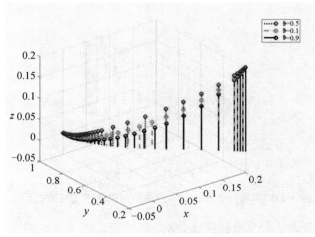

图 3-23　不同社会公众投诉产品执行强度下系统演化路径

3.4　本章小结

本章重点分析了政府行为和公众参与对制造业企业创新的影响，进一步地，本章创新性地将政府和公众的行为进行具体区分，分别是政府干预与不干预、公众关注与不关注，构建了政府-制造业企业、社会公众-制造业企业的两方博弈模型以及政府-社会公众-制造业企业的三方博弈模型，以分析制造业企业创新的不同主体的策略行为。除此之外，本章还运用数值模拟的方法探究政府和公众的行为成本及行为强度对制造业企业创新的稳定运行路径以及系统演化轨迹的影响，以此指导制造业企业创新的科创政策选择。

在对制造业企业创新的两方以及三方博弈的分析中，可以发现如下结论：

（1）在行为主体只有两方时，各参与方的策略选择取决于其各自的成本收益，同时政府和公众共同影响制造业企业的创新行为。具体地，在政府-制造业企业的两方博弈中，参与方的行为主要由其各自成本收益的相对大小决定在社会公众-制造业企业的两方博弈中，可以发现参与方的行为策略并不完全是由各自的成本收益决定的。特别地，在制造业企业的成本小于收益的情形下，有效的公众参与促进了企业的创新行为。也就是说，公众参与对于企业进行前瞻性的创新决策起着关键作用。

（2）在政府-社会公众-制造业企业的三方博弈模型中，各参与方的行为还与其各自的成本收益相关。企业作为创新主体，企业的策略选择受到其他两方的共同驱动。除此之外，与前面的两方博弈相比，三方博弈与其既有相同之处，也存在差异。相同之处主要体现在三方博弈中的政府和公众的稳态条件与两方博弈中仅考虑政府或者公众的稳态条件相同。差异体现在制造业企业声誉对其稳态条件的影响。

（3）对于制造业企业创新有关的行为主体而言，其稳态均衡行为主要由各自的成本和收益来决定。也就是说，各主体的行动成本对其参与度产生了负向影响。对于制造业企业来说，其行为策略选择的关键因素还是创新带来的收益。除此之外，政府在环保和技术上的支持以及公众对创新关注和举报等强度的增加均会加快制造业企业创新的演化速度。也就是说，政府和公众的行为对企业创新具有明显的积极作用。另外，政府干预下的社会公众参与会通过影响企业的人才招聘和产品市场需求影响制造业企业创新。

（4）对于政府来说，不管是在政府与企业的演化博弈中还是在政府、企业与社会公众的三方博弈中，政府可以充分利用三种政策工具，即供给型、需求型和环境型政策工具，以此引导和促进制造业企业进行创新。

第四章　科创政策对制造业企业创新的影响机制研究

　　本书第三章通过构建"政府-制造业企业""制造业企业-公众""政府-公众-制造业企业"的双方及三方演化博弈模型，重点分析了政府科创政策如何动态影响制造业企业创新策略选择，即主要研究二者之间"动态关系"的问题。研究发现，政府、社会公众、制造业企业创新的行为与其各自的成本收益密切相关，且无论是在双方博弈下还是在三方博弈下，制造业企业作为创新主体，其行为会受到政府行为的驱动，政府不同类型的政策工具对制造业企业创新均具有驱动作用。而社会公众对于制造业企业创新的需求和偏好亦会通过科创政策影响制造业创新的市场需求机制和人力资本机制得以体现。因此，本章节及之后的研究将主要考虑政府科创政策与制造业企业创新行为，社会公众的影响内含在二者之间的影响机制中。本章将在第三章"动态关系"分析的基础上，主要回答"影响机制"的问题，即政府科创政策及其不同政策工具对制造业企业创新的影响机制是怎样的？科创政策对企业创新投入和创新产出分别有怎样的驱动效果？最为重要的是，不同影响机制之间的效果有哪些差异？这些问题都是本书需要进一步深入探讨之处。

　　因此，顺承第三章的研究结果，本部分将对科创政策影响制造业企业创新的效果及具体机制展开分析。具体而言，一方面，理论构建科创政策与制造业企业创新之间的影响机制框架；另一方面，对科创政策与制造业企业创新之间的影响机制进行实证检验。在机制检验的过程中，将对科创政策（及其具体政策工具）与企业创新之间的关系进行分析，并进行异质性分析以及影响机制分析。

4.1　科创政策与制造业企业创新之间影响机制的理论分析

科创政策是政府激发企业创新活力，完善制造业企业创新的重要调控手段。本部分在产业政策相关理论、企业投融资相关理论等的基础上构建科创政策与制造业企业创新之间的传导机制，即科创政策通过供给推动、需求拉动以及环境保障等措施激发企业创新活力，具体表现在缓解融资约束、增加人力资本、提高市场需求、加强市场竞争上。制造业企业的创新活力最后会通过融资的治理效应、人才的积累效应、需求的市场拉动、市场的竞争机制等作用于创新投入和创新产出，企业创新活力及创新投入、创新产出又会反作用于科创政策；在这个过程中，不同科创政策工具之间具有内生影响，政府、社会公众与制造业企业等不同主体之间存在相互博弈，见图4-1。

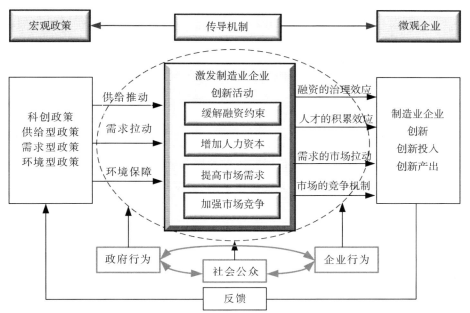

图 4-1　科创政策影响制造业企业创新的理论机制

从政策工具角度，科创政策可以划分为供给型、需求型以及环境型政策三种类型，三种科创政策工具影响制造业企业创新行为的机制不同（杨巧云 等，2021；李鹏利等，2021；胡志明等，2022）。本部分将从科创政策工具视角详细剖析不同政策工具影响制造业企业创新的传导机制。

4.1.1 供给型政策影响制造业企业创新的理论机制

供给型政策工具主要表现为科创政策对企业创新的推动力，是政府为企业提供人流、资金流、信息流等创新要素，推动制造业企业的创新。供给型政策工具主要包括技术引进与合作、人才引进、财政资助、股权融资等。供给型政策工具为制造业企业的创新提供创新资源，同时对稀缺性的创新资源进行分配，提高创新资源的分配效率。

4.1.1.1 技术支持政策

技术支持政策主要是指政府通过鼓励技术转移转化、技术引进、技术合作、基础研究、应用研究等提高制造业企业的技术创新水平。首先，制造业企业的创新型科技成果尚未得到市场验证，存在较高的不确定性，面临的市场风险较高，从而使得创新型科技成果获得各类金融机构资金支持的力度较低。为此，各地政府积极寻求创新型科技成果风险补偿的政策手段，颁布多项措施鼓励创新型的科技成果实现转化，从而提升制造业企业的整体创新水平。例如，政府鼓励以科技成果入股的方式进行投资，同时鼓励政产学研用一体化，鼓励科技人员到企业兼职从事科技成果转化等措施和手段。其次，对于技术引进，纵观世界科技发展史可以看出，具有一定先发优势的国家往往依靠自主研发以及颠覆式创新提高国家科技创新水平，而后发国家则主要依靠技术转移、模仿以及渐进式的创新提升技术创新水平。中国作为一个发展中国家，目前在很多科技领域还处在"追赶者"的位置，因此我国各级政府积极鼓励企业通过技术贸易和外商直接投资等方式获取发达国家的先进技术，以提高本国企业的创新水平。再次，技术创新合作对于提升战略性新兴产业的技术创新能力和水平具有重要意义，如产学研合作，创新联盟等不同形式。《中共中央关于制定国民经济和社会发展第十四个五年规划和二〇三五年远景目标的建议》明确提出推进产学研深度融合，支持企业牵头组建创新联合体，承担国家重大科技项目。明确提出推进产学研深度融合，支持企业牵头组建创新联合体，承担国家重大科技项目。最后，对于基础研究和应用研究，由于这些研究项目具有基础性、高风险、高投入、投资周期长、高溢出等特征，企业投资意愿较低，而这些研究项目又是创新产出的基础，因此需要政府提供政策支持。

总体而言，技术支持政策会通过基础研究及应用研究等获得技术突破，通过技术引进及技术合作促进创新升级，通过技术转移转化增强技术的商业化水平，最后表现在提高了企业创新产品的市场竞争力，技术支持政策对企业创新产出的作用机制如图 4-2 所示。

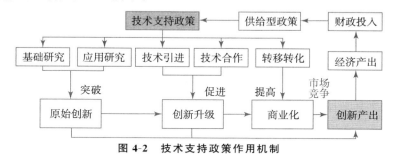

图 4-2 技术支持政策作用机制

4.1.1.2 人才支持政策

制造业企业是技术创新的主体，而对于企业来说，人才才是增强企业创新实力和创新水平的决定性资源。尤其是随着新一轮产业和科技革命的不断变革，制造业企业技术创新日新月异，颠覆性创新的技术不断涌现，在新一轮科技创新进程中对于创新型人才的需求更加强烈。因此，政府也在积极采取各种人才支持政策鼓励制造业企业引进创新人才，并注重对创新人才的培养和激励，具体形式如人才引进、人才激励、人才培训、人才交流、人才项目。

第一，对于人才引进，推拉理论认为，人才流动是输出地（推力因素）和输入地（拉力因素）双方共同博弈的结果（Zweig et al.，2008；魏春丽等，2020）。人才引进政策作为政府各部门制定的一系列关于海外人才引进工作的规范文件，能够通过拉力作用于海外人才。主动吸引海外人才的拉力因素主要有就业机会、保障条件、创业环境、政治氛围、薪资待遇等方面（魏立才，2019）。第二，对于人才激励，通过完善的激励机制才能够充分调动创新型人才的创新动力，激发创新潜力。通过对制造业企业创新人员的激励，如股权激励等，可以提高制造业企业的技术创新水平，进而帮助制造业企业获得独特的竞争优势，促进其可持续发展。第三，对于人才培训，政府制定的人才培训政策一方面能够通过加大高等教育投入帮助高等学校培养更多的创新型人才，提升高等学校创新型人才的输出量；另一方面还能通过职工的再教育提高其技能水平。社会创新型人才总量的提升能够为企业的创新活动营造良好的人才环境。第四，对于人才交流，通常情况下，人才素质整体水平越高企业就越容易获得创新人才。而人才的交流有利于提高制造业企业创新型人才的整体素质，提高制造业企业整体的人力资本水平。最后，政府也会通过一些人才项目对当地的创新型人才进行支持，如上海的扬帆计划项目、启明星项目、晨光学者项目等。

整体而言，人才支持政策的作用机制体现在以下几个方面：一是政府通过人才引进政策吸引外地高素质创新型人才流入；二是通过人才激励激发创新型人才活力；三是通过人才培训和人才交流提高制造业企业整体人力资本质量；四是通过人才项目提高创新型人才产出水平。整体而言，人才支持政策能够优化创新人才的整体素质，提高企业创新人力资本积累，进而提高制造业企业创新人才投入，提高创新产出水平。人才支持政策作用机制见图 4-3。

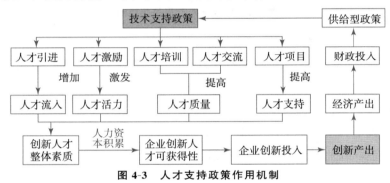

图 4-3　人才支持政策作用机制

4.1.1.3　财政资金政策

财政资金政策是国家或地方政府利用财政资金提升科技创新实力或者解决重大创新攻关难题的政策手段，通过将财政资金直接投入到相关创新研发活动从而增加创新资金。主要包括科研经费、财政补贴、科技专项资金、科技贷款贴息免息等具体的操作方式。政府的财政资金一般投入到具有重大战略意义的科技创新技术上，比如关键材料、核心零部件等卡脖子或前沿技术，这类创新项目往往具有开发周期长、不确定性大等特点。对于制造业企业来说，投入这类项目面临的创新风险较高，而政府通过财政资金支持可以降低企业的创新成本或者获得创新补贴，一方面，这可以提高制造业企业参与创新研发的积极性，进而激励了制造业企业的创新产出；另一方面政府加大对制造业企业的创新投入可以吸引和带动社会、金融机构对制造业企业创新活动的关注和支持，拓宽企业创新活动外部资金的融资渠道，进而激励了制造业企业的创新产出。

因此，财政资金政策的作用机制在于一方面直接增加了制造业企业的创新投入资金，降低了企业创新成本且还吸引了社会资金，缓解了制造业企业创新融资约束，激发了制造业企业开展创新活动的动力，提升了制造业企业的创新产出；另一方面财政资金政策通过提升高校、科研机构的基础型创新产出支持制造业企业的创新活动。其中，重点是财政资金政策会通过资金支持缓解企业的融资约束。财政支持政策对制造业企业创新产出的作用机制如图4-4所示。

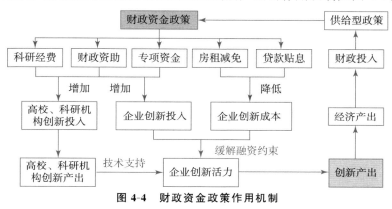

图 4-4　财政资金政策作用机制

4.1.1.4　信息支持政策

信息支持政策是政府通过提升网络化、数字化等基础设施的建设，或通过科技情报等关键信息的获取为企业创新提供更加便利的基础条件。一方面，通过网络化和数字化，尤其是新基建等基础设施的建设为制造业企业提供更良好的信息交流环境。在更加便利的网络化、数字化环境中，信息和情报都能够更加迅速、有效率地传递，尤其是当前数据要素对于制造业企业创新来说变得越来越重要。无论是企业正常的生产经营，还是人工智能、5G、物联网等新技术在制造业企业中的运用，都越来越离不开完善的网络化和数字化信息环境。因此，完善的信息基础设施环境能够有效激励制造业企业的创新活动。另一方面，对于制造业企业来说，能够获得有价值的科技情报对于企业的创新决策来说也是至关重要的。科技情报的获取能力显著影响企业对科技信息的判断，进而影响制造业企业当前的科技决策。科学的决策离不开信息的支持，充分的科技情报信息有利于制造业企业做出正确的创新决策。

整体而言，信息支持政策的作用机制在于政府一方面通过加大基础设施建设投入力度提升通信、信息网络等基础设施建设的完善程度；另一方面通过提高信息披露水平等方法助力制造业企业更及时地获取创新决策的相关信息，这均会提高制造业企业的市场竞争力，激励制造业企业的创新活动，提升制造业企业的创新产出。信息支持政策的作用机制如图 4-5 所示。

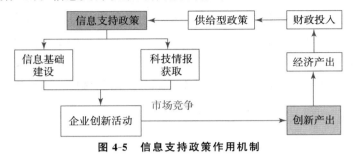

图 4-5　信息支持政策作用机制

4.1.2　需求型政策影响制造业企业创新的理论机制

需求型科创政策是政府为了刺激社会对企业产品和服务需求而制定的政策措施，需求型政策有利于企业新产品开拓市场，从而拉动企业开展技术创新活动。需求型政策工具主要包括政府采购、服务外包、贸易进出口管制、示范应用及推广等。它主要是对制造业企业研发的创新型产品提供更加明确稳定的市场回报，降低创新面临的不确定性，从而激励企业创新动力。当前的科创政策仍较多依赖供给型和环境型政策工具，对于需求型政策工具的使用较为薄弱，在此重点分析使用相对较多的政府采购政策及示范工程政策工具对创新产出的作用机制。

4.1.2.1　政府采购政策

政府采购政策也是政策常用的政策工具，是政府作为市场主体参与市场活动的一种重要手段。政府利用财政资金去市场上购买产品，从而达到对重点创新型产品支持的目的。而对于制造业企业来说，政府购买其创新型产品可以缓解一些创新型产品在投入市场初期收入不足的状况。因此，政府采购是政府引导创新产品需求的一种重要的政策工具，通过刺激创新产品的市场需求量达到激励企业创新的目的。另外，政府也可以通过定制化的产品或技术，迫使制造业企业加大对某一些关键技术领域的研发，从而引导制造业企业的产品结构，达到引导创新的目的。

因此，政府采购政策工具一方面利用政府的市场行为影响创新产品的价格，增加制造业企业的创新收入，稳定制造业企业创新产品的收益预期，降低其创新活动面临的风险来激励制造业企业进行创新。另一方面，通过政府采购增加创新产品的需求量，或者通过定制化的产品，迫使企业加大在某一类型产品的创新投入，增强企业创新投入的动力和活力。整体而言，政府采购政策的作用机制在于能够为制造业企业在创新活动开展初期的资金缺乏和市场需求较低问题上提供保障，通过稳定市场预期拉动制造业企业创新活力。政府采购政策对制造业企业创新产出的作用机制如图 4-6 所示。

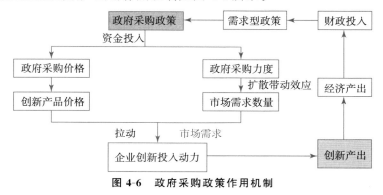

图 4-6 政府采购政策作用机制

4.1.2.2 示范工程政策

示范工程政策是政府通过示范基地、示范项目、示范企业等为关键的理论创新、技术研发和材料研发等进行集中化建设和规模推广的一种政策手段，从而使优秀的创新产品能够达到规模集聚和宣传推广的效果。

其一，政府通过创新示范基地的建设可以实现创新人才、创新资本和前沿技术的集聚。示范基地的建设可以使企业能够更加便利地享受到科技创新政策，有更多渠道获得创业风险投资，同时还能促进制造业企业实现规模化创新效应，降低企业创新成本。其二，政府为鼓励特定行业创新发展，政府会推行一些示范项目，由企业主体自行申报，政府相关部门对试点示范申报书及视频材料进行评审，遴选认定符合要求的项目开展试点示范，在示范期内完成试点核定工作，据此政府给予一定的资金支持。示范项目会通过信息效应，向市场传递该企业发展的积极信号，从而有利于制造业企业创新产品的市场开拓。其三，政府会通过创新推广和应用，为企业提供创新经验和模板，降低企业无效的创新投入。通过设置示范企业的标准，比如"专精特新"企业标准和高新技术企业标准，为制造业企业创新指引方向，在创新理念、能力培养、技术攻关、人才引进等方面建设成为创新的示范，对其他制造业企业也能够形成很好的辐射带动效应，进而提升制造业企业整体的创新水平。

整体而言，示范工程政策的作用机制在于：通过示范工程聚集人才、资本、政策、技术等优良资源，探索区域创业创新支持系统的建成和可复制经验；通过示范项目对特定行业特定企业的创新项目开展试点示范；通过创新推广和应用，为一般制造业企业创新提供有价值的参考，并辐射带动其他制造业企业形成创新氛围，提升创新的整体水平。这些措施均会有效扩大制造业企业创新产品的市场需求，政府示范工程政策对企业创新产出的作用机制如图4-7所示。

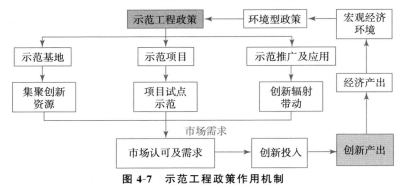

图4-7　示范工程政策作用机制

4.1.3　环境型政策影响制造业企业创新的理论机制

环境型政策工具主要是主要通过政府政策的实施创造企业创新和成长的良好环境，引导制造业企业良性竞争，从而激励更多创新产品的研发和推广。环境型政策工具包括金融支持、税收优惠、法规管制、策略性措施、公共服务政策等。

4.1.3.1　金融支持政策

金融资金是企业的源头活水，而对制造业企业创新来说，金融资金支持更是企业的血液，只有可持续的资金投入才能保证企业的创新活力。有利的金融支持环境对于制造业企业来说更加重要。政府的金融支持政策是通过融资平台建设和融资服务体系的完善为企业获取金融资金提供更加便捷的渠道、更加优惠的资金成本从而降低制造业企业获取创新资金的成本。一方面，政府积极推进科技金融平台建设，中央及地方多个部门联合出台了许多政策文件推动科技与金融的结合试点，为科技企业与金融机构的对接搭建起桥梁。科技金融平台能为科技创新体系和金融体系的各类参与主体提供有效信息或服务（罗广宁等，2020）。另一方面，政府大力建设创新融资服务体系，国家已经明确提出把建设创新的金融支持服务体系作为创新型国家建设的重要内容。解决企业在创新融资中碰到的资金筹集渠道少、资源整合难度大、技术定价缺乏标准等诸多问题。通过金融支持环境的建设，降低制造业企业创新融资的难度和成本进而提升其创新活力。

整体而言，金融支持政策影响制造业企业创新的作用机制在于，提升金融体系建设的完善程度，为制造业企业营造良好的融资环境，解决制造业企业创新融资约束问题，进而激励制造业企业的创新活动，提升了制造业企业的创新产出。金融支持政策对制造业企业创新产出的作用机制如图 4-8 所示。

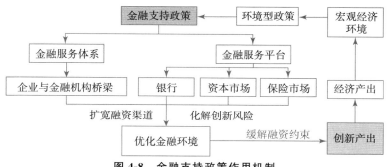

图 4-8　金融支持政策作用机制

4.1.3.2　税收优惠政策

税收优惠政策是指政府通过税收政策的调整降低支持性企业的税费负担，从而降低企业创新成本、分担企业创新风险的一种激励措施。对于任何企业，均有纳税的义务和责任，税费的缴纳是企业一项非常重要的支出。税收优惠作为政府常用的政策工具会对制造业企业的创新活动产生影响。但与财政资金政策不同的是，税收优惠通常利用制造业企业和市场的共同力量，具有一定的普惠性。制造业企业享受税收优惠政策的前提是企业在市场条件下已经取得了一定的盈利，对于应缴纳的税款政府给予一定的减免。一方面，政府可以通过降低税率、税前列支、加速折旧及免税等方式降低制造业企业创新过程中的税费负担，增加制造业企业的内源资金水平，进而激励企业持续性开展创新活动；另一方面，制造业企业创新主要聚焦于提升产品质量和改革生产工艺革，尤其是制造业"卡脖子"技术的突破需要持续性、规模性资金投入支持，创新不确定性较高、创新失败的风险也很大，这会无疑降低制造业企业的创新意愿。而政府的税收优惠政策在减免企业税费负担的同时，相当于为企业承担了一部分创新失败的风险，这会提高企业的创新意愿、激发企业的创新活力。

整体而言，税收优惠政策的作用机制在于政府一方面让渡本应该属于政府的财政收入给企业，降低了企业的税费成本，提高了企业的内源融资水平，间接增加了制造业企业创新活动的资金，因此，税收优惠通过缓解制造业企业创新融资约束问题进而提升了制造业企业的创新投入；另一方面政府通过税收优惠政策帮助企业分担了一部分的创新风险，这也会对制造业企业创新产生激励作用。其中，融资约束问题的缓解是重点。政府调控税收优惠政策最终会激发制造业企业创新活力，使制造业企业在创新过程中提高人力投入、科技投入、资金投入，进而推动制造业企业整体的创新活动，提高创新产出水平。政府税收优惠政策作用机制见图 4-9。

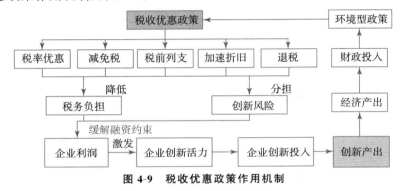

图 4-9　税收优惠政策作用机制

4.1.3.3　法规管制政策

法规管制政策是指政府通过法规文件的形式对企业创新环境进行优化、监督及管理，其具体形式有产权管理、专利管理、体制改革、监督管理等。首先，产权管理和专利管理能够为企业带来可观的创新垄断租金，因此各地政府部门均在加强知识产权保护，保护与激励企业进行创新，许多学者也提出要应加强知识产权保护以降低开放带来的负外部效应（Eppinger，2021）。知识权是制造业企业创新的重要成果，也是企业的核心资源。但是，知识产权在现实中又是很容易被其他企业模仿和扩散的。尤其是伴随着越来越开放的企业合作和企业连接，越来越多的企业创新需要与上下游企业、高校、科研机构等进行合作而展开开放式创新。在这种创新模式下，知识产权保护对于制造业企业开展创新活动有着重要影响。因此，政府出台相关的监管法规对企业的知识产权进行保护，这就提高了制造业企业在关键核心技术上的壁垒，从而增强其产品的垄断势力，进而保证企业的创新收益。其次，对于体制改革，苏继成和李红娟（2021）研究发现，存在科技创新激励机制和评价体系不完善、创新要素聚合效应不明显以及科技管理与服务机制不完善等问题，因此政府需要进一步深化科技体制改革，完善科技创新制度机制体系。最后，关于监督管理，有管理必有监督，监督是管理的方法之一。为了实现科技创新项目目标，应由相关项目主管部门对项目的组织实施、资金管理等情况开展检查、督导、评价和问责等活动，通过对科技项目的监督管理，可以提高资源利用效率。

整体而言，法规管制政策对制造业企业创新的影响机制体现在：首先，法规管制政策通过产权管理和专利管理提高制造业企业前沿技术、核心技术的壁垒，保证制造业企业获得可观的创新垄断租金，从而激发制造业企业创新活力；其次，法规管制政策通过体制机制改革为制造业企业创新营造公平的竞争环境；最后，还会通过监督管理提高创新资源的配置效率。总之，法规管制政策会通过法规政策的形式提高制造业企业市场竞争力，法规管制政策作用机制见图 4-10。

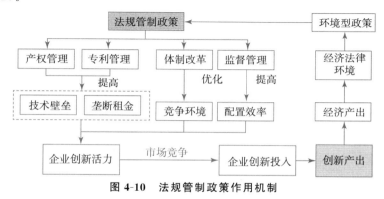

图 4-10　法规管制政策作用机制

4.1.3.4　策略性措施

策略性措施是指在特定目标下为了获得最佳结果而采取的长期计划，包括目标规划和宣传教育等。政府通过目标规划措施制定政策干预创新的具体目标，并通过政策目标之间的纵向协同以及横向协同，在不同区域、不同部门之间形成协同合作，从而优化创新环境，激发企业创新活力。如，陈晨等（2022）指出，为了实现共同的政策目标，多元政策主体部门跨越现有政策领域边界，从政策制定到政策执行的全过程相互配合、相互支持，从而减少组织冲突和政策冲突，实现政策效应最大化。此外，宣传教育、绿色技能培训等策略性措施作为一种柔性监管工具，可以通过双向互动式信息"对话"过程提高企业的创新意愿，从而激发企业创新活力（Rong，2021）。

整体而言，策略性措施对制造业企业创新的影响机制体现在：一方面，目标规划通过多元政策主体之间的跨部门合作实现政策协同，从而提高政策干预企业创新的落实效果，激发企业创新活力。另一方面，宣传教育通过政府与企业之间的信息"对话"提高企业创新意愿，激发企业创新活力。最终，企业创新活力的激发均会通过提高市场竞争程度作用于制造业企业创新。策略性措施作用机制见图 4-11。

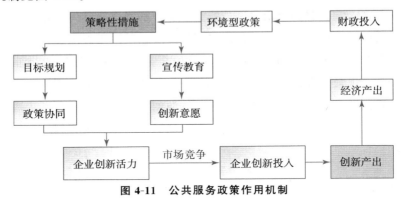

图 4-11 公共服务政策作用机制

4.1.3.5 公共服务政策

公共服务政策是指政府和社会为企业提供的技术创新、企业开办经办、企业信用、法律援助等具体的服务形式为制造业企业创新营造良好的创新外部环境。通过服务平台建设、咨询调解、技术服务、公共服务、信用体系建设等方面的公共服务支持政策有利于优化企业的营商环境，为制造业企业创新活动的开展提供良好的生态环境。如，武晓芬（2018）研究指出，良好的制度信用环境能更好地保护创新成果，减少研发风险，从而促进企业创新。首先，作为科技创新资源集聚载体的科技服务平台是由研究实验基地、大型科学仪器设施、科学数据与信息等组成的科技创新支撑体系。统一、公开、共享的科技公共服务平台是突破先进技术，实现技术改革的必由途径，是突破技术壁垒，解决社会经济发展与战略性科技专项的基础与重要手段（黄琳、张辅，2016）。服务平台建设也为创新型企业及其利益相关者搭建了共同交流、寻求合作的沟通渠道。其次，科技中介组织为制造业企业和政府、高校等主体的对接提供了必要的信息、资源和服务。科技中介服务组织不仅能够为制造业企业提供产学研合作的信息，还能为制造业企业获取创新资源提供渠道，同时还能为制造业企业提供必要的知识产权保护和法律服务。最后，对于信用体系建设，构建社会信用体系是推进国家治理体系和治理能力现代化的重要途径，而企业法人是社会信用系统建设的重点关注对象（王昕生、毕俊杰，2021）。通过信用制度的建立可以减少信息不对称，使创新型企业与其利益相关者之间建立彼此信任的关系（贾洪文、敖华，2021）。

整体而言，公共服务政策影响制造业企业创新产出的作用机制体现在：第一，服务平台建设通过集聚科技创新资源，为制造业企业创新活动提供知识、技能、信息等全方位的支撑；第二，科技中介为创新型企业提供咨询调解、技术服务、公共服务等方面的服务；第三，信用体系建设通过激励机制和信号传递机制使创新型企业与其利益相关者之间建立彼此信任的关系，激发制造业企业创新活力。这些均有利于营造公平市场竞争环境，公共服务政策作用机制见图 4-12。

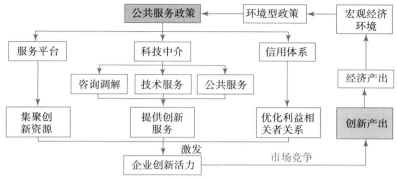

图 4-12 公共服务政策作用机制

综上所述，不同类型科创政策工具均会根据自身的政策特点影响制造业企业创新产出，从而具有不同的作用机制，且主要影响机制主要表现为缓解融资约束、增加人力资本、提高市场需求、加强市场竞争四个方面。

4.2 科创政策与制造业企业创新之间影响机制的实证检验

4.2.1 理论分析与研究假设

总结科创政策与制造业企业创新之间影响机制的理论分析，可以发现，从科创政策工具视角，可以将科创政策划分为供给型、需求型以及环境型政策三种类型，且三类政策工具中还有具体的政策措施，每种政策措施均通过不同的机制正向影响企业的创新活动，且影响机制可概括为四条，即科创政策会通过缓解融资约束、增加人力资本、提高市场需求、加强市场竞争提高制造业企业的创新水平。因此，本部分将综合供给型、需求型、环境型三类政策工具对制造业企业创新的影响效果及影响机制，提出研究假设。

4.2.1.1 科创政策对制造业企业创新的影响效果

科创政策会通过技术支持、人才支持、财政资金、科技金融、信息支持等政策工具影响制造业企业创新水平。其一，在技术支持政策下，制造业企业会获得更多的引进技术以及与其他企业机构合作的机会，提高制造业企业技术学习能力及原始创新能力，从而降低创新失败风险，提高创新效率。许玉云等（2021）发现企业国内技术购买能够在短期内提高高技术企业的创新绩效，国外技术引进要在较长的时间内提高企业的创新绩效。Hagedoorn 等（2018）、蒋舒阳等（2021）指出，企业参与产学研基础研究合作，能够提高企业内外科研力量的协同合作，激发企业取得突破性创新。其二，在人才支持政策下，为了满足政策要求，制造业企业会加大创新人才投入，形成知识的溢出效应，且政策支持提供的人才培训、合作交流等机会能提高创新人才的整体素质，使得知识溢出效应进一步增加，进而促进制造业企业创新水平提升（刘春林、田玲，2021；陈晨 等，2021）。孙鲲鹏等（2021）研究指出，人才政策会显著提高企业的研发投入、专利产出和研发效率。其三，关于财政资金，研发补贴是政府激励企业创新的最直接的支持手段，其会为企业提供资金支撑，缓解制造业企业创新面临的融资约束，还会向其投资者传递积极的投资信号，进而促进制造业企业提高创新水平。江飞涛等（2021）以医疗医药企业为研究对象指出，财政补贴能显著提升企业的技术创新数量。李丹丹（2022）研究指出，研发补贴能显著提高企业的创新绩效。其四，科技金融政策主要通过拓宽企业外源融资渠道，缓解制造业企业融资约束，提高制造业企业创新水平（常曦 等，2020）。陈振权等（2021）研究发现，科技金融政策有利于制造业企业数字化创新，且不同生命周期下的影响效果存在差异。最后，信息支持政策为企业创新提供信息支撑。肖仁桥等（2021）发现，企业的数字化流通水平有利于提高其新产品开发绩效。彭娟和李娇娇（2022）研究发现，企业信息技术的应用会对外部专家与技术创新之间的正向关系产生积极的调节作用。综合供给型科创政策的不同工具对企业创新的影响，提出如下研究假设：

H1a：供给型科创政策对制造业企业创新具有正向影响。

科创政策会通过政府采购、服务外包、贸易管制、示范工程等政策工具拉动产品市场需求进而影响制造业企业创新水平。其一，关于政府采购政政策，政府采购政策一般是通过市场交易的方式创造市场需求来拉动制造业企业开展创新活动，具体而言，政府采购既可以直接增加制造业企业的销售渠道，又向其产品需求方传递出产品质量的积极信号，间接增加企业销售。姜爱华和费堃桀（2021）、陈劲等（2022）研究均指出政府采购能够显著提高制造业企业的创新水平。其二，关于服务外包政策，服务外包不仅能降低发包方的成本，还会通过承包方和发包方之间的紧密合作与学习，提高承包方的创新能力（王永贵，2015）。杨杰等（2021）发现，服务外包中的探索式学习以及利用式学习均能提高供应商企业的创新能力。其三，关于贸易管制政策，关于贸易管制政策，学者认为贸易中的技术法规或规范措施会促使境内企业产品或服务符合相关标准，进而促进企业创新。如赵文霞和刘洪愧（2022）发现，环境贸易措施会通过需求激励以及命令驱动两种机制促进制造业企业提高创新水平。徐雨婧等（2022）研究发现，进口鼓励政策有利于提高制造业企业技术创新水平，且当进口鼓励政策与市场型环境规制协同运用时，组合后的政策对企业创新的激励作用显著增强。最后，关于示范工程政策，示范工程、示范项目、示范基地等在建设过程中不仅获得了政策性资源的倾斜，还会通过向利益相关者传递积极信号开拓市场需求（于立宏、金环，2021）。金环等（2022）研究发现，电商示范城市建设有利于推动企业绿色技术创新。熊勇清和张秋玥（2022）研究指出，节能与新能源汽车示范推广应用工程会能够有效缓解新能源制造业企业创新外部溢出的压力，通过市场竞争机制和信号传递机制促进企业创新。综合需求型科创政策的不同工具对制造业企业创新的影响，提出如下研究假设：

H1b：需求型科创政策对制造业企业创新具有正向影响。

科创政策会通过金融支持、税收优惠、法规管制、策略性措施、公共服务等政策工具影响制造业企业创新水平。其一，关于金融支持，互联网金融、网络融资平台、信息化金融机构、互联网大数据以及供应链金融等创新性的融资机制为企业创新融资提供了便利（李艳，2021）。徐全红（2016）也提出，政府的金融环境供给对制造业企业创新意义重大，在供给侧结构改革的大背景下，政府应该承担起优化金融环境的责任。其二，税收优惠政策作为一种普惠性的科创政策工具，会有效缓解制造业企业的资金压力，并分担制造业企业创新的部分风险，对创新活动具有很大的激励效果（燕洪国、潘翠英，2022）。靳卫东等（2022）研究指出，扩大加计扣除政策适用范围能够有效促进企业创新，具体表现在该税收优惠政策不仅可以提高制造业企业的创新投入，还会提高其创新产出和创新收益。陈志勇等（2022）指出，减税政策实施后企业新增创新产出的数量明显提高，表现为减税主要通过"外延扩张"推动制造业企业高质量创新。其三，关于法规管制，知识产权保护是其中的重点，知识产权保护有利于制造业企业获得创新垄断租金，提高创新收益，进而激励企业的创新行为。冯晓青（2019）以华为被美国制裁为案例，深入剖析了知识产权制度运用对企业创新发展的积极影响。其四，宣传教育、绿色技能培训等策略性措施作为一种柔性监管工具，可以通过双向互动式信息"对话"过程提高企业的创新意愿。同时，政策目标有利于政策行为者为了实现政策目标，跨越现有领域和职能部门界限，促进以跨界联系为特征的交叉政策目标，实现多元主体协同创新（Rong，2021）。最后，一系列公共服务政策会为企业提供良好的创新生态。武晓芬等（2018）提出，良好的制度信用环境有利于保护企业的创新成果，降低创新风险，从而对企业创新产生激励作用。陈晨等（2022）指出，创新平台建设、要素市场完善、政企关系改善以及服务环境优化等优化营商环境的政策措施会提高企业的创新能力。综合环境型科创政策的不同工具对制造业企业创新的影响，提出如下研究假设：

H1c：环境型科创政策对制造业企业创新具有正向影响。

综合供给型、需求型以及环境型科创政策工具对制造业企业创新的积极影响，本书认为，科创政策整体上亦会对制造业企业创新产生促进作用，为此提出如下假设：

H2：科创政策整体上有助于提高制造业企业创新水平。

4.2.1.2 科创政策对制造业企业创新的传导机制

制造业企业创新需要稳定且充足的资金来源作为保障，但鉴于国内资本市场的不完善以及企业创新的高风险性，融资约束成为制造业企业创新面临的重要难题（刘永松 等，2020；马晶梅 等，2022）。且无数经验研究均表明，融资约束会对企业创新产生抑制作用（Zhang and Huang，2022；叶翠红，2021；刘惠好、焦文妞，2021），而科创政策会通过拓宽制造业企业融资来源、降低融资成本等方式来缓解制造业企业创新面临的融资约束问题（Hu and Liu，2022；童锦治 等，2020；孔丹凤、陈志成，2021；彭华涛和吴瑶，2021）。一方面，科创政策中的财政资金、科技金融、税收优惠等政策措施会直接增加企业的内外部融资来源，降低制造业企业融资成本。杨蓉等（2018）指出，银行信贷作为制造业企业创新最主要的资金来源，政府可通过银行体系向支持制造业企业提供更多的信贷规模，并降低信贷成本。Peñasco C. 等（2022）研究发现，投贷联动能显著提高制造业企业创新，尤其是高质量创新。白积洋和刘成奎（2020）发现，政府财税政策能够优化资源配置，为高新技术企业发展提供资金支持。郑飞等（2021）指出，财政补贴是制造业企业创新重要的融资渠道。陈志勇等（2022）指出，减税可以显著缓解制造业企业创新的资金压力。另一方面，在中国特定的社会情景中，人们一般认为，具有良好的社会资本背景的企业才比较容易获得政府政策的支持，这在一定程度上向市场传递出制造业企业拥有较高质量的创新产品、良好的发展前景以及广阔的市场空间。这种机制企业与市场以及金融机构之间的信息不对称，吸引更多社会资本投资以及金融机构投资，这为制造业企业创新提供了更广阔的资金来源（马震，2019；赖烽辉 等，2021；唐大鹏、于倩，2022）。杨蓉和朱杰（2022）指出，"创新示范区"会提高外部分析师对示范区内企业的乐观预期，进而提高制造业企业的融资能力。基于此，本书提出如下研究假设：

H3a：科创政策会通过缓解企业融资约束提高企业创新水平。

企业创新的关键在人才，尤其在科技创新型人才，而科创政策的支持会通过增加制造业企业人才需求、提升人才质量、强化人才吸引、降低雇佣成本等提升制造业企业的创新人才集聚水平，进而提高制造业企业创新水平。第一，科创政策支持会增加制造业企业的人才需求。一般而言，创新型企业只有在满足一定的科技人员数量标准后才可能获得科创政策支持，为达到人才标准企业会招聘更多的科技人才（许玲玲，2022）。如《高新技术企业认定管理办法》中要求科技人员占企业当年职工总数的比例不低于 10%，因此为争取达到高新技术企业认定标准，企业会储备更多的研发人才。孙鲲鹏等（2021）研究指出，人才政策支持下制造业企业研发人员招聘数量增加。第二，科技创新政策支持有利于提升制造业企业人才质量及员工忠诚度。受政策支持的制造业企业员工会获得更多的培养进修、人才交流、技能培训机会，这有利于提高制造业企业科技型人才的技能水平，形成企业的专用人力资本，在提高企业人才质量的同时提高了人才的忠诚度（韩志弘、张纪海，2021）。第三，科技创新政策有利于强化人才吸引，提高人才集聚水平。吸收能力理论认为，高级创新型人才集聚程度过低不利于企业对新知识的消化吸收，对创新的促进水平有限（Bosetti et al.，2015；孙文浩，2021），且无数学者也提出，创新人才集聚存在一个"阈值"，只有高于该"阈值"时，人才集聚对企业创新的促进作用才比较明显（Zeng et al.，2019；孙文浩、张杰，2021）。米旭明（2021）研究发现，人才安居政策会降低科技人才的生活压力，通过人才集聚促进企业技术创新。第四，科技创新政策能够降低制造业企业劳动雇佣成本。科技创新政策的支持便于制造业企业获得更多的研发补贴、税收优惠以及银行信贷等资源，这些资源有助于降低制造业企业劳动雇佣成本，且地方政府直接向引进人才提供的补贴、奖励等措施也会进一步降低企业的劳动雇佣成本（邵敏 等，2013；许玲玲 等，2022）。基于以上分析，提出研究假设：

H3b：科创政策会通过人力资本积累提高制造业企业创新水平。

科创政策支持有利于制造业企业提高创新产出质量、增加成果转移转化、提高市场需求，进而刺激创新产品的市场需求扩张，从需求侧拉动制造业企业增加创新活动。首先，科创政策支持会提高制造业企业原始创新及突破性创新能力，增加高质量创新产出成果，高质量的创新产出成果更容易获得市场青睐。谢斌等（2021）、蒋舒阳等（2021）、丁方飞和谢昊翔（2021）研究指出，产学研基础研究合作、研发补贴等技术激励政策能够显著提高制造业企业的突破式创新和高质量创新水平。更进一步地，陈志勇等（2022）指出，减税政策会通过"外延扩张"推动企业开展高质量创新。其次，创新成果转移转化是将创新活动与市场需求相联系的关键，科创政策能够通过优化创新成果转移转化的权利和收益分享机制，调动科技人员转移转化内在动力，将制造业企业创新成果推向市场进而提高企业创新收益（陈宇学、王芋朴，2021）。靳宗振等（2021）指出，完善的技术转移体系有助于实现技术的产业化应用以及市场化运营，对推动企业创新具有重要意义，且有学者已经对国家技术转移体系展开了系统评估（Xu et al.，2022）。最后，需求型科创政策能有效拉动新产品市场需求，从需求侧推动企业持续创新。杨杰等（2021）研究发现，不管是服务外包中的探索式学习还是利用式学习都对供应商得创新能力的提升有显著的促进作用。金环等（2022）指出，电商示范城市建设会通过降低市场交易成本扩大企业产品市场需求，进而促进企业绿色技术创新。汤二子（2022）发现，出口退税政策有利于企业开拓国外市场，增加创新产品的出口贸易数量，通过国外市场需求扩张促进制造业企业持续开展创新活动。基于以上分析，提出研究假设：

H3c：科创政策会通过拉动市场需求提高制造业企业创新水平。

科创政策会通过选择性支持影响行业内企业的市场竞争程度，并通过竞争机制影响制造业企业创新决策。一方面，科创政策支持会通过直接支持手段加剧行业内的市场竞争程度。如地方政府可通过适当放宽受支持行业的市场准入及项目审批限制，降低行业进入门槛，使行业潜在进入者更容易跨过进入壁垒成为行业内的竞争者，从而增强产业政策支持行业的市场竞争程度（刘婷婷、高凯，2020）。郭金花等（2021）指出，示范区内的大量创新型企业会形成创新的竞合关系，通过知识、经验、技能的相互学习促进良性竞争。杜阳和李田（2020）通过构建梳理经济模型演绎发现，产业政策能够有效改善市场竞争环境，并以高新技术企业认定政策为例，实证检验发现高新技术企业认定有利于提高市场竞争活力，从而提高企业创新效率。另一方面，市场竞争对制造业企业技术创新具有促进作用。首先，在"优胜劣汰"的竞争法则下，制造业企业为了规避被市场淘汰的风险会有动力通过创新提高其产品竞争力，尤其是市场竞争越激烈，技术的迭代速度越快，创新型企业对新技术的依赖程度越高，从而倒逼制造业企业不断进行创新（庄玉梅、王莉，2022）。其次，根据信息假说理论，市场竞争程度越激烈，企业信息就越公开透明，制造业企业所有者可以基于公开透明化的信息，对管理层进行约束，减少管理层的短视行为（王靖宇 等，2019）。最后，在中国情景下，经济发展越来越强调市场在资源配置中所发挥的积极作用，要通过市场竞争激发企业创新活力（章新蓉 等，2021）。蒋洁等（2021）研究发现产业市场竞争度越高，创新激励政策的效果越明显。并且 Hu Y. 等（2020）进一步指出，相对于策略性创新，市场竞争对制造业企业实质性创新的促进效果更明显。具体到不同的政策工具，王桂军和张辉（2020）认为，市场竞争程度能正向调节政府研发补贴、税收优惠对企业创新的积极影响。

H3d：科创政策会通过加剧市场竞争程度提高制造业企业创新。

4.2.2　研究设计

4.2.2.1　数据来源与样本选择

本书研究样本为 2015—2020 年上海市制造业企业数据。借鉴已有研究惯例，本书利用以下标准对研究样本进行了筛选：（1）剔除当年 IPO 的公司样本；（2）剔除相关变量数据缺失的样本；（3）为消除极端值的影响，按 1％和 99％的水平对本书所使用的连续变量进行缩尾处理。经过上述筛选，最后得到了 545 个公司年度（firm-year）样本观察值，涉及 24 个行业，涵盖 5 个年份。此外，在进行实证分析时，本书对所有连续的解释变量进行了标准化处理。本章节中所涉及的财务数据均来源于 CSMAR 数据库及企业财务报告，政策相关数据均为手工整理。

在前面科创政策概念的界定中已经对央地科创政策之间的协同情况以及地方科创政策对地区内企业创新影响的直接性做了分析，因此，本书重点研究上海地方科创政策。上海科创政策查找过程如下：第一轮查找，以"上海市""科学政策""科技政策""创新政策"和"科技创新政策"等为关键词，检索了 2015 年 1 月—2020 年 12 月上海市政府及其他省级部门出台的地方规范性文件；第二轮查找，除关键词搜索外，逐条查阅上海市政府网站上的政策文本，补充第一轮关键词检索过程中遗漏的政策文本；第三轮查找，在文本分析过程中，若政策内涉及 2015 年之后的科创政策，下载下来作为政策库补充；第四轮查找，查询万方数据库、北大法律法规数据库，以及其他资料进行补充，以保证政策文本的完整性和严谨性。最后，从所有科创政策中剔除不是针对制造业企业的科创政策及相关性不高的政策，最终共整理上海制造业科创政策 72 条。

4.2.2.2　变量定义

1. 核心解释变量：科创政策

本书通过手工收集政府文件获取上海制造业企业科创政策共计 72 条，依据扎根理论对政策条文进行逐条编码，以整理得到三类政策工具支持力度。具体而言：首先，根据《2012 年国民经济行业分类代码表》中制造业分类对科创政策文本进行行业编码；其次，根据科创政策工具分类，对供给型、需求型、环境型三类政策工具进行逐条编码计数；最后，对于特定年份某一产业某一类型科创政策，每收集到一条相关科创政策，该产业该类型科创政策工具力度就加 1，以此得到不同年份供给型政策力度（Policy_g）、需求型政策力度（Policy_x）、环境型政策力度（Policy_h）。科创政策力度（Policy）为三类政策工具支持力度的加总。

2. 被解释变量：制造业企业创新

从创新投入和创新产出两个方面衡量制造业企业创新水平。借鉴张杰等

（2021）、彭龙等（2022）的做法，用"制造业企业研发投入的自然对数"来衡量制造业企业创新投入（research and development，简称 RD），借鉴李云鹤等（2022）、余典范和王佳希（2022）的做法，用"制造业企业专利申请量的自然对数"来衡量制造业企业创新产出（Output）。考虑到政策实施及企业财务数据对制造业企业创新产出的影响具有明显的滞后性，因此创新产出（Output）数据滞后一期处理。更进一步地，为进一步区分制造业企业创新产出的质量，参考黎文靖和郑曼妮（2016）、苑泽明等（2019）、李真和李茂林（2021）的方法，将专利分为实质性创新和策略性创新，实质性创新（Output_H）用发明专利申请量的自然对数来衡量，策略性创新（Output_L）分别用实用新型专利的自然对数（Output_L1）和外观设计专利的自然对数（Output_L2）来衡量。

3. 机制变量

融资约束机制（Fin）：依据 Hadlock 和 Pierce（2010）的定义，参考刘惠好和焦文妞（2021）等的惯用做法，构建融资约束 SA 指数，SA＝－0.737×Size＋0.043×$Size^2$－0.04×Age，SA 指数的绝对值越大，融资约束水平越高（唐大鹏、于倩，2022）。其中，Size 为制造业企业资产总额的自然对数，Age 为制造业企业年龄。

人力资本机制（HuCapital）：借鉴石军伟和姜倩倩（2018）的方法，用研发人员数占职工总数的比例来衡量制造业企业的人力资本积累。

市场需求机制（MarDemand）：企业产品市场需求较高会表现为企业销售额和营业收入较高，因此借鉴孔令文等（2022）采用的方法，用营业收入占总资产的比例来衡量制造业企业产品需求。

市场竞争机制（HHI）：参考 Haushalter（2007）、宋竞等（2022）等的方法，以赫芬达尔指数（Herfindahl-Hirschman index，简称 HHI）来衡量产品市场竞争。HHI 指数计算要利用行业内营业收入，行业分类则依据 2012 年的《上市公司行业分类指引》，制造业行业细分到二级，HHI 的计算公式为 $HHI_i = \sum_1^n (X_i/X)^2$，其中 n 为行业内企业数量，X_i 为第 i 个企业的营业收入，X 为行业内所有企业的营业收入之和。HHI 指数的值越大意味着产品市场竞争程度越低，反之竞争程度越高。

4. 控制变量

借鉴以往研究和本书研究的问题，选择以下变量作为控制变量：资产负债率（Debt）、第一大股东持股比例（Share1）、企业规模（Size）、企业年龄（Age）、盈利能力（Income）、托宾Q值（TQ）、账面市值比（BM）、资产回报率（Roa）以及行业（Industry）和年度（Year）虚拟变量。

各变量具体定义如表 4-1 所示。

表 4-1　变量定义

变量	符号	计算公式
企业创新投入	RD	制造业企业研发投入取对数
企业创新产出	Output	专利申请数量取对数
实质性创新	Output _ H	发明专利申请数量取对数
策略性创新	Output _ L1	实用新型专利申请数量取对数
	Output _ L2	外观设计专利申请数量取对数
科创政策力度	Policy	手工搜集到相关政策加 1
供给型政策	Policy _ g	供给型政策工具计数
需求型政策	Policy _ x	需求型政策工具计数
环境型政策	Policy _ h	环境型政策工具计数
融资约束	SA	$-0.737 \times \text{Size} + 0.043 \times \text{Size}^2 - 0.04 \times Age$
人力资本	HuCapital	研发人员数占职工总数的比例
市场需求	MarDemand	营业收入占总资产的比例
市场竞争	HHI	$\text{HHI}_i = \sum_1^n (X_i/X)^2$，其中$X_i$为第$i$个企业的营业收入，$X$ 为行业内所有企业营业收入之和
资产负债率	Debt	总负债/总资产
企业规模	Size	总资产的自然对数
第一大股东持股比例	Share1	第一大股东持股数/总股数
企业上市年限	Age	企业上市年限取自然对数

变量	符号	计算公式
盈利能力	Income	经营活动现金流量净额/总资产
托宾 Q 值	TQ	（每股价格×流通股股数＋每股净资产×非流通股股数
账面市值比	BM	（总资产—总负责）／（流通股数×每股股价）
资产回报率	Roa	税后净利润/总资产
产权性质	State	国有企业赋值为 1，否则为 0
行业	Industry	按 2012 年《上市公司行业分类指引》进行行业划分
年度	Year	当处于该年度时为 1，反之为 0

4.2.2.3　模型设计

评估政策实施效果的方法众多，比较典型的是回归分析以及双重差分模型。其中，双重差分模型适用于对典型政策冲击的研究，即对比政策实施前后实验组和控制组政策效果的差异，而科创政策实施具有连续性，政府每年均会出台多项科创政策以引导企业创新行为，所以双重差分模型并不适用于本书。因此，本部分采用经典的多元回归方法研究科创政策对企业创新投入和创新产出的影响效果，本书建立如下基础回归模型：

$$\mathrm{RD}_{i,\,t}=\alpha_0+\alpha_1\,\mathrm{Policy}_{i,\,t}+\sum_{i=1}^{11}\gamma_i\,\mathrm{Control}_{i,\,t}+\varepsilon_{i,\,t} \qquad (4\text{-}1)$$

$$\mathrm{Output}_{i,\,t+1}=\beta_0+\beta_1\,\mathrm{Policy}_{i,\,t}+\sum_{i=1}^{11}\delta_i\,\mathrm{Control}_{i,\,t}+\varepsilon_{i,\,t} \qquad (4\text{-}2)$$

在模型（4-1）和（4-2）中，$\mathrm{Policy}_{i,t}$ 代表了科创政策力度（Policy）和具体的政策措施（Policy_g、Policy_x、Policy_h），α_1 和 β_1 是本书考察的核心，衡量了科创政策及其具体工具对企业创新投入和创新产出的影响。根据假设 H1a、H1b、H1c 和假设 H2，本书预期 α_1 和 β_1 都显著为正，说明科创政策及其具体工具对企业创新具有促进作用。

为了检验科创政策影响企业创新投入和创新产出的具体机制，构建中介效应模型：

$$\mathrm{RD}_{i,\,t}/\,\mathrm{Output}_{i,\,t+1}=\alpha_0+\alpha_1\,\mathrm{Policy}_{i,\,t}+\sum_{i=1}^{7}\gamma_i\,\mathrm{Control}_{i,\,t}+\varepsilon_{i,\,t} \qquad (4\text{-}3a)$$

$$\mathrm{Mechanism}_{i,\,t}=\beta_0+\beta_1\,\mathrm{Policy}_{i,\,t}+\sum_{i=1}^{7}\delta_i\,\mathrm{Control}_{i,\,t}+\varepsilon_{i,\,t} \qquad (4\text{-}3b)$$

$$\mathrm{RD}_{i,\,t} / \mathrm{Output}_{i,\,t+1} = \gamma_0 + \gamma_1 \, \mathrm{Policy}_{i,\,t} + \gamma_2 \, \mathrm{Mechanism}_{i,\,t} +$$

$$\sum_{i=1}^{7} \delta_i \, \mathrm{Control}_{i,\,t} + \varepsilon_{i,\,t} \qquad (4\text{-}3c)$$

在模型（4-3a）和模型（4-3c）中，Mechanism 代表影响机制，具体指融资机制（SA）、人力资本机制（HuCapital）、市场需求机制（MarDemand）与市场竞争机制（HHI）。其中，β_1 和 γ_2 都显著时，检验模型（4-3c）中科创政策（Policy）的系数，若 γ_1 不显著则为完全中介效应，若 γ_1 显著则为部分中介效应；当 β_1 和 γ_2 至少有一个不显著时，进行边缘检验（sobel test）。

4.2.3 科创政策影响制造业企业创新的效果分析

4.2.3.1 科创政策力度对制造业企业创新的影响效果

1. 科创政策力度对制造业企业创新投入的影响

表 4-2 显示了科创政策力度与制造业企业创新投入之间关系的回归结果。其中第（1）列是 OLS 回归的结果，由第（1）列可知，科创政策力度（Policy）的系数为 0.209，且在 1% 的水平下显著，表明科创政策可以促进制造业企业增加研发投入。第（3）列是可行广义最小二乘法（feasible generalized least square，简称 FGLS）回归的结果，科创政策（Policy）的系数为 0.146，在 1% 的水平上显著为正，这说明科创政策可以促进制造业企业增加研发投入，进行技术创新。（2）列中对标准误进行了稳定性（robust）异方差修正，第（4）列中为了控制潜在的异方差和序列相关问题，对所有回归系数的标准误都在公司层面上进行了集群（cluster）处理，结果显示第（2）列和第（4）列的回归系数均显著为正，表明科创政策力度对制造业企业创新投入的促进作用结果稳健。

表 4-2 科创政策对制造业企业创新投入的影响

变量	（1）OLS 回归	（2）robust 修正	（3）FGLS 回归	（4）cluster 处理
	RD	RD	RD	RD
Policy	0.209***	0.209***	0.146***	0.209***
	(8.425)	(5.860)	(9.731)	(3.786)
Control	Yes	Yes	Yes	Yes
Year	Yes	Yes	Yes	Yes
Industry	Yes	Yes	Yes	Yes

续表

变量	(1)	(2)	(3)	(4)
	OLS 回归	robust 修正	FGLS 回归	cluster 处理
	RD	RD	RD	RD
_ cons	15.212	15.212*	6.774	15.212
	(1.589)	(1.788)	(0.899)	(1.374)
N	545	545	545	545
r^2 _ a	0.238	0.238		0.238

注：（1）括号内的是 t 统计量，* 代表 $p < 0.1$，** 代表 $p < 0.05$，*** 代表 $p < 0.01$；（2）变量 _ cons 表示常数，N 表示样本数，r^2 _ a 表示调整后的 r^2。

2. 科创政策力度对制造业企业创新产出的影响

表 4-3 显示了科创政策力度与制造业企业创新产出之间关系的回归结果。表 4-3 第（1）列显示，科创政策力度（Policy）的系数为 0.318，且在 1% 的水平上显著为正，说明科创政策力度可以促进制造业企业增加创新产出，提高专利数量。

表 4-3　科创政策对制造业企业创新产出的影响

变量	(1)	(2)	(3)	(4)
	$Output_{t+1}$	$Output\_H_{t+1}$	$Output\_L1_{t+1}$	$Output\_L2_{t+1}$
Policy	0.318***	0.939***	0.561**	0.833*
	(3.20)	(2.91)	(2.16)	(1.87)
Control	Yes	Yes	Yes	Yes
Year	Yes	Yes	Yes	Yes
Industry	Yes	Yes	Yes	Yes
_ cons	−12.950	−14.715	−6.544	−10.891
	(−1.74)	(−1.88)	(−1.39)	(−1.55)
N	400	292	275	141
r^2 _ a	0.154	0.147	0.141	0.131

注：（1）括号内的是 t 统计量，* 代表 $p < 0.1$，** 代表 $p < 0.05$，*** 代表 $p < 0.01$；（2）变量 _ cons 表示常数，N 表示样本数，r^2 _ a 表示调整后的 r^2。

进一步区分企业实质性创新和策略性创新分析科创政策对三类不同专利的

影响效果，结果见表4-3第（2）列至第（4）列。由表4-3第（2）列至第（4）可知，科创政策力度（Policy）的系数均显著为正（0.939、0.561和0.833），这进一步表明，科创政策力度对企业的实质性创新和策略性创新都具有明显的促进作用。比较第（2）列至第（4）列中科创政策（Policy）的系数可知（0.939＞0.833＞0.561），第（2）列中Policy的系数最大，这表明科创政策力度对制造业企业实质性创新的激励作用要高于策略性创新。

4.2.3.2 科创政策工具对制造业企业创新的影响效果

1. 供给型政策对制造业企业创新的影响

表4-4显示了供给型政策与研发投入回归结果。由表第（1）列可知，供给型政策力度（Policy＿g）的回归系数为0.031，且在1%的水平下显著，表明供给型科创政策能显著提高企业的创新投入，假设H1a得以验证。进一步分析技术支持（Policy＿gj）、人才支持（Policy＿gr）、资金支持（Policy＿gz）、信息支持（Policy＿gx）等具体的供给型政策工具对企业创新投入的影响，结果如表4-4第（2）列至第（5）列所示，各供给型政策工具的系数均显著为正，表明各供给型政策工具均能显著提升制造业企业创新投入。

表4-4 供给型政策与制造业企业创新投入回归结果

变量	(1)	(2)	(3)	(4)	(5)
	RD	RD	RD	RD	RD
Policy＿g	0.031***				
	(4.42)				
Policy＿gj		0.122***			
		(4.38)			
Policy＿gr			0.107***		
			(4.42)		
Policy＿gz				0.083***	
				(4.12)	
Policy＿gx					0.215***
					(4.26)
Control	Yes	Yes	Yes	Yes	Yes

续表

变量	(1)	(2)	(3)	(4)	(5)
	RD	RD	RD	RD	RD
Year	Yes	Yes	Yes	Yes	Yes
Industry	Yes	Yes	Yes	Yes	Yes
_ cons	8. 235 **	7. 945 **	8. 141 **	8. 328 **	8. 340 **
	(2. 20)	(2. 09)	(2. 17)	(2. 22)	(2. 24)
N	545	545	545	545	545

注：（1）括号内的是稳健性 t 统计量，* 代表 $p<0.1$，** 代表 $p<0.05$，*** 代表 $p<0.01$；（2）变量 _ cons 表示常数，N 表示样本数。

通过对比各供给型政策工具的回归系数发现，政策工具系数由大到小排序分别为 Policy _ gx （0.215）、Policy _ gj （0.122）、Policy _ gr （0.107）、Policy _ gz （0.083），因此，科创政策制定时要更加强调为制造业企业提供信息和技术支持。

表 4-5 显示了供给型政策工具与创新产出回归结果。由表第（1）列可知，供给型政策力度（Policy _ g）的回归系数为 0.365，且在 1% 的水平下显著，这表明供给型科创政策能显著提高制造业企业专利申请数量，提高企业创新产出水平。

表 4-5　供给型政策与制造业企业创新产出回归结果

变量	(1)	(2)	(3)	(4)
	$Output_{t+1}$	$Output\_H_{t+1}$	$Output\_L1_{t+1}$	$Output\_L2_{t+1}$
Policy _ g	0. 365 ***	0. 500 ***	0. 218 **	0. 210 **
	(3. 78)	(3. 29)	(2. 29)	(2. 05)
Control	Yes	Yes	Yes	Yes
Year	Yes	Yes	Yes	Yes
Industry	Yes	Yes	Yes	Yes
_ cons	−8. 080 **	−7. 082 ***	3. 525	3. 493
	(−2. 02)	(−4. 35)	(1. 48)	(1. 05)
N	400	292	275	141

注：（1）括号内的是稳健性 t 统计量，* 代表 $p<0.1$，** 代表 $p<0.05$，*** 代表 $p<0.01$；（2）变量 _ cons 表示常数，N 表示样本数。

进一步区分企业实质性创新和策略性创新，分析供给型政策对三类不同专利的影响效果，结果见表4-5第（2）列至第（4）列。由结果可知，供给型政策力度（Policy _ g）的系数均显著为正，这表明供给型科创政策对企业实质性创新和策略性创新均有显著的促进作用。对比第（2）列至第（4）列中供给型科创政策的回归系数可知，供给型科创政策对实质性创新（Output _ H_{t+1}）的促进作用最大，系数为 0.500；其次是策略性创新中的实用新型专利（Output _ $L1_{t+1}$），系数为 0.218；最后是策略性创新中的外观设计专利（Output _ $L2_{t+1}$），系数为 0.210，这表明专利质量越高，供给型科创政策对制造业企业创新产出的促进作用越显著。

综合表 4-4 和表 4-5 供给型政策工具对制造业企业创新投入和创新产出的影响可知，供给型科创政策能显著提高企业的创新投入和创新产出水平。供给型政策中具体政策工具对创新的影响有差异，政府应进一步提高对制造业企业信息以及技术方面的支持；同时，供给型政策对不同质量的创新产出影响存在差异，供给型政策对实质性创新的激励作用高于策略性创新。

2. 需求型政策对制造业企业创新的影响

表 4-6 显示了需求型政策与创新投入回归结果。由表第（1）列可知，需求型政策力度（Policy _ x）的回归系数为 0.181，且在 5% 的水平下显著，表明需求型科创政策能显著提高企业的创新投入，假设 H1b 得以验证。

表 4-6　需求型政策与制造业企业创新投入回归结果

变量	(1) RD	(2) RD	(3) RD	(4) RD	(5) RD
Policy _ x	0.181**				
	(3.42)				
Policy _ xf		0.395**			
		(2.25)			
Policy _ xz			0.281***		
			(3.47)		
Policy _ xm				0.316	
				(0.83)	
Policy _ xh					0.855**
					(2.50)

变量	(1)	(2)	(3)	(4)	(5)
	RD	RD	RD	RD	RD
Control	Yes	Yes	Yes	Yes	Yes
Year	Yes	Yes	Yes	Yes	Yes
Industry	Yes	Yes	Yes	Yes	Yes
Constant	7.354*	6.799*	7.683**	7.560*	7.076*
	(1.94)	(1.74)	(2.05)	(1.93)	(1.81)
N	545	545	545	545	545

注：(1) 括号内的是稳健性 t 统计量，* 代表 $p < 0.1$，** 代表 $p < 0.05$，*** 代表 $p < 0.01$；(2) 变量 _cons 表示常数，N 表示样本数。

进一步分析服务外包（Policy_xf）、政府采购（Policy_xz）、贸易管制（Policy_xm）、海外机构管理（Policy_xh）等具体的需求型政策工具对企业创新投入的影响，结果如表 4-6 第（2）列至第（5）列所示，除贸易管制（Policy_xm）外，服务外包（Policy_xf）、政府采购（Policy_xz）和海外机构管理（Policy_xh）的系数均显著为正，表明服务外包、政府采购和海外机构管理等需求型政策工具均能显著提升制造业企业创新投入。

通过对比各需求型政策工具的回归系数及显著性发现，政府采购（Policy_xz）的系数显著性水平最高（在 1% 的水平下显著），海外机构管理（Policy_xh）的系数最大（0.855），因此，制定科创政策时要更加强调通过政府采购刺激制造业企业创新需求，并规范海外机构管理，通过海外机构拓展海外市场。

表 4-7 显示了需求型政策与创新产出回归结果。由表第（1）列可知，需求型政策力度（Policy_x）的回归系数为 0.739，且在 1% 的水平下显著，这表明需求型科创政策能显著提高制造业企业专利申请数量，提高制造业企业创新产出水平。

进一步区分企业实质性创新和策略性创新，分析需求型政策对三类不同专利的影响效果，结果见表 4-7 第（2）列至第（4）列。由结果可知，需求型政策力度（Policy_x）的系数均显著为正，这表明需求型科创政策对制造业企业实质性创新和策略性创新均有显著的促进作用。对比第（2）列至第（4）列中需求型政策力度（Policy_x）的回归系数可知，需求型科创政策对实质性创新（Output _ H$_{t+1}$）的促进作用最大，Policy _ x 的回归系数为 0.514；其次是策略性创新（Output _ L1$_{t+1}$）中的实用新型专利，系数为 0.261；最后是策略性创新中的外观设计专利（Output _ L2$_{t+1}$），系数为系数 0.032，这表明专利质量越高，需求型科创政策对制造业企业创新产出的促进作用越显著。

表 4-7　需求型政策与制造业企业创新产出

变量	(1)	(2)	(3)	(4)
	Output$_{t+1}$	Output _ H$_{t+1}$	Output _ L1$_{t+1}$	Output _ L2$_{t+1}$
Policy _ x	0.739***	0.514***	0.261*	0.032*
	(3.63)	(3.28)	(1.81)	(1.68)
Control	Yes	Yes	Yes	Yes
Year	Yes	Yes	Yes	Yes
Industry	Yes	Yes	Yes	Yes
_ cons	−8.132***	−4.904	8.854	−5.261
	(−4.36)	(−1.64)	(1.13)	(−0.22)
N	400	292	275	141

注：（1）括号内的是稳健性 t 统计量，* 代表 $p < 0.1$，** 代表 $p < 0.05$，*** 代表 $p < 0.01$；（2）变量 _ cons 表示常数，N 表示样本数。

综合表 4-6 和表 4-7 需求型政策对制造业企业创新投入和创新产出的影响可知，需求型科创政策能显著提高制造业企业的创新投入和创新产出水平。需求型政策中具体政策工具对创新的影响有差异，政府应进一步提高政府采购以及加大对海外机构管理方面的支持；同时，需求型政策对不同质量的创新产出影响存在差异，创新产出质量越高，需求型政策的激励作用越大。

3. 环境型政策对制造业企业创新的影响

表 4-8 显示了环境型政策与创新投入回归结果。由表 4-8 第（1）列可知，环境型政策力度（Policy _ h）的回归系数为 0.045，且在 1% 的水平下显著，表明环境型科创政策能显著提高企业的创新投入，假设 H1c 得以验证。

进一步分析科技金融（Policy _ hk）、财税措施（Policy _ hc）、法规管制（Policy _ hf）、策略性措施（Policy _ hl）以及公共服务（Policy _ hg）等具体的环境型政策工具对企业创新投入的影响，结果如表 4-8 第（2）列至第（6）列所示，各环境型政策工具的系数均显著为正，表明各环境型政策工具均能显著提升制造业企业创新投入。

表 4-8　环境型政策与制造业企业创新投入

变量	(1)	(2)	(3)	(4)	(5)	(6)
	RD	RD	RD	RD	RD	RD
Policy _ h	0.045***					
	(4.21)					
Policy _ hk		0.224***				
		(4.12)				
Policy _ hc			0.335***			
			(4.91)			
Policy _ hf				0.163***		
				(3.26)		
Policy _ hl					0.190***	
					(3.62)	
Policy _ hg						0.128***
						(3.86)
Control	Yes	Yes	Yes	Yes	Yes	Yes
Year	Yes	Yes	Yes	Yes	Yes	Yes
Industry	Yes	Yes	Yes	Yes	Yes	Yes
_ cons	8.314**	8.379**	8.421**	8.485**	8.494**	7.759**
	(2.23)	(2.26)	(2.25)	(2.29)	(2.29)	(2.03)
N	545	545	545	545	545	545

注：（1）括号内的是稳健性 t 统计量，* 代表 $p < 0.1$，** 代表 $p < 0.05$，*** 代表 $p < 0.01$；（2）变量 _ cons 表示常数，N 表示样本数。

通过对比各环境型政策工具的回归系数发现，系数由大到小分别是 Policy _ hc（0.335）、Policy _ hk（0.224）、Policy _ hl（0.190）、Policy _ hf（0.335）、Policy _ hg（0.128），且各系数均在 1% 的水平下显著，由此可知，财税政策以及科技金融对制造业企业创新的影响最大，因此，制定科创政策时要进一步提高政府财政资金的支持力度，提高普惠性税收优惠的受益面，并着力优化金融环境，缓解创新型制造业企业的融资约束。

表 4-9 显示了环境型政策与制造业企业创新产出回归结果。由表 4-9 第（1）列可知，环境型政策工具的回归系数为 0.457，且在 1% 的水平下显著，这表明环境型科创政策能显著提高制造业企业专利申请量，提高企业创新产出水平。

表 4-9　环境型政策与制造业企业创新产出

变量	(1)	(2)	(3)	(4)
	$Output_{t+1}$	$Output\_H_{t+1}$	$Output\_L1_{t+1}$	$Output\_L2_{t+1}$
Policy＿h	0.457***	0.737***	0.500**	0.172*
	(3.94)	(3.40)	(2.38)	(1.81)
Control	Yes	Yes	Yes	Yes
Year	Yes	Yes	Yes	Yes
Industry	Yes	Yes	Yes	Yes
＿cons	25.149	−165.413	191.201	7.436
	(0.03)	(−0.31)	(0.52)	(0.11)
N	400	292	275	141

注：（1）括号内的是稳健性 t 统计量，* 代表 $p < 0.1$，** 代表 $p < 0.05$，*** 代表 $p < 0.01$；（2）变量 ＿cons 表示常数，N 表示样本数。

进一步区分企业实质性创新和策略性创新，分析环境型政策对三类不同专利的影响效果，结果见表 4-9 第（2）列至第（4）列。由结果可知，环境型政策力度（Policy＿h）的系数均显著为正，这表明环境型科创政策对企业实质性创新和策略性创新均有显著的促进作用。对比第（2）列至第（4）列中 Policy＿h 的回归系数可知，环境型科创政策对实质性创新（$Output\_H_{t+1}$）的促进作用最大，Policy＿h 的回归系数为 0.737；其次是策略性创新中的实用新型专利，系数为 0.500；最后是策略性创新中的外观设计专利，系数为 0.172，这表明专利质量越高，环境型科创政策对制造业企业创新产出的促进作用越显著。

综合表 4-8 和表 4-9 环境型政策工具对制造业企业创新投入和创新产出的影响可知，环境型科创政策能显著提高企业的创新投入和创新产出水平。环境型政策中具体政策工具对创新的影响有差异，政府应进一步提高财税政策以及科技金融方面的支持；同时，环境型政策对不同质量的创新产出影响存在差异，创新产出质量越高，环境型政策的激励作用越大。

对比表 4-4、表 4-6 以及表 4-8 中供给型政策力度（Policy_g）、需求型政策力度（Policy_x）以及环境型政策力度（Policy_h）与企业创新投入（RD）之间关系的回归系数，系数由大到小分别为 Policy_x（0.181）、Policy_h（0.045）、Policy_g（0.031），即需求型科创政策对制造业企业创新投入的正向促进作用最大，其次是环境型政策和供给型政策。

对比表 4-5、表 4-7 以及表 4-9 中供给型政策力度（Policy_g）、需求型政策力度（Policy_x）以及环境型政策力度（Policy_h）与企业创新产出（Output）之间关系的回归系数，系数由大到小分别为 Policy_x（0.739）、Policy_h（0.457）、Policy_g（0.365），即需求型科创政策对制造业企业创新产出的正向促进作用最大，其次是环境型政策和供给型政策；且对于创新产出质量，相对于策略性创新，科创政策及三种政策工具类型均对企业实质性创新的激励作用更大。

综合科创政策对制造业企业创新的影响可知，无论是创新投入还是创新产出，需求型政策的正向促进作用最大，其次是环境型政策和供给型政策。但前文政策评价发现，当前上海科创政策供给体系以供给型和环境型政策为主，需求型政策比较薄弱。由此可知，政府科创政策制定时要进一步强化需求型政策的引导作用。

4.2.4 科创政策影响制造业企业创新的机制分析

4.2.4.1 融资约束机制

表 4-10 显示了融资约束机制的分析结果。其中，Panel（面板）A 第（1）列至第（3）列汇报了融资约束在科创政策与企业创新投入之间的中介效应，根据表 4-10 中 Panel A 第（1）列可知，科创政策力度（Policy）的系数为 0.373，且在 1% 的水平下显著，表明科创政策有利于提高制造业企业创新投入，进一步验证了假设 H2。进一步分析融资约束机制的影响效果，根据 Panel A 第（2）列可知，科创政策力度（Policy）的系数为 −0.092，且在 5% 的水平下显著，表明科创政策有利于缓解企业面临的融资约束水平；根据 Panel A 第（3）列可知，科创政策力度（Policy）的系数为 0.323，且在 5% 的水平下显著，该系数小于第（1）列中 Policy 的系数，表明考虑融资约束机

制后科创政策对制造业企业创新投入的直接影响效果下降；第（3）列中融资约束（Fin）的系数为－0.543，且在1％的水平下显著，表明企业面临的融资约束水平越高，企业的创新投入越低，即融资约束对企业创新投入有显著的抑制作用。综合 Panel A 第（1）列至第（3）列的中介效应模型可知，科创政策的支持有利于缓解融资约束对企业创新投入的抑制作用，也就是说，科创政策会通过缓解企业的融资约束压力进而提高制造业企业的创新投入。

表 4-10 融资约束机制的分析结果

Panel A	(1)	(2)	(3)	(4)	(5)	(6)
	RD	Fin	RD	$Output_{t+1}$	Fin	$Output_{t+1}$
Policy	0.373***	−0.092**	0.323**	0.318***	−0.092**	0.301
	(5.892)	(−2.13)	(2.54)	(3.20)	(−2.13)	(1.33)
Fin			−0.543***			−0.105
			(−8.27)			(−1.24)
Control	Yes	Yes	Yes	Yes	Yes	Yes
Industry	Yes	Yes	Yes	Yes	Yes	Yes
Year	Yes	Yes	Yes	Yes	Yes	Yes
_cons	6.437***	−21.844***	−29.387***	−12.950	−21.844***	1.271***
	−11.46	(−14.18)	(−6.73)	(−1.74)	(−14.18)	(5.62)
N	545	545	545	400	400	400
r^2_a	0.525	0.992	0.543	0.154	0.992	0.117
Panel B	(1)	(2)	(3)	(4)	(5)	(6)
	$Output\_H_{t+1}$	$Output\_H_{t+1}$	$Output\_L1_{t+1}$	$Output\_L1_{t+1}$	$Output\_L2_{t+1}$	$Output\_L2_{t+1}$
Policy	0.939***	0.319	0.561**	0.486**	0.833*	0.729*
	(2.91)	(0.52)	(2.16)	(2.05)	(1.87)	(1.82)
Fin		−6.739		−0.815***		−1.126**
		(−0.59)		(−3.67)		(2.20)
Control	Yes	Yes	Yes	Yes	Yes	Yes
Industry	Yes	Yes	Yes	Yes	Yes	Yes
Year	Yes	Yes	Yes	Yes	Yes	Yes

Panel A	(1)	(2)	(3)	(4)	(5)	(6)
	RD	Fin	RD	Output$_{t+1}$	Fin	Output$_{t+1}$
_ cons	−14.715	13.267	−6.544	−65.967***	−10.891	2.703
	(−1.88)	(1.01)	(−1.39)	(−3.62)	(−1.55)	(0.05)
N	292	292	275	275	141	141
r^2 _ a	0.147	0.096	0.141	0.195	0.131	0.195

注：（1）在运用中介效应模型研究科创政策与制造业企业创新的融资约束机制时，无论被解释变量是创新投入（RD）还是创新产出（Output/ Output _ H/ Output _ L1/ Output _ L2），中介效应模型的第二步分析是一致的，结果如表 4-10 Panel A 中的第（2）列和第（5）列所示，因此在 Panel B 中未再列示中介效应模型第二步的分析结果。下同。（2）括号内的是 t 统计量，* 代表 $p < 0.1$，** 代表 $p < 0.05$，*** 代表 $p < 0.01$。（3）变量 _ cons 表示常数，N 表示样本数，r^2 _ a 表示调整后的 r^2。

Panel A 第（4）列至第（6）列汇报了融资约束在科创政策与制造业企业创新产出之间的中介效应，根据表 4-10 中 Panel A 第（6）列可知，科创政策力度（Policy）、融资约束（Fin）的系数均未通过显著性检验，进行 sobel test 后结果不显著。由此可知，融资约束机制未在科创政策与制造业企业创新产出之间产生中介效应。

为进一步区分融资约束机制对制造业不同质量创新产出的传导机制，表 4-10 中 Panel B 汇报了融资约束在科创政策与制造业实质性创新（Output _ H）/策略性创新（Output _ L1、Output _ L2）之间的中介效应。根据表 4-10 Panel B 可知，科创政策会通过缓解制造业企业的融资约束提高制造业企业的策略性创新产出，对实质性创新产出影响的中介效应并不显著。这表明政府在对特定行业内企业进行政府补贴、银行信贷等资源支持时，虽然会缓解制造业企业创新的融资约束水平，提高制造业企业的创新投入，但创新产出的质量却并未提高。究其原因，政府在进行才选择性支持时会设置一些绩效考核标准，企业在接受这一信号后为了能够持续得到政府的资金支持会倾向于通过提高策略性创新产出这种低成本的创新产出以达到考核标准，当政府进一步接收到企业已达到标准的信号后，又会继续进行支持，从而导致了这种策略性产出的进一步增加（黎文靖、郑曼妮，2016；江飞涛，2021）。

综合表 4-10 的分析结果可知，融资约束是科创政策与制造业企业创新之间的重要影响机制，科创政策会通过缓解制造业企业面临的融资约束压力，提高制造业企业的创新投入和策略性创新产出，但科创政策下融资约束的缓解会将制造业企业的创新资源从实质性创新向策略性创新转移，体现出对实质性创新的"挤出效应"。

4.2.4.2　人力资本机制

表 4-11 显示了人力资本机制的分析结果。Panel A 第（1）列至第（3）列汇报了人力资本积累在科创政策与企业创新投入之间的中介效应，根据表 4-11 Panel A 第（2）列可知，科创政策力度（Policy）的系数为 0.707，且在 5% 的水平下显著，表明科创政策有利于提高企业的人力资本；根据 Panel A 第（3）列可知，科创政策力度（Policy）的系数为 0.279，且在 5% 的水平下显著，该系数小于第（1）列中 Policy 的系数，表明考虑人力资本机制后科创政策对制造业企业创新投入的直接影响效果下降；第（3）列中人力资本（HuCapital）的系数为 0.133，且在 1% 的水平下显著，表明制造业企业的人力资本积累越高，制造业企业的创新投入越高，即人力资本对制造业企业创新投入有显著的促进作用。综合 Panel A 第（1）列至第（3）列的中介效应模型可知，科创政策的支持有利于提高人力资本对制造业企业创新投入的促进作用，也就是说，科创政策会通过提高制造业企业的人力资本积累进而提高制造业企业的创新投入。

表 4-11　人力资本机制的分析结果

Panel A	(1)	(2)	(3)	(4)	(5)	(6)
	RD	HuCapital	RD	$Output_{t+1}$	HuCapital	$Output_{t+1}$
Policy	0.373***	0.707**	0.279**	0.318***	0.707**	0.302*
	(5.892)	(2.48)	(2.09)	(3.20)	(2.48)	(1.78)
HuCapital			0.133***			0.022**
			(10.15)			(2.23)
Control	Yes	Yes	Yes	Yes	Yes	Yes
Industry	Yes	Yes	Yes	Yes	Yes	Yes
Year	Yes	Yes	Yes	Yes	Yes	Yes
_cons	6.437***	−26.039	6.326***	−12.950	−26.039	−10.167***
	(11.46)	(−0.81)	(11.78)	(−1.74)	(−0.81)	(−8.54)

N	545	545	545	400	400	400
r^2_a	0.525	0.207	0.533	0.154	0.207	0.198
Panel B	(1)	(2)	(3)	(4)	(5)	(6)
	Output_H_{t+1}	Output_H_{t+1}	Output_$L1_{t+1}$	Output_$L1_{t+1}$	Output_$L2_{t+1}$	Output_$L2_{t+1}$
Policy	0.939***	0.724*	0.561**	0.513*	0.833*	0.115
	(2.91)	(1.78)	(2.16)	(1.84)	(1.87)	(1.21)
HuCapital		0.304***		0.068*		0.223
		(3.23)		(1.90)		(0.90)
Control	Yes	Yes	Yes	Yes	Yes	Yes
Industry	Yes	Yes	Yes	Yes	Yes	Yes
Year	Yes	Yes	Yes	Yes	Yes	Yes
_cons	−14.715	−5.667***	−6.544**	0.61	−10.891	1.301**
	(−1.88)	(−6.88)	(−2.39)	−0.59	(−1.55)	(2.23)
N	292	292	275	275	141	141
r^2_a	0.147	0.096	0.141	0.094	0.131	0.076

注：(1) 括号内的是 t 统计量，* 代表 $p<0.1$，** 代表 $p<0.05$，*** 代表 $p<0.01$；(2) 变量 _cons 表示常数，N 表示样本数，r^2_a 表示调整后的 r^2。

Panel A 第（4）列至第（6）列汇报了人力资本在科创政策与制造业企业创新产出之间的中介效应，根据表 4-11Panel A 第（5）列和第（6）列可知，科创政策力度（Policy）、人力资本（HuCapital）的系数均通过显著性检验。由此可知，人力资本机制会在科创政策与制造业企业创新产出之间产生中介效应，也就是说，科创政策会通过提高制造业企业的人力资本积累进而提高制造业企业的创新产出。

为进一步区分人力资本机制对制造业不同质量创新产出的传导机制，表 4-11中 Panel B 汇报了人力资本在科创政策与制造业实质性创新（Output_H）/策略性创新（Output_L1、Output_L2）之间的中介效应。根据表 4-11 Panel B 可知，人力资本积累在科创政策与制造业企业实质性创新和部分策略性创新之间产生中介效应，也就是说科创政策会通过人力资本积累提高制造业企业的实质性创新以及部分策略性创新，且对实质性创新的影响更显著。

综合表 4-11 的分析结果可知,人力资本是科创政策与制造业企业创新之间的重要影响机制,科创政策会通过人力资本的积累提高制造业企业的创新投入以及创新产出,科创政策支持下人力资本积累的提高对制造业企业实质性创新以及策略性创新均有促进作用,且对实质性创新的促进效果更显著。这一结果进一步验证了人才是制造业企业创新最核心的资源,政策扶持作用下的创新人才投入对制造业企业创新绩效的影响最大(陈晨 等,2021)

4.2.4.3 市场需求机制

表 4-12 显示了市场需求机制的分析结果。Panel A 第(1)列至第(3)列汇报了市场需求在科创政策与企业创新投入之间的中介效应,根据表 4-12 Panel A 第(2)列可知,科创政策力度(Policy)的系数为 0.449,且在 10% 的水平下显著,表明科创政策有利于提高企业的市场需求;根据 Panel A 第(3)列可知,科创政策力度(Policy)的系数为 0.281,且在 1% 的水平下显著,该系数小于第(1)列中 Policy 的系数,表明考虑市场需求机制后科创政策对制造业企业创新投入的直接影响效果下降;第(3)列中市场需求(MarDemand)的系数为 0.205,且在 1% 的水平下显著,表明制造业企业的市场需求越高,制造业企业的创新投入越高,即市场需求对制造业企业创新投入有显著的促进作用。综合 Panel A 第(1)列至第(3)列的中介效应模型可知,科创政策的支持有利于提高市场需求对制造业企业创新投入的促进作用,也就是说,科创政策会通过提高制造业企业的市场需求进而提高制造业企业的创新投入。

表 4-12　市场需求机制的分析结果

Panel A	(1)	(2)	(3)	(4)	(5)	(6)
	RD	MarDemand	RD	$Output_{t+1}$	MarDemand	$Output_{t+1}$
Policy	0.373***	0.449*	0.281***	0.318***	0.449*	0.279*
	(5.892)	(1.85)	(5.99)	(3.2)	(1.85)	(1.73)
MarDemand			0.205***			0.087
			(7.28)			(1.47)
Control	Yes	Yes	Yes	Yes	Yes	Yes
Industry	Yes	Yes	Yes	Yes	Yes	Yes
Year	Yes	Yes	Yes	Yes	Yes	Yes

Panel A	(1)	(2)	(3)	(4)	(5)	(6)
	RD	MarDemand	RD	$Output_{t+1}$	MarDemand	$Output_{t+1}$
_ cons	6.437***	1.989***	3.031***	−12.95	1.989***	−9.512***
	(11.46)	(15.21)	(11.66)	(−1.74)	(15.21)	(−8.62)
N	545	545	545	400	400	400
r^2 _ a	0.525	0.234	0.525	0.154	0.234	0.094
Panel B	(1)	(2)	(3)	(4)	(5)	(6)
	$Output\_H_{t+1}$	$Output\_H_{t+1}$	$Output\_L1_{t+1}$	$Output\_L1_{t+1}$	$Output\_L2_{t+1}$	$Output\_L2_{t+1}$
Policy	0.939***	0.877***	0.561**	0.418	0.833*	0.516
	(2.91)	(2.86)	(2.16)	(1.49)	(1.87)	(1.24)
MarDemand		0.138*		0.171		0.046
		(1.83)		(1.56)		(1.50)
Control	Yes	Yes	Yes	Yes	Yes	Yes
Industry	Yes	Yes	Yes	Yes	Yes	Yes
Year	Yes	Yes	Yes	Yes	Yes	Yes
_ cons	−14.715	−5.236***	−6.544**	2.685**	−10.891	1.22
	(−1.88)	(−6.65)	(−2.39)	(2.69)	(−1.55)	(1.22)
N	292	292	275	275	141	141
r^2 _ a	0.147	0.133	0.141	0.096	0.131	0.057

注：（1）括号内的是 t 统计量，* 代表 $p < 0.1$，** 代表 $p < 0.05$，*** 代表 $p < 0.01$；（2）变量 _ cons 表示常数，N 表示样本数，r^2 _ a 表示调整后的 r^2。

Panel A 第（4）列至第（6）列汇报了市场需求在科创政策与制造业企业创新产出之间的中介效应，根据表 4-12 Panel A 第（5）列和第（6）列可知，科创政策力度（Policy）的系数通过显著性检验，市场需求（MarDemand）的系数未通过显著性检验，进一步进行 sobel test 结果显示 $z = 5.231$，$p = 0.000$，即通过显著性检验。由此可知，市场需求机制会在科创政策与制造业企业创新产出之间产生中介效应，也就是说，科创政策会通过提高制造业企业的市场需求进而提高制造业企业的创新产出。

为进一步区分市场需求机制对制造业不同质量创新产出的传导机制，表

4-12中 Panel B 汇报了市场需求在科创政策与制造业实质性创新（Output _ H）/策略性创新（Output _ L1、Output _ L2）之间的中介效应。根据表 4-12 Panel B 可知，科创政策会通过扩大产品市场需求提高制造业企业的实质性创新产出，对策略性创新产出的影响并不显著。究其原因，制造业企业实质性创新代表了企业较高的创新质量，只有实质性创新才更容易转化成企业收益，且市场也会对制造业企业的实质性创新更感兴趣，因此，科创政策支持下制造业企业产品的市场需求扩张将主要提高实质性创新产出。张永安和关永娟（2021）、孔令文等（2022）等研究均指出，只有当市场需求比较高时，制造业企业的技术创新才会比较活跃，即市场需求有利于推动制造业企业提高创新水平。但前人研究并未区分市场需求对不同类型创新产出的影响机制，本部分是对前人研究成果的一种有益补充。

综合表 4-12 的分析结果可知，市场需求是科创政策与制造业企业创新之间的重要影响机制，科创政策会通过开拓创新产品市场需求提高制造业企业的创新投入以及实质性创新产出，对策略性创新产出的影响不显著，表现为策略性创新的"挤出效应"。

4.2.4.4　市场竞争机制

表 4-13 显示了市场竞争机制的分析结果。其中，Panel A 第（1）列至第（3）列汇报了市场竞争在科创政策与企业创新投入之间的中介效应，根据表 4-13 Panel A 第（2）列可知，科创政策力度（Policy）的系数为 -0.103，且在 1% 的水平下显著，表明科创政策有利于提高企业的市场竞争程度；根据 Panel A 第（3）列可知，科创政策力度（Policy）的系数为 0.320，且在 1% 的水平下显著，该系数小于第（1）列中 Policy 的系数，表明考虑市场竞争机制后科创政策对制造业企业创新投入的直接影响效果下降；第（3）列中市场竞争（HHI）的系数为 -0.515，且在 5% 的水平下显著，表明制造业企业的市场竞争程度越高，制造业企业的创新投入越高，即市场竞争对制造业企业创新投入有显著的促进作用。综合 Panel A 第（1）列至第（3）列的中介效应模型可知，科创政策的支持有利于提高市场竞争对制造业企业创新投入的促进作用，也就是说，科创政策会通过提高制造业企业的市场竞争进而提高制造业企业的创新投入。

Panel A 第（4）列至第（6）列汇报了市场竞争在科创政策与制造业企业创新产出之间的中介效应，根据表 4-13 Panel A 第（5）列和第（6）列可知，科创政策力度（Policy）、市场竞争（HHI）的系数均通过显著性检验。由此可知，市场竞争机制会在科创政策与制造业企业创新产出之间产生中介效应，也就是说，科创政策会通过提高制造业企业的市场竞争积程度提高制造业企业的创新产出。

表 4-13 市场竞争机制的分析结果

Panel A	(1)	(2)	(3)	(4)	(5)	(6)
	RD	HHI	RD	$Output_{t+1}$	HHI	$Output_{t+1}$
Policy	0.373***	−0.103***	0.320***	0.318***	−0.103***	0.288*
	(5.892)	(−4.61)	(5.83)	(3.2)	(−4.61)	(1.73)
HHI			−0.515**			−0.289**
			(−2.16)			(−2.27)
Control	Yes	Yes	Yes	Yes	Yes	Yes
Industry	Yes	Yes	Yes	Yes	Yes	Yes
Year	Yes	Yes	Yes	Yes	Yes	Yes
_ cons	6.437***	−0.165***	2.815***	−12.95	−0.165***	−10.236***
	(11.46)	(−15.55)	(10.63)	(−1.74)	(−15.55)	(−8.97)
N	545	545	545	400	400	400
r^2 _ a	0.525	0.124	0.518	0.154	0.124	0.097
Panel B	(1)	(2)	(3)	(4)	(5)	(6)
	Output _ H_{t+1}	Output _ H_{t+1}	Output _ $L1_{t+1}$	Output _ $L1_{t+1}$	Output _ $L2_{t+1}$	Output _ $L2_{t+1}$
Policy	0.939***	0.766***	0.561**	0.615**	0.833*	0.716*
	(2.91)	(2.76)	(2.16)	(2.06)	(1.87)	(1.82)
HHI		−1.630**		0.529*		0.33
		(−2.16)		(1.9)		(1.34)
Control	Yes	Yes	Yes	Yes	Yes	Yes
Industry	Yes	Yes	Yes	Yes	Yes	Yes
Year	Yes	Yes	Yes	Yes	Yes	Yes

续表

Panel A	(1)	(2)	(3)	(4)	(5)	(6)
	RD	HHI	RD	$Output_{t+1}$	HHI	$Output_{t+1}$
_ cons	−14.715	−6.273***	−6.544**	0.745	−10.891	0.962
	(−1.88)	(−7.69)	(−2.39)	(0.72)	(−1.55)	(0.92)
N	292	292	275	275	141	141
r^2 _ a	0.147	0.135	0.141	0.104	0.131	0.088

注：(1) 括号内的是 t 统计量，* 代表 $p < 0.1$，** 代表 $p < 0.05$，*** 代表 $p < 0.01$；(2) 变量 _ cons 表示常数，N 表示样本数，r^2 _ a 表示调整后的 r^2。

　　为进一步区分市场竞争机制对制造业不同质量创新产出的传导机制，表 4-13 中 Panel B 汇报了市场竞争在科创政策与制造业实质性创新（Output _ H）/策略性创新（Output _ L1、Output _ L2）之间的中介效应。根据表 4-13 Panel B 第（1）列至第（4）列可知，科创政策力度（Policy）的系数均显著为正，且第（2）列中市场竞争（HHI）的系数显著为负，第（4）列中市场竞争（HHI）的系数显著为正。这表明市场竞争机制对科创政策与实质性创新、科创政策与策略性创新之间的传导机制方向相反，前者是互补性中介效应，后者是竞争性中介效应。换句话说，科创政策会通过提高市场竞争程度提高制造业企业的实质性创新产出，抑制制造业企业的策略性创新。究其原因，在科创政策的支持下，市场准入、项目批准门槛的降低以及营商环境的优化均使得行业市场竞争程度更加激烈，在激烈的市场竞争中制造业企业急需通过创新提高竞争优势，而实质性创新的提高能显著提高企业竞争力，因此市场竞争能显著促进科创政策与制造业企业实质性创新之间的正向关系。由于策略性创新对制造业企业竞争优势的提高没有显著作用，且还会占用企业一定的创新资源，因此在激烈的市场竞争中，制造业企业会将创新资源从策略性创新向实质性创新偏移，表现为对策略性创新的抑制作用。霍春辉和张银丹（2022）也提出，营商环境优化会通过提高市场竞争程度来提高企业创新质量，这与本书的研究结论不谋而合。

　　综合表 4-13 的分析结果可知，市场竞争是科创政策与制造业企业创新之间的重要影响机制，科创政策会通过提高市场竞争程度进而提高制造业企业的创新投入以及实质性创新产出，降低企业的策略性创新产出，表现为实质性创新和策略性创新之间的"替代效应"。

4.2.5　异质性分析

4.2.5.1　制造业产权性质差异

表 4-14 显示了科创政策对国企和非国企创新的影响效果。其中，第（1）列和第（2）列是国企子样本的回归分析结果，第（3）列和第（4）列为非国企子样本的回归分析结果。由第（1）列和第（2）列中科创政策（Policy）的系数可知，仅第（1）列中 Policy 的系数显著为正，表明科创政策对制造业国有企业创新投入体现出正向促进作用，对创新产出的促进作用不明显。由第（3）列和第（4）列中科创政策（Policy）的系数可知，不管是创新投入还是创新产出，科创政策对制造业非国有企业的创新均表现为促进作用。

表 4-14　科创政策与制造业企业创新的回归分析——产权性质差异

变量	国企		非国企	
	（1）	（2）	（3）	（4）
	RD	$Output_{t+1}$	RD	$Output_{t+1}$
Policy	0.134***	0.461	0.225***	0.943***
	(3.484)	(0.54)	(7.692)	(3.19)
Control	Yes	Yes	Yes	Yes
Industry	Yes	Yes	Yes	Yes
Year	Yes	Yes	Yes	Yes
_ cons	5.809***	5.078**	2.987***	3.301
	(6.149)	(2.149)	(4.785)	(0.149)
N	175	145	370	255
r^2 _ a	0.184	0.076	0.237	0.074

注：(1)括号内的是 t 统计量，* 代表 $p < 0.1$，** 代表 $p < 0.05$，*** 代表 $p < 0.01$；(2)变量 _ cons 表示常数，N 表示样本数，r^2 _ a 表示调整后的 r^2。

进一步比较第（1）列和第（3）列中科创政策（Policy）的系数大小，对于创新投入，制造业国企中 Policy 的系数为 0.134，小于制造业非国企中 Policy 的系数 0.225。这表明，与制造业国企相比，非企中科创政策对企业创新投入的影响更大。

综合表 4-14 的分组回归结果，相比于制造业国有企业，科创政策对制造业非国企的创新水平促进作用更明显。究其原因，相对于国企，非国企在企业创新中会面临更多的资源约束，人力、物力、财力等资源均相对缺乏，因此，在科创政策的支持下，非国企在政策资源支持下更容易进行创新。这一结论和邓峰等（2022）、李丹丹（2022）的研究结论相一致。

4.2.5.2 制造业企业规模差异

表 4-15 显示了科创政策对大规模制造业企业和中小型制造业企业创新的影响效果。其中，第（1）列和第（2）列是大规模制造业企业子样本的回归分析结果，第（3）列和第（4）列为中小型制造业企业子样本的回归分析结果。由第（1）列和第（2）列中科创政策（Policy）的系数可知，第（1）列和第（2）列中 Policy 的系数均显著为正，表明科创政策对大型制造业企业创新投入和创新产出均体现出正向促进作用。由第（3）列和第（4）列中科创政策（Policy）的系数可知，第（3）列和第（4）列中 Policy 的系数均显著为正，表明科创政策对中小型制造业企业创新投入和创新产出均体现出正向促进作用。

表 4-15 科创政策与制造业企业创新的回归分析——企业规模差异

变量	大规模企业		中小型企业	
	(1)	(2)	(3)	(4)
	RD	$Output_{t+1}$	RD	$Output_{t+1}$
Policy	0.096***	0.288*	0.292***	0.722***
	(3.505)	(1.86)	(8.143)	(2.97)
Control	Yes	Yes	Yes	Yes
Industry	Yes	Yes	Yes	Yes
Year	Yes	Yes	Yes	Yes
_cons	−35.625***	−10.935***	51.062**	−14.353
	(−4.614)	(−5.32)	(1.972)	(−1.29)
N	224	180	321	220
r^2_a	0.111	0.156	0.261	0.0748

注：(1) 括号内的是 t 统计量，* 代表 $p<0.1$，** 代表 $p<0.05$，*** 代表 $p<0.01$；(2) 变量 _cons 表示常数，N 表示样本数，r^2_a 表示调整后的 r^2。

进一步比较第（1）列和第（3）列中科创政策（Policy）的系数大小，对于创新投入，大规模企业中 Policy 的系数为 0.096，小于中小型企业中 Policy 的系数 0.296 2。这表明，与大规模企业相比，中小型企业中科创政策对企业创新投入的影响更大。进一步比较第（2）列和第（4）列中科创政策（Policy）的系数大小，对于创新产出，大规模企业中 Policy 的系数为 0.288，小于中小型企业中 Policy 的系数 0.722。这表明，与大规模企业相比，中小型企业中科创政策对企业创新产出的影响更大。

综合表 4-15 的分析结果可知，相比于大规模制造业企业，科创政策对中小型制造业企业的创新投入和创新产出促进作用更明显。这是因为，从资源获取的角度看相比于中小型企业，大规模企业拥有更多的创新资源，对科创政策支持的需求并不强烈，且因为大规模企业已经具备了一定的市场规模，对于通过科技创新提高市场竞争能力的意愿也相对较低，因此在大规模企业中，创新投入和创新产出对科创政策的反应敏感性较弱（蔡绍洪 等，2019；李丹丹，2022）。

4.2.5.3　高新技术企业认定差异

表 4-16 显示了科创政策对高新技术企业和非高新技术企业创新的影响效果。其中，第（1）列和第（2）列是高新技术企业子样本的回归分析结果，第（3）列和第（4）列为非高新技术企业子样本的回归分析结果。由第（1）列和第（2）列中科创政策（Policy）的系数可知，第（1）列和第（2）列中 Policy 的系数均显著为正，表明科创政策对高新技术制造业企业创新投入和创新产出均体现出正向促进作用。由第（3）列和第（4）列中科创政策（Policy）的系数可知，第（3）列和第（4）列中 Policy 的系数均显著为正，表明科创政策对非高新制造业企业创新投入和创新产出均体现出正向促进作用。

表 4-16　科创政策与制造业企业创新的回归分析——高新技术企业认定差异

变量	高新技术企业		非高新技术企业	
	(1)	(2)	(3)	(4)
	RD	$Output_{t+1}$	RD	$Output_{t+1}$
Policy	0.379***	0.77***	0.196***	0.14**
	(5.612)	(9.526)	(7.454)	(14.96)
Control	Yes	Yes	Yes	Yes

续表

	高新技术企业		非高新技术企业	
Industry	Yes	Yes	Yes	Yes
Year	Yes	Yes	Yes	Yes
_ cons	8.568 **	21.2 ***	3.907	14.9 **
	(2.026)	(57.9)	(1.057)	(2.0)
N	100	74	445	326
r^2 _ a	0.332	0.244	0.232	0.179

注：（1）括号内的是 t 统计量，* 代表 $p < 0.1$，** 代表 $p < 0.05$，*** 代表 $p < 0.01$；（2）变量 _ cons 表示常数，N 表示样本数，r^2 _ a 表示调整后的 r^2。

进一步比较第（1）列和第（3）列中科创政策（Policy）的系数大小，对于创新投入，高新技术企业中 Policy 的系数为 0.379，大于非高新技术企业中 Policy 的系数 0.196。这表明，与非高新技术企业相比，高新技术企业中科创政策对企业创新投入的影响更大。进一步比较第（2）列和第（4）列中科创政策（Policy）的系数大小，对于创新产出，高新技术企业中 Policy 的系数为 0.77，大于非高新技术企业中 Policy 的系数 0.14。这表明，与非高新技术企业相比，高新技术企业中科创政策对企业创新产出的影响更大。

综合表 4-16 的分析结果可知，相比于非高新制造业企业，科创政策对高新制造业企业的创新投入和创新产出促进作用更明显。这是因为获得高新技术企业认定的企业会优先获得并且获得更多的科创政策支持，通过政策的驱动效应以及资源的集聚效应提高企业创新水平（陈艺灵 等，2021）。

4.2.6 稳健性检验与进一步研究

4.2.6.1 内生性检验——工具变量法

政府制定科创政策的目的在于激励相关产业内的企业创新，但在现实中政府对于产业的选择可能存在内生性，即政府会倾向于选择那些具有比较高创新水平的产业进行扶持，对较高创新水平的产业制定针对性的科创政策。本部分拟通过引入工具变量法来缓解这一内生性问题。

借鉴芮明杰和韩佳玲（2020）的方法，选择制造业各细分产业的主营业务收入份额增长率作为工具变量（IV）。一方面，该变量能反映制造业各行业的发展趋势，发展趋势较好的产业更容易获得政府科创政策的支持，满足工具变量的"相关性"条件；另一方面，行业层面的增长率对于微观企业创新水平通常不会产生系统性影响，满足工具变量的"外生性"条件。

工具变量两阶段最小二乘法（two stage least square，简称 2SLS）回归结果如表 4-17 所示。表 4-17 第（1）列和第（2）列是针对制造业企业创新投入的两阶段回归分析结果；第（3）列和第（4）列是针对制造业企业创新产出的两阶段回归分析结果。由第（1）列和第（3）列可知，工具变量的系数分别为 21.219、11.274，且均在 1% 的水平下显著，表明工具变量对内生解释变量（Policy）具有较好的解释力；由第（2）列和第（4）列可知，科创政策（Policy）的系数分别为 0.164、0.091，且分别在 10% 和 5% 的水平下显著，表明在进一步处理内生性问题之后，科创政策对制造业企业创新投入和创新产出仍然具有正向促进作用。本书上述所得结论仍然成立。并且工具变量识别不足检验结果显示，Kleibergen-Paap rk LM 统计量均在 1% 的显著性水平上拒绝原假设，弱工具变量检验结果显示，Kleibergen-Paap rk Wald F 统计量大于 10% 临界值，表明工具变量选取不存在识别不足和弱工具变量问题。

表 4-17　工具变量 2SLS 回归

	RD		$Output_{t+1}$	
	第一阶段 （1）	第二阶段 （2）	第一阶段 （3）	第二阶段 （4）
IV	21.219***		11.274***	
	（5）		（4.92）	
Policy		0.164*		0.091**
		（1.84）		（2.39）
Control	Yes	Yes	Yes	Yes
Year	Yes	Yes	Yes	Yes
Industry	Yes	Yes	Yes	Yes
_ cons	9.342**	−0.497		−7.879***
	（2.24）	（−0.08）		（−4.59）
N	545	545	400	400

续表

	RD		Output$_{t+1}$	
	第一阶段 （1）	第二阶段 （2）	第一阶段 （3）	第二阶段 （4）
F	14.17		8.74	
Kleibergen-Paap rk LM	74.72		43.33	
		0.000		0.000
Kleibergen-Paap rk Wald F	25.036		24.216	
		6.08		8.72

注：（1）括号内的是 t 统计量，* 代表 $p < 0.1$，** 代表 $p < 0.05$，*** 代表 $p < 0.01$；（2）变量 _cons 表示常数，N 表示样本数。

4.2.6.2 替换被解释变量

前述关于制造业企业创新的变量选择中，借鉴前人的研究分别选择"企业研发投入的自然对数"来衡量制造业企业创新投入（RD），"企业独立申请专利数量的自然对数"来衡量制造业创新产出（Output），并据此得出了许多有价值的结论。为了确保变量选取的稳健性，本部分借鉴童盼和陈笑（2022）的做法，选择"研发投入占营业收入的比重"这一相对指标来衡量制造业企业创新投入（RD$_1$），借鉴何增华等（2022）的做法，选择"企业专利授权数量的自然对数"来衡量制造业企业创新产出（Output$_1$），以此来替换被解释变量进行稳健性检验。结果如表4-18和表4-19所示。

表 4-18 科创政策与制造业企业创新投入的稳健性检验结果

	（1）	（2）	（3）	（4）
	RD1	RD1	RD1	RD1
Policy	0.882**			
	(2.5)			
Policy _ g		0.093***		
		(3.23)		
Policy _ x			0.169***	
			(2.58)	

续表

	（1）	（2）	（3）	（4）
Policy _ h				0.062**
				（2.4）
Control	Yes	Yes	Yes	Yes
Industry	Yes	Yes	Yes	Yes
Year	Yes	Yes	Yes	Yes
_ cons	11.761*	13.030***	13.401***	12.949***
	（1.72）	（2.93）	（3）	（2.89）
N	545	545	545	545
r^2 _ a	0.163	0.149	0.151	0.152

注：（1）括号内的是 t 统计量，* 代表 $p < 0.1$，** 代表 $p < 0.05$，*** 代表 $p < 0.01$；（2）变量 _ cons 表示常数，N 表示样本数，r^2 _ a 表示调整后的 r^2。

表 4-19　科创政策与制造业企业创新产出的稳健性检验结果

	（1）	（2）	（3）	（4）
	$Output1_{t+1}$	$Output1_{t+1}$	$Output1_{t+1}$	$Output1_{t+1}$
Policy	0.102**			
	（2.07）			
Policy _ g		0.081**		
		（2.30）		
Policy _ x			0.109**	
			（2.10）	
Policy _ h				0.06*
				（1.87）
Control	Yes	Yes	Yes	Yes
Industry	Yes	Yes	Yes	Yes
Year	Yes	Yes	Yes	Yes

续表

	（1）	（2）	（3）	（4）
_ cons	−8.885***	−9.019***	−9.798***	−9.073***
	（−6.49）	（−6.57）	（−5.85）	（−6.59）
N	406	406	406	406
r^2 _ a	0.162	0.158	0.174	0.146

注：（1）括号内的是 t 统计量，* 代表 $p<0.1$，** 代表 $p<0.05$，*** 代表 $p<0.01$；（2）变量 _ cons 表示常数，N 表示样本数，r^2 _ a 表示调整后的 r^2。

表4-18汇报了科创政策与制造业企业创新投入的稳健性检验结果。根据表第（1）列至第（4）列可知，科创政策力度（Policy）、供给型政策（Policy _ g）、需求型政策（Policy _ x）、环境型政策（Policy _ h）的系数分别为0.882、0.093、0.169、0.062，且分别在5％、1％、1％和5％的水平下显著，表明科创政策力度以及供给型、需求型、环境型三类具体的政策工具均有利于提高制造业企业创新投入，该结果与表4-2、表4-4、表4-6以及表4-8中的结论一致，制造业企业创新投入的变量选择通过稳健性检验。

表4-19汇报了科创政策与制造业企业创新产出的稳健性检验结果。根据表第（1）列至第（4）列可知，科创政策力度（Policy）、供给型政策（Policy _ g）、需求型政策（Policy _ x）、环境型政策（Policy _ h）的系数分别为0.102、0.081、0.109、0.06，且分别在5％、5％、5％和10％的水平下显著，表明科创政策力度以及供给型、需求型、环境型三类具体的政策工具均有利于提高制造业企业创新产出，该结果与表4-3、表4-5、表4-7以及表4-9中的结论一致，制造业企业创新产出的变量选择通过稳健性检验。

4.2.6.3　替换解释变量

前述科创政策工具指标的衡量均来源于手工整理的科创政策文件，并通过赋值得到。由于宏观政策与微观企业数据存在内生性影响，为检验科创政策工具对企业创新影响的稳健性，本部分通过微观企业数据衡量制造业企业享受到的政策支持情况，以此来检验科创政策具体工具对制造业企业创新的影响。

鉴于数据的可获得性以及前人的研究，本部分稳健性检验将主要对制造业企业所获得的银行信贷、税收优惠、政府补贴与企业创新的关系进行检验。其中，银行信贷（Bloan）以"企业长期负债与总资产的比值"来衡量；税收优惠（Tax）以"所得税费用与息税前利润总额的比重"来衡量；政府补贴则用"政府补贴与总资产的比重"来衡量；制造业创新投入仍使用研发投入来衡量，制造业创新产出则用专利申请量来衡量，且考虑到创新产出与企业获得政策支持之间存在滞后，因此创新产出则以专利申请量作为被解释变量。

表 4-20 显示了银行信贷、税收优惠、政府补贴与制造业企业创新投入的回归结果。由第（1）列和第（3）列可知，政府补贴（Subs）的系数为 2.593，且在 1% 的水平下显著，税收优惠（Tax）的系数为 −0.023，且在 5% 的水平下显著，表明政府补贴能显著提高制造业企业的创新投入水平，表明企业税率越低，制造业创新投入越高，此时税收优惠程度越大。第（2）列银行信贷（Bloan）的系数未通过显著性检验，表明银行信贷资金并未显著提高制造业企业的创新投入水平。

表 4-20　政策工具与制造业企业创新投入的稳健性检验结果

变量	(1)	(2)	(3)
	RD	RD	RD
Tax	−0.023**		
	(2.38)		
Bloan		0.369	
		(0.20)	
Subs			2.593***
			(2.60)
Control	Yes	Yes	Yes
Year	Yes	Yes	Yes
Industry	Yes	Yes	Yes
_cons	7.274*	7.455*	7.383*
	(1.86)	(1.90)	(1.89)
N	545	545	545
r^2_a	0.102	0.127	0.178

注：（1）括号内的是 t 统计量，* 代表 $p < 0.1$，** 代表 $p < 0.05$，*** 代表 $p < 0.01$；（2）变量 _cons 表示常数，N 表示样本数，r^2_a 表示调整后的 r^2。

表 4-21 显示了银行信贷、税收优惠、政府补贴与制造业企业创新产出的回归结果。由第（1）列可知，政府补贴（Subs）的系数为 7.276，且在 1% 的水平

下显著，表明政府补贴能显著提高制造业企业的创新产出水平；第（3）列税收优惠（Tax）的系数为－0.021，且在 10％的水平下显著，表明企业税率越低，制造业创新产出越高，即税收优惠程度越大，制造业企业创新产出越高。第（2）列银行信贷（Bloan）的系数未通过显著性检验，表明银行信贷资金并未显著提高制造业企业的创新产出水平。究其原因，制造业企业创新具有高风险性、周期长、不确定性高等异质性特征，银行等信贷机构将资金投向制造业企业创新项目的意愿极低，并且现有研究也发现，制造业企业创新资金主要来源于自有资金，一般企业在资金充足的情况下会将盈余活动资金用于研发创新。

表 4-21　政策工具与制造业企业创新产出的稳健性检验结果

变量	(1)	(2)	(3)
	$Output_{t+1}$	$Output_{t+1}$	$Output_{t+1}$
Subs	7.276***		
	(2.86)		
Bloan		0.118	
		(0.18)	
Tax			-0.021^{*}
			(−1.50)
Control	Yes	Yes	Yes
Year	Yes	Yes	Yes
Industry	Yes	Yes	Yes
_ cons	−1.375	−3.746**	−3.764***
	(−0.74)	(−2.46)	(−2.62)
N	400	400	400
r^2 _ a	0.169	0.193	0.172

注：（1）括号内的是 t 统计量，* 代表 $p<0.1$，** 代表 $p<0.05$，*** 代表 $p<0.01$；（2）变量 _ cons 表示常数，N 表示样本数，r^2 _ a 表示调整后的 r^2。

稳健性检验结果可知，财税政策（包括财政补贴以及税收优惠）确实会提高制造业企业的创新产出水平，而科技金融政策工具中的贷款融资对制造业企业创新的影响并不显著，这主要是因为银行等金融机构的放贷意愿低，这造成了制造业企业创新面临较严重的融资约束压力。

4.2.6.4 影响机制的进一步研究

前述分析中采用中介效应模型检验出科创政策影响制造业企业创新的四条机制路径，即融资约束、人力资本、市场需求以及市场竞争在科创政策与制造业企业创新的关系中起到中介作用。进一步考虑，四种影响机制在科创政策与制造业企业创新关系中仅表现为中介传导作用吗？融资约束、人力资本、市场需求以及市场竞争是否会调节科创政策与制造业企业创新之间的关系？为了检验四种影响机制对科创政策与制造业企业创新之间的调节作用，本部分在模型（4-1）和（4-2）的基础上添加具体影响机制与科创政策力度的交互项，构建如下交互项模型：

$$\mathrm{RD}_{i,\,t} = \alpha_0 + \alpha_1\,\mathrm{Policy}_{i,\,t} + \alpha_2\,\mathrm{Policy}_{i,\,t} \times \mathrm{Mechanism}_{i,\,t} +$$
$$\sum_{i=1}^{7} \gamma_i\,\mathrm{Control}_{i,\,t} + \varepsilon_{i,\,t} \tag{4-4}$$

$$\mathrm{Output}_{i,\,t+1} = \beta_0 + \beta_1\,\mathrm{Policy}_{i,\,t} + \beta_2\,\mathrm{Policy}_{i,\,t} \times \mathrm{Mechanism}_{i,\,t} +$$
$$\sum_{i=1}^{7} \delta_i\,\mathrm{Control}_{i,\,t} + \varepsilon_{i,\,t} \tag{4-5}$$

根据前述理论分析以及影响机制的实证分析，预期 Policy×SA、Policy×HuCapital、Policy×MarDemand 的系数应均显著为正，表明企业的融资约束水平、人力资本积累以及产品市场需求会正向调节科创政策与制造业企业创新之间的关系；预期 Policy×HHI 的系数应显著为负，表明企业的产品市场竞争会正向调节科创政策与企业创新之间的关系。如表 4-22 所示。

表 4-22 汇报了四种影响机制调节作用的进一步分析结。其中，第（1）列和第（2）列是融资约束机制的调节作用回归结果；第（3）列和第（4）列是人力资本机制的调节作用回归结果；第（5）列和第（6）列是市场需求机制的调节作用回归结果；第（7）列和第（8）列是市场竞争机制的调节作用回归结果。根据表 4-22 可知，关于制造业企业创新投入，四种影响机制对科创政策与制造业企业创新投入之间的关系均具有正向调节作用，即企业的融资约束压力越大、人力资本积累越高、市场需求越大、市场竞争越激烈，产业政策对制造业企业的创新投入的正向促进作用越大；关于制造业企业创新产出，人力资本积累与市场竞争对科创政策与制造业企业创新产出之间的关系具有正向调节作用，而融资约束与市场需求的调节作用不明显。

表 4-22 影响机制调节作用的进一步分析

变量	融资约束		人力资本		市场需求		市场竞争	
	RD	$Output_{t+1}$	RD	$Output_{t+1}$	RD	$Output_{t+1}$	RD	$Output_{t+1}$
	(1)	(2)	(3)	(4)	(5)	(6)	(7)	(8)
Policy	0.373***	0.026	0.005	0.017*	0.079***	0.044	0.048**	0.011
	(5.892)	(1.44)	(1.2)	(1.78)	(2.76)	(0.97)	(2.28)	(1.33)
Fin	−0.263***	−0.335*						
	(−2.722)	(−1.97)						
HuCapital			0.084***	0.005				
			(6.33)	(1.32)				
MarDemand					0.464*	0.580*		
					(1.73)	(1.76)		
HHI							−0.001***	−0.002*
							(−3.14)	(−1.66)
Policy×Fin	0.040***	0.009						
	(2.784)	(0.71)						
Policy×HuCapital			0.002**	0.002**				

续表

变量	融资约束		人力资本		市场需求		市场竞争	
	RD	Output$_{t+1}$	RD	Output$_{t+1}$	RD	Output$_{t+1}$	RD	Output$_{t+1}$
	(1)	(2)	(3)	(4)	(5)	(6)	(7)	(8)
Policy×MarDemand			(2.11)	(2.07)	0.049**	0.061		
					(2.24)	(1.07)		
Policy×HHI							−0.01*	−0.004**
							(−1.75)	(−2.11)
Control	Yes	Yes	Yes	Yes	Yes	Yes	Yes	Yes
Industry	Yes	Yes	Yes	Yes	Yes	Yes	Yes	Yes
Year	Yes	Yes	Yes	Yes	Yes	Yes	Yes	Yes
_cons	324.66	7.705***	5.444***	−1.007	8.834**	0.974	4.346***	0.494**
	(1.64)	(11.19)	(3.46)	(−0.28)	(2)	(1.28)	(5.09)	(2.15)
N	545	400	545	400	545	400	545	400
r^2_a	0.247	0.082	0.103	0.091	0.096	0.079	0.124	0.088

注:(1)括号内的是 t 统计量,* 代表 $p<0.1$,** 代表 $p<0.05$,*** 代表 $p<0.01$;(2)变量 _cons 表示常数,N 表示样本数,r^2_a 表示调整后的 r^2。

4.3 本章小结

本章对科创政策与制造业企业创新之间的影响机制进行了理论分析及实证检验。一方面，在产业政策相关理论、信号传递理论、企业投资理论等相关理论的基础上，构建科创政策与制造业企业创新之间影响机制的理论框架；另一方面，以 2015—2020 年为时间窗口，实证检验了科创政策对制造业企业创新水平的影响效果及影响机制，并进行了异质性分析、内生性检验和稳健性检验。

理论框架分析得出：科创政策会通过供给推动、需求拉动以及环境保障等措施激发制造业企业创新活力，具体表现在缓解融资约束、增加人力资本、提高市场需求、加强市场竞争，企业创新活力最后会通过融资的治理效应、人才的积累效应、需求的市场拉动、市场的竞争机制等作用于创新投入和创新产出，企业创新活力及创新投入、创新产出又会反作用于科创政策；在这个过程中，不同科创政策工具之间具有内生影响，政府、社会公众与制造业企业等不同主体之间存在相互博弈。

实证研究发现：（1）科创政策有利于促进制造业企业增加创新投入，提高创新产出。（2）具体到不同类型的政策工具，供给型、需求型以及环境型科创政策能显著提高制造业企业的创新投入和创新产出水平，且需求型政策的正向促进作用最大。（3）科创政策对制造业企业创新的影响机制发现，融资约束、人力资本、市场需求及市场竞争均是科创政策影响制造业企业创新的重要机制，但各机制的效果存异同。相同之处在于科创政策会通过缓解融资约束、集聚人力资本、拓展市场需求及提高市场竞争正向影响制造业企业创新投入；不同之处在于四种机制对科创政策与制造业企业创新产出之间关系的影响，人力资本机制对实质性创新及策略性创新均有"挤入效应"，融资约束机制体现出对实质性创新的"挤出效应"，市场需求机制表现出对策略性创新的"挤出效应"，市场竞争机制则表现为实质性创新和策略性创新之间的"替代效应"，即提高实质性创新，抑制策略性创新。（4）通过分析科创政策对制造业企业创新影响的异质性分析可知，科创政策对非国企、小规模企业、高新技术企业的制造业企业创新投入和创新产出的正向影响更大。（5）进一步分析影响机制的调节作用可知，四种影响机制对科创政策与制造业企业创新投入之间的关系均具有正向调节作用，人力资本积累与市场竞争对科创政策与制造业企业创新产出之间的关系具有正向调节作用。

根据以上结论可知，整体而言，科创政策对制造业企业创新具有促进作用，且科创政策会通过缓解融资约束、增加人力资本、提高市场需求、加强市场竞争等具体机制影响制造业企业创新。但本章中也暴露出科创政策体系中的一些问题，如，关于政策工具，需求型政策对制造业企业创新的促进作用最为显著，但本章在对科创政策工具整理的过程中却发现上海偏重供给型政策和环境型政策，需求型政策使用不足，政策工具运用的失衡不利于科创政策效果的进一步提升；关于影响机制，科创政策会通过缓解制造业企业创新所面临的融资约束水平提高企业策略性创新水平，表现出对实质性创新的"挤出"效应，而实质性创新才是高质量的创新产出，是制造业企业解决"卡脖子"问题的关键。因此，科创政策体系还需进一步优化。

第五章　科创政策引导制造业企业创新的优化路径研究

　　第三章分析了政府科创政策如何动态影响制造业企业创新策略选择，研究发现制造业企业创新行为会受到政府行为的驱动，政府不同类型的政策工具对制造业企业创新均具有驱动作用，回答了"关系怎么样"的问题。第四章进一步分析了政府科创政策及其不同政策工具对制造业企业创新的影响效果及机制，研究发现，科创政策整体上会促进制造业企业创新水平提升，不同政策工具的影响效果存在差异，其中需求型政策对制造业企业创新的影响最显著，但对需求型政策工具的运用却较为薄弱；另一方面科创政策主要通过缓解融资约束、增加人力资本、提高市场需求、加强市场竞争等机制影响制造业企业创新，但具体影响效果不同，如科创政策会通过融资约束机制提高策略性创新水平，体现为对实质性创新的"挤出"效应。由此可以看出，关于科创政策影响制造业企业创新的"效果怎么样及机制是什么"，第四章研究内容体现出当前的科创政策体系还存在不完善之处。因此，在探究了科创政策影响制造业企业创新的"关系""效果""机制"的基础上，应进一步考虑，科创政策如何进一步优化以有效地提升制造业企业创新水平。具体而言，从投入和产出角度分析，提高制造业企业创新投入和创新产出的政策工具组合路径分别是怎样的？科创政策优化路径有哪些？科创政策的不同优化路径对制造业企业创新影响效果又如何？

　　因此，顺承第三章和第四章的研究脉络，本部分将从提高制造业企业创新水平视角分析科创政策的优化路径。一方面，引入模糊集定性比较分析fsQCA方法深入探讨政府科创政策工具及制造业企业自身因素对企业创新水平的协同影响，探析科创政策优化路径；另一方面，构建科创政策引导制造业企业创新的系统动力学模型（SD 模型）模拟不同科创政策优化路径对制造业企业创新水平影响的差异。

5.1　科创政策引导制造业企业创新的路径优化理论框架

制造业企业创新决策是一个复杂的过程，会受政府及企业自身诸多因素的共同影响。本部分顺承科创政策分析框架，将科创政策工具划分为三类，即供给型政策、需求型政策和环境型政策，重点梳理三种政策工具以及制造业企业规模、产权性质、年龄等企业内部因素对企业创新的影响。

5.1.1　供给型科创政策对制造业企业创新的影响

供给型科创政策主要是指政府通过向制造业企业提供技术、人才、资金、信息等方面的创新要素，推动企业开展创新活动。首先，基础科学研究是提升制造业企业乃至区域创新策源能力的重要内容（Hayashi，2020），但我国基础研究相对滞后，相关政策体系也较为薄弱，因此，苏继成和李红娟（2021）建议，要加快构建核心技术攻关新型举国体制。其次，人才是企业最稀缺的生产要素，根据统计，在 2000—2020 年期间，中央及地方政府相继出台了 5 500 多项与人才引进、人才培养等相关的政策文件[①]，用以激励微观企业创新发展。受人才政策支持的企业会向利益相关者传递"有能力"和"能信任"两方面的积极信息，从而有利于降低信息不对称，获得利益相关者的正面评价，获得企业创新的相关资源支持（刘春林、田玲，2021）。再次，融资约束作为影响制造业企业创新的关键因素之一，会降低制造业企业创新投入，从而错失良好的创新机会。而政府的财政资金支持政策，如科研经费、财政资助、专项资金、房租减免、贷款贴息等会直接增加企业的现金流，为制造业企业创新提供资支持（Feng，2019）；同时，政府颁布的股权融资、贷款融资、投资基金等科技金融政策有利于调动社会资本，为制造业企业创新提供更丰富的社会资本

---

① 中央和地方法律法规数据由作者通过"北大法宝"数据平台检索获得。

（Xin，2019，卢现祥、李磊，2021）。最后，随着信息化的发展，信息技术在企业中得到普遍应用，信息支持有利于企业创新发展，国家及地方政府颁布的信息资源开放、信息网络建设等政策为企业创新决策提供了信息基础支撑（张娜 等，2020；Xie et al.，2019）。整体而言，供给型科创政策主要通过向制造业企业提供创新要素，优化资源配置，进而提高制造业企业的创新效率。

5.1.2　需求型科创政策对制造业企业创新的影响

需求型科创政策是政府为了刺激社会对制造业企业产品和服务需求而制定的政策措施，需求型政策有利于企业新产品开拓市场，从而拉动企业开展技术创新活动。需求型政策工具主要包括政府采购、服务外包、贸易管制、示范工程等。首先，在制造业企业的创新链中，政府采购能够对企业创新的各个环节产生影响，从而有效缓解创新的市场失灵问题。政府采购通过公开招标机制挑选企业的过程会迫使企业开展最有效率的创新活动（邵颖红、程与豪，2021；陈志刚、吴丽萍，2021）。其次，在服务外包情景下，学者研究发现，探索式学习与利用式学习都会促进供应商企业提高创新能力（杨杰，2021），但政府科创政策中服务外包政策工具的使用频率却较低。再次，技术进口作为提高创新质量的重要手段，对制造业企业创新水平的影响至关重要，企业可以通过学习国外的先进技术、创新产品与创新经验，实现比发达国家更快的技术创新速度。杨丽君（2020）认为，若制度环境能帮助企业实现技术引进与自主研发的途径整合，则有益于企业缩小技术差距，提高创新水平；吴昌南和钟家福（2020）研究指出，技术引进税收优惠政策能显著提升产业创新能力。最后，示范作为连结技术开发与市场扩散之间的一个特殊阶段，能够有效推动产品市场需求。政府资助示范工程不仅能体现政府意志，还可以推动科技进步，提高区域创新水平（苏竣、张汉威，2014）。整体而言，需求型科创政策主要通过为新型科技产品提供明确、稳定的市场，减少创新成果进入市场初期所面临的不确定性，激励创新投入，从而推动技术研发。

5.1.3　环境型科创政策对制造业企业创新的影响

环境型政策工具主要通过政府政策的实施创造制造业企业创新和成长的良好环境，引导企业良性竞争，从而激励更多创新产品的研发和推广。首先，随着创新型国家建设的逐步深入，中央及地方多个部门联合出台了许多政策文件推动科技与金融的结合试点，在多地涌现出一大批科技金融平台，为科技企业与金融机构的对接搭建起桥梁。科技金融平台能为科技创新体系和金融体系的各类参与主体提供有效信息或服务，进而实现对资源要素的最大化有效利用（罗广宁 等，2020）。其次，在税收优惠政策的研究中，大多数学者认为，税收优惠有助于提高企业的创新水平（许玲玲 等，2021；Su，2021；Xin，2019）。再次，产权管理和专利管理能够为制造业企业带来可观的创新垄断租金，因此各地政府部门均在加强知识产权保护，保护与激励企业进行创新，许多学者也提出应加强知识产权保护以降低开放带来的负外部效应（Eppinger，2021）。最后，服务平台建设、咨询调解、技术服务、公共服务、信用体系建设等方面的公共服务支持政策有利于优化制造业企业的营商环境，为企业创新活动的开展提供良好的生态环境。如，武晓芬（2018）研究指出，良好的制度信用环境能更好地保护创新成果，减少研发风险，从而促进企业的创新行为。Liu（2020）发现，高新技术企业认证可以提升企业创新能力，其中处于竞争较为激烈行业的民企受促进效果更明显。整体而言，环境型科创政策能够优化企业创新的外部环境，为制造业企业的创新活动营造良好生态。

5.1.4　自身因素对制造业企业创新的影响

除了外部制度因素外，企业微观层面的内部差异也是影响制造业企业创新决策的重要因素。鲍宗客（2016）探讨了企业年龄对创新决策的影响；张金涛等（2021）和柳卸林等（2021）等研究了产权性质与企业创新的关系；卢现祥和李磊（2021）分析了企业内部治理及财务特征对企业创新的影响机制。不难发现，企业微观层面的产权性质、企业规模、企业年龄等异质性特征都是影响制造业企业创新决策的重要因素。

首先，在不同所有制下，企业经营环境、融资问题、政企关系等方面的差异，使得企业研发激励和创新方式存在明显不同，国企和民企的创新意愿和创新能力均不同。许多学者基于委托代理理论认为，由于国有企业产权的非人格化，国有企业内部存在严重的委托代理问题，这使得只有那些短期能带来收益、凸显政绩的项目才会被管理层接受，而创新项目因为具有风险高、周期长、不确定性高等异质性特征，国企管理层创新意愿及创新动力均比较低。相反，在竞争压力下，民营企业则有较高的创新意愿通过开发新产品开拓市场，提高自身竞争能力（王晓珍 等，2018；Lin and Wang，2019，Liu，2019）。

其次，规模不同的企业在资源禀赋、组织结构等方面均存在差异，不同规模的企业创新表现必然截然不同。许多学者认为，企业规模的扩大会使企业内部的组织惯性增强、企业内交易成本提高，同时大企业更加关注在既有市场中的获利情况，这一系列现象均会导致大企业在创新决策、创新活动管理等方面出现僵化和反应迟钝。相对于大企业，中小企业的组织灵活性更强、市场嗅觉和技术嗅觉更灵敏，在市场竞争压力下其创新意愿更强烈（卢现祥、李磊，2021）。

最后，关于企业年龄，部分学者指出新创办的企业容易表现出更强的创新动机，随着时间的推移向行业平均水平收敛，且随着经验的累积，企业的创新质量会改变（Huergo，2006，Pellegrino and Piva，2020；Bouncken et al.，2021）；也有学者认为，企业年龄和创新水平之间存在负的相关关系，随着年龄的增长，企业创新水平不断下降，但创新下降的比率是非线性的，具体表现在，在早期企业创新水平会快速下降，随着时间的推移，其下降速度会有所减缓（Balasubramanan，2011）；Fan and Wang（2021）、鲍宗客（2016）研究发现，随着年龄的增长企业的创新激励呈现倒 U 型的分布趋势。

综合以上分析，政府层面的供给型政策、需求型政策、环境型政策以及企业层面的产权性质、企业规模、企业年龄等因素均会影响制造业企业的创新水平，即制造业企业创新决策是多方面因素共同作用的结果。为此，本部分将试图引入 fsQCA 方法，探索上述多重因素对制造业企业创新决策的联合效应，并尝试揭示不同政策工具组合之间的互动关系。本部分的逻辑框架如图 5-1 所示。

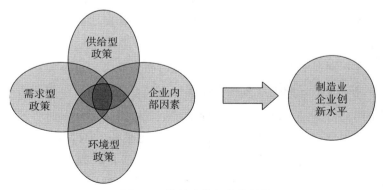

图 5-1 科创政策组态维恩图

5.2　研究方法及数据处理

5.2.1　fsQCA 方法

本部分旨在采用 fsQCA 方法探究三类科创政策工具组合及制造业企业内部因素与企业创新水平之间的复杂因果关系。定性比较分析法（qualitative comparative analysis，简称 QCA）以布尔代数运算和集合论思想为基础，通过对案例的充分比较和分析，探索多种前因变量之间的互动过程对结果变量的"联合效应"和"协同影响"，而这正适合回答本部分的研究问题。QCA 方法具体又可以划分为三类，即确定/清晰集定性比较分析方法 csQCA（crisp-set qualitative comparative analysis）、多值集定性比较分析方法 mvQCA（multi-value qualitative comparative analysis）和模糊定性比较分析方法 fsQCA，csQCA 中的变量必须是二分变量 0 和 1；mvQCA 是在 csQCA 二分法的基础上，对变量的数值进行多分以处理类别变量的方法；fsQCA 则是将模糊集引入 QCA 方法，通过校准将变量的取值转化为0～1 之间的连续值，能很好地描述变量的连续变化，因此本书选择采用 fsQCA 方法。在 fsQCA 方法中，可以将案例视为一系列前因变量和结果变量的组合，通过比较前因变量组合对结果变量的影响分析前因变量组合对结果变量的联合效应和互动效应，而这种前因变量组合即为实现结果变量的路径。

在具体分析技术上，本部分采用 fsQCA 方法是基于以下几点考虑：（1）在文献研究中发现前人已经重点考察了单个政策工具对企业创新水平的净效应，而 fsQCA 可以发现政策工具及企业内部因素等诸多因素之间的组态关系和系统效应，这是对已有研究的进一步深化；（2）现有方法论中，因子分析、聚类分析等方法虽然也可以检验组态关系，但这些方法却无法识别因素之间的相互依赖、组态等效性和因果非对称性；（3）fsQCA 兼具定性分析（案例导向）与定量分析（变量导向）的优势，适合小样本和复杂因果关系的处理，本书在考虑创新产出滞后的基础上，最终样本数量为 400 个，样本数量符合要求。

5.2.2　样本选择及变量说明

本书以 2015—2020 年间上海制造业上市公司为研究对象，剔除数据缺失数据，同时考虑创新产出滞后一期后，共获得 2015—2019 年期间 406 个样本观测值。产权性质、企业规模以及企业年龄等数据均来自国泰安数据库（CM-MAR），供给型政策、需求型政策以及环境型政策支持力度均是通过整理上海各政府部门发布的政策文件得到，政策整理方法见详见第四章，在此不再赘述。前因变量和结果变量见表 5-1。

表 5-1　变量说明

变量类型	变量名称	符号	说明
前因变量	供给型政策力度	Policy_g	整理上海科创政策取得，详见表 4-1
	需求型政策力度	Policy_x	整理上海科创政策取得，详见表 4-1
	环境型政策力度	Policy_h	整理上海科创政策取得，详见表 4-1
	产权性质	State	国有企业赋值为 1，否则为 0
	企业规模	Size	总资产的自然对数
	企业年龄	Age	企业上市年限取自然对数
结果变量	创新投入	RD	企业研发投入取自然对数
	创新产出	Output	专利申请数量取自然对数

5.3　科创政策引导制造业企业创新的路径选择分析

5.3.1　描述性统计分析

为了解前因变量及结果变量的分布概况，采用 Stata17 软件对样本数据进行了描述性统计分析，具体结果见表 5-2。

由表 5-2 可知，三类政策工具中，供给型政策工具支持力度的均值和最大值最大，其次是环境型政策，最后是需求型政策，这与政策评价分析时的发现相一致，即上海科创政策以供给型和环境型政策为主，需求型政策比较薄弱。企业自身因素变量中，产权性质均值为 0.36，表明样本中大概有 36％的国有企业；企业规模、企业年龄的均值分别为 22.03、18.71，规模和年龄分布较为均匀。结果变量中，企业创新投入均值为 4.31，创新产出均值为 2.56。

表 5-2　变量描述性统计分析

变量	Policy_g	Policy_x	Policy_h	State	Size	Age	RD	Output
均值	5.19	0.72	3.02	0.36	22.03	18.71	4.31	2.56
标准差	9.95	1.39	6.14	0.44	1.33	5.61	3.25	1.83
最小值	0	0	0	0	19.87	6	0.09	0
最大值	46	6	29	1	26.58	38	17.67	8.07

5.3.2　变量校准

在 fsQCA 中，每个变量都被认为是一个模糊集，也就是说，每个变量都是具有不同隶属度的集合（Ragin，2000）。因此，在进行 QCA 分析之前，首先要把原始数据重的每个变量按照一定的校准程序转换为对应的模糊集。变量校准是 fsQCA 方法运用中最关键的环节。在研究过程中，通过设置 3 个临界值，即完全隶属、交叉点及完全不隶属，将变量转换为隶属度介于 0～1 之间的集合。参考 Coduras（2016）、范德成和谷晓梅（2020）等学者的做法，将各变量在 25%、50%、75% 上的取值分别作为完全隶属、交叉点以及完全不隶属的校准锚点（Guinea and Raymond，2020）。值得注意的是，由于三个政策工具变量在 50% 上的数值均是 0，为进行校准，本书将政策工具支持力度 1 设置为三个政策工具变量的交叉点。各变量的锚点选择见表 5-3。锚点确定后，根据 fsQCA v3.0 软件中的 calibrate 函数进行变量校准。

表 5-3　前因变量及结果变量的校准锚点

变量	完全隶属	交叉点	完全不隶属
Policy_g	6	1	0
Policy_x	2	1	0
Policy_h	3	1	0
Size	22.61	21.73	21.12
Age	23	18	15
RD	5.33	3.68	2.23
Output	6	1.5	0

5.3.3 单个条件的必要性分析

在模糊集分析中，如果结果变量构成某个前因变量的子集，则前因变量是结果变量的必要条件。由于真值表分析属于充分性分析，因此需要将必要条件从真值表分析中删除。必要条件检测过程如下：

$$\text{Consistency}(Y_i \leqslant X_i) = \sum (\min (X_i, Y_i)) / \sum (Y_i) \qquad (5\text{-}1)$$

如果一致性（consistency）得分高于 0.9，则认为该前因变量为结果变量的必要条件。

本书前因条件的必要性检验见表 5-4。由表 5-4 可知，对于结果变量不管是创新投入还是创新产出，各个前因变量的一致性得分均未超过 0.9，各前因条件均不构成必要性条件，符合后续真值表分析的要求。这意味着政策工具和企业自身因素方面的各前因变量对制造业企业创新投入抑或是创新产出的单独解释力均较弱。因此，有必要将这些前因条件纳入 fsQCA 分析框架，进一步探索产生创新投入和创新产出的组态。

表 5-4　单个变量的必要性检验

前因变量		结果变量	
		创新投入	创新产出
政策工具	Policy _ g	0.44	0.43
	Policy _ x	0.36	0.33
	Policy _ h	0.47	0.45
企业自身因素	State	0.12	0.23
	Size	0.44	0.57
	Age	0.50	0.51

5.4　科创政策优化路径选择与分析

根据单个条件的必要性分析，将各前因变量纳入模糊集真值表分析程序，参考余菲菲和高霞（2020）、王晓珍等（2021）的惯用做法，将一致性阈值设置为 0.8，案例频数阈值设置为 1。虽然必要性分析部分没有出现对结果解释力度大的前因条件，但前述章节在研究科创政策工具对制造业企业创新水平影响时发现，供给型、需求型以及环境型政策工具对制造业企业创新水平提升均具有促进作用，因此本部分假设三类政策工具前因条件"出现"时可能导致企业创新，而企业自身层面因素与企业创新水平的关系尚未达成一致性结论，因此自身因素三个前因条件"出现或缺乏"时都有可能导致企业创新。

先后以"创新投入"和"创新产出"作为结果变量对真值表运行"Standard Analysis"程序，得出相应的复杂解（complex solution）、简约解（parsimonious solution）和中间解（intermediate solution）。复杂解是将所有的逻辑余项均设置为"假"，没有进行反事实分析，对分析结果进行了最大限度的化简；简约解是包含所有会产生逻辑更简洁解的逻辑余项，不管它是简单还是复杂反事实案例分析，即简约解进行了反事实案例分析，所得解中包含了更多的逻辑信息；而中间解则位于复杂解和简约解之间，分析过程中只包含简单反事实案例的逻辑余项。同时存在于简约解和复杂解中的条件为核心条件，仅存在复杂解中的条件为辅助条件（Stroe，2018、Fiss，2011）。分析结果见表 5-5。其中，一致性度量的是每个解项中的成员是结果子集的程度，用以解释该组态（或构型）是否可以一致的得到结果；覆盖率是指结果被每个解项解释的比例，与回归分析中的 R^2 统计量含义类似。

由表 5-5 可知，产生创新投入的路径（组态）有 3 条：H1、H2 和 H3，其中 3 条组态的一致性分别为 0.673、0.810、0.812，表明 3 条组态是制造业企业提高创新投入的充分条件；解的总体一致性为 0.77，进一步说明了 3 条组态能够充分地解释结果的存在，可以视为帮助企业提高创新投入的充分条件组合；解得总覆盖率为 0.531，表明 3 条组态解释了超过 50％的企业提高创新投入的原因。

另外，产生创新产出的组态有 2 条：H4 和 H5，其中 2 条组态的一致性分别为 0.72 和 0.83，表明 2 条组态是制造业企业提高创新产出的充分条件；解的总体一致性为 0.812，进一步说明了 2 条组态能够充分解释结果的存在，可以视为帮助企业提高创新产出的充分条件组合；解得总覆盖率为 0.453，表明 2 条组态解释了近 50％的企业提高创新产出的原因。

下面本书将分别对产生创新投入和创新产出的路径（组态）进行分析。

表 5-5　企业创新水平提升路径组合

前因条件	路径组合				
	创新投入			创新产出	
	H1	H2	H3	H4	H5
Policy _ g		●	·	·	●
Policy _ x	⊗	●	●	●	
Policy _ h	●	·		·	
State	●	⊗	⊗	⊗	⊗
Size		⊗			·
Age			·		·
一致性	0.673	0.810	0.812	0.72	0.83
原覆盖率	0.207	0.324	0.200	0.31	0.22
净覆盖率	0.025	0.103	0.054	0.101	0.098
总一致性	0.770			0.812	
总覆盖率	0.531			0.453	

注：●代表核心要素；·代表辅助要素；⊗代表核心要素缺失；⊗代表辅助要素缺失；"空白"代表可以存在也可以缺失，下同。

5.4.1　提高制造业企业创新投入的政策工具组合路径

（1）环境保障主导路径。组态 H1：～ Policy _ x* Policy _ h* State，表明对于国有企业，无论企业规模多大、无论企业成立时间长短以及无论企业是否享受到供给型政策，只要制造业企业能够享受环境型政策，即便需求型政策支持较为缺乏，仍能驱动企业提高创新投入。通常，相比与非国有企业，国有制造业企业可以获得更多的创新要素。如，因为政府信用背书以及其他隐性担保的存在，国有制造业企业往往拥有更多的创新融资渠道（刘慧好，2021）；国有制造业企业在科技情报的获取以及信息网络建设方面也颇具优势。因此，国有制造业企业对供给型科创政策的需求并不是很强烈。同样地，在政府扶持下，国有制造业企业获得政府采购招标以及示范工程项目的比例也远远高于非国有企业（陈志刚、吴丽萍，2021），也就是说，即使需求型政策拉力较弱，鉴于政府偏好，国有制造业企业也会获得相当程度的政府需求支持。对于国有制造业企业，企业创新环境的优化可以极大地激励其开展创新活动。于凡修（2021）指出，在新常态下国家对国有企业提出了更高的战略部署，但国有制造业企业面临的经营环境不确定增强，改善国有制造业企业金融环境，实现金融业与国有制造业企业深度融合已经成为国有制造业企业面临的重大现实问题。其指出，加强金融生态环境建设有利于国有制造业企业吸进更多资金进行创新。于洋和王宇（2020）研究发现，相对于非国有制造业企业，知识产权保护水平的提高对国有制造业企业创新水平的激励效果更为显著，这是因为国有企业有更好的创新基础，有更好的条件进行研发创新。由此可见，对于国有制造业企业，环境型政策的激励是其提高创新投入的最核心路径。

（2）供给-需求-环境三元驱动路径。组态 H2：Policy _ g* Policy _ x* Policy _ h* ～ State* ～ Size，表明同时享受供给型政策、需求型政策以及环境型政策的规模较小的非国有企业，其提高创新投入的动力较强。其中，供给型政策工具以及需求型政策工具是其核心要素，环境型政策工具是辅助要素，表明相比于优化创新环境，民营中小制造业企业更迫切需要政府优化配置更多的创新要素，同时为创新产品提供更多的需求拉力。相较于大企业或国有制造业企业，民营中小制造业企业由于在资产抵押、信用水平、经营风险以及信息不对称程度等方面存在劣势，这导致民营中小企业在融资渠道、人才引进、信息建设等诸多方面存在限制（孙耀吾、葛平，2020；罗广宁 等，2020），因此，迫切需要政府通过政府支持手段为其配置更多的创新要素，以助推其创新发展。同等重要的，民营中小制造业企业由于自身规模、资源禀赋的限制，其创新的产品在开拓市场、提高行业认可度和影响力方面均存在一定的困难，因此，迫切希望政府能通过示范工程、政府采购、促进出口、服务外包等支持措施提高行业认可度和影响力，并最终开拓新产品市场。如 Guerzoni（2015）、邓翔等（2018）等的研究均认为，政府对创新产品进行采购不仅能有效调节新产品的供求关系，还能向制造业企业的利益相关者传递积极信号，形成示范效应，有利于制造业企业进一步拓展融资及销售渠道。此外，环境型政策工具的支持有利于优化制造业企业创新环境，为民营中小制造业企业营造公平的竞争生态，因此，环境政策工具支持有利于促进民营中小制造业企业提高创新投入。

（3）供给-需求推拉路径。组态 H3：Policy ＿ g* Policy ＿ x* ～State* Age，表示对于成立时间较长的非国有制造业企业，无论是否享受环境型政策，只要同时享受供给型政策以及需求型政策，企业便有动力提高创新投入。其中，需求型政策是其核心要素，供给型政策是辅助要素，表示相对于供给型政策，需求型政策更能刺激企业创新。究其原因，由于制造业企业成立时间较长，已经积累了一定的资源禀赋，在新产品竞争中能够获得公平竞争的地位，且制造业企业的知识产权保护意识逐渐增强，有意识且有能力维护自身利益，因此对环境型政策需求并不迫切。虽然企业在以往商业往来以及与金融机构交涉过程中已经积累了一定的信用水平，有一定的融资渠道，但鉴于创新的高风险性，相较于国有制造业企业，非国有天然的"金融歧视"致使其创新融资成本相对较高，创新融资难度也相对较大，因此仍需要政府提供一定的金融支持（杨蓉等，2018）。且随着企业成立时间越长，鉴于员工成长渠道受限且创新人才的稀缺性，非国有制造业企业也面临严重创新人才流失问题，因此非国有制造业企业需要通过人才引进及培训提高企业的人力资本水平（李瑾，2010）。鉴于此，成立时间较长的非国有制造业企业在企业创新资源获取方面仍有一定困难，在获得政府供给型政策支持后，成立时间较长的非国有制造业企业会提高其创新投入。最为重要的是，提高新产品的影响力以及为新产品开拓市场是制造业企业创新发展最重要也最有难度的环节，成立较早的非国有制造业企业仍迫切需要政府通过需求型政策支持拉动新产品需求。

5.4.2　提高制造业企业创新产出的政策工具组合路径

（1）供给-需求-环境三元联动路径。组态 H4：Policy ＿ g* Policy ＿ x* Policy ＿ h* ～ State，表明对于非国有制造业企业，不论企业规模大小及企业成立时间早晚，只要企业能够同时享受供给型政策、需求型政策以及环境型政策，制造业企业创新产出会大大提高。其中，需求型政策为核心要素，供给型政策及环境型政策为辅助要素，表明相比于供给型政策及环境型政策，需求型政策对制造业企业创新产出的影响更为显著。首先，如前所述，非国有制造业企业在创新要素获取方面处于劣势地位，因此供给型政策支持有利于制造业企业获得更多的创新资源，从而提高创新产出。其次，由于知识产权保护是激励企业创新的重要保障，而环境型政策，尤其是政府的知识产权保护政策能够激励制造业企业提高创新产出的质和量。黎文靖等（2021）研究指出，知识产权法院能显著提高专利的引用价值、应用价值以及市场价值，由此说，强有力的知识产权司法保护有利于制造业企业进行高质量创新。最后，相比于供给型和环境型政策，需求型政策支持对于非国有制造业企业提高创新产出发挥着更为重要的作用。正是因为需求型政策支持关系新产品的市场销售，即关乎新产品成本的回收，是制造业企业创新成败的关键。因为一旦新产品市场开拓成功，则预示着新产品成本能按预期计划进行回收，创新能够为企业带来收益。制造业企业基于维护创新带来的垄断利润，会提高专利申请数量。所以，需求型政策支持能够促进制造业企业提高创新产出。

（2）需求拉动主导路径。组态 H5：Policy _ x* ~ State* Size* Age，表示对于成立年限较长的大规模非国企，无论企业是否享受到供给型政策和环境型政策，只要企业能够享受到需求型政策，就会提高其创新产出。需求型政策支持的重要拉动力前述已经进行了理论阐释，在此不再赘述。需要强调的是，对于成立年限较长的大规模非国企，其在创新要素获取以及公平竞争的市场环境上已经十分具有竞争优势，甚至在某些方面已经超过了国有制造业企业的竞争力，因此，这些企业对于供给型政策以及环境型政策的需求并不迫切。例如，人才竞争，由于国有企业"所有者缺位"以及"内部人控制"等代理问题容易产生冗余雇员现象，该现象会对高层次创新人才产生"挤出效应"，而大规模的非国企由于机制灵活、晋升渠道清晰以及资源禀赋充裕等条件，得到众多高层次创新人才的青睐（郑志刚，2020；马新啸，2020）。

5.4.3　稳健性检验

5.4.3.1　组态的敏感性分析

敏感性分析主要是用以检查研究结果是否对于使用其他判别规范的条件具有稳健性。借鉴 Linton 和 Kask（2017）和石声萍等（2020）的做法，将所有变量的完全隶属临界值变更为 90％分位数，完全不隶属临界值变更为 10％分位数，一致性阈值和案例频数阈值保持不变，重新对数据进行校准分析，结果见表 5-6。对比表 5-5 和表 5-6，组态类型并未发生实质性变化，仅 H2 中辅助性因素发生变化，各组态的一致性及覆盖率等参数也有细微变化，这表明本书的研究结论具有良好的稳健性。

表 5-6　组态的敏感性分析

前因条件	路径组合				
	创新投入			创新产出	
	H1	H2	H3	H4	H5
Policy＿g		●	·	·	●
Policy＿x	⊗	●	●	●	
Policy＿h	●	·			·
State	●	⊗	⊗	⊗	⊗
Size		⊗			·
Age		⊗	·		·
一致性	0.632	0.792	0.801	0.712	0.817
原覆盖率	0.211	0.286	0.213	0.332	0.207
净覆盖率	0.031	0.121	0.074	0.155	0.119
总一致性	0.782			0.801	
总覆盖率	0.503			0.445	

5.4.3.2　组态的预测效度检验

组态预测效度分析主要用于验证假设的组态模型在不同的数据集下预测结果变量的能力。如果组态模型在不同的数据集下具有相似的预测能力，则表示研究结果具有良好的预测效度。参考 Ilias O. Pappas 等（2016）的做法，通过随机选择将原始样本分成两个相等的子样本：一个建模子样本（子样本 1）和一个拒绝子样本（子样本 2）；在子样本 1 中采用和主分析相同的分析程序，然后在子样本 2 上测试子样本 1 产生的组态模型是否达到与子样本 1 相似的一致性和覆盖率。如图 5-2 所示。

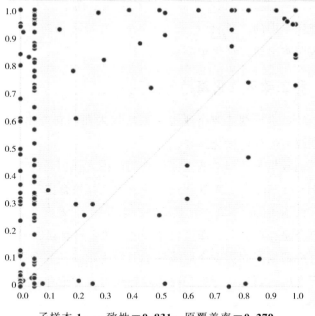

子样本 1：一致性＝0.831；原覆盖率＝0.279

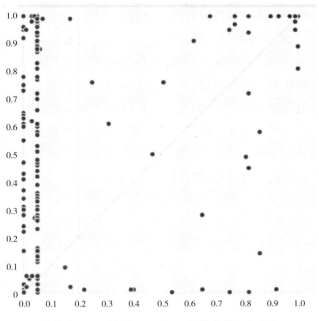

子样本 2：一致性＝0.790；原覆盖率＝0.271

图 5-2　组态 2 在子样本 1 和子样本 2 中的 XP 散点图

如图 5-2，本书检验了组态 2 在子样本 1 和子样本 2 中的预测效度，结果显示，两个子样本中的一致性（consistency）和原覆盖率（raw coverage）十分相似，这表明本书研究结果预测效度良好。

5.4.4　科创政策优化路径分析

总结科创政策引导制造业企业提高创新投入和创新产出的五条组合路径，可以提出科创政策的具体优化路径。

第一，科创政策引导制造业企业提高创新投入和创新产出的实现路径并不相同（组态 H1 至 H5）。提高创新投入的政策工具组合路径有 3 条，即环境保障主导路径、供给-需求-环境三元驱动路径以及供给-需求推拉路径；提高创新产出的政策组合路径有 2 条，即供给-需求-环境三元联动路径以及需求拉动主导路径。政府应根据不同类型企业采用不同的优化路径刺激制造业企业提高创新投入和创新产出。第二，环境型政策是提高国有制造业企业创新水平的核心条件（组态 H1）。加强金融生态环境建设以及提高知识产权保护力度等优化创新环境的政策措施有利于提高制造业国企的创新效率。第三，需求型政策支持有利于非国有制造业企业提高创新投入及创新产出（组态 H2 至 H5）。由组态 H2 至 H5 可知，需求型政策工具均是核心条件，也就是说，政府通过示范工程、政府采购等需求拉动政策工具的使用能有效提高非国有制造业企业的创新动力，提高创新效率。第四，同时享受三种政策工具的制造业企业创新投入和创新产出都会提高（组态 H2、H4），三种政策工具的协同运用能有效提高制造业企业的创新效率。第五，政策工具之间具有互补、协同效应，除非国企或有一定竞争优势的非国企仅对单一政策工具需求迫切，大多数制造业企业创新需要两种及以上政策工具的协同运用（组态 H2 至 H4）。

因此，提出以下三大命题：

命题 1：环境型政策工具支持能有效提高国有制造业企业创新水平。

命题 2：需求型政策工具作为核心要素，联合不同非国企特征下的环境型政策工具及供给型政策工具，能大大提高非国有制造业企业的创新水平。

命题 3：三种政策工具的协同运用，既能提高非国有制造业企业的创新投入，也能提其创新产出。

根据三大命题可知，不同类型的制造业企业创新对科创政策工具的需求存在差异，因此应根据企业类型优化科创政策工具组合，据此提出科创政策的优化路径：

优化路径 1：国有制造业企业环境型政策强化路径。即政府应加强对国有制造业企业的环境型政策支撑，通过优化企业创新环境提高国有制造业企业创新水平。

优化路径 2：非国有制造业企业需求型政策强化路径。即政府应加强对非国有制造业企业的需求型政策支撑，通过拉动市场需求提高非国有制造业企业创新水平。

优化路径 3：科创政策工具综合协同路径。即综合提高科创政策不同政策工具的协同运用水平，增强科创政策实施效果。

5.5 科创政策优化路径对制造业企业创新影响的系统仿真分析

本章前述第一节分析了科创政策引导制造业企业创新的优化路径理论分析框架；第二节至第四节剖析了提升不同类型制造业企业创新能力的科创政策组合路径，并最终提出三条科创政策的优化路径，即国有制造业企业环境型政策强化路径、非国有制造业企业需求型政策强化路径以及科创政策工具综合协同路径。本节将在优化路径研究的基础上，以上海规模以上工业企业整体创新投入和创新产出为例，对科创政策不同优化路径引导制造业企业创新的结果进行系统仿真分析。

5.5.1 系统模型构建

5.5.1.1 模型流图及基本假设

运用系统动力学方法对科创政策不同优化路径引导制造业企业创新的结果进行系统仿真，可以从投入产出角度入手，以科创政策影响制造业企业创新产出为导向绘制因果关系图，并选用合适的指标绘制系统动力学流图。在此基础上建立系统动力学各变量之间的方程，确定变量之间的关系，并运用 Vensim 软件进行仿真分析。

科创政策优化路径影响制造企业创新的系统流图，如图 5-3 所示。

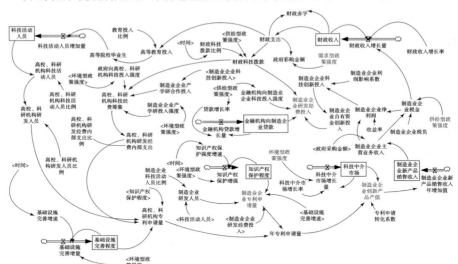

图 5-3　科创政策优化路径影响制造企业创新的系统流图

从结构上来看，该创新体系主要包括政府行为子系统、制造业企业行为子系统、高校和科研机构行为子系统等三个子系统。其中政府行为子系统指政府作为科创政策制定者在创新体系运行中对系统进行调控；高校、科研机构行为子系统主要反映了高校和科研机构在创新体系运行中进行的知识创造和运用；制造企业行为子系统是指制造企业作为创新主体，是技术创新的行为者、新技术的使用者以及创新价值的实践者，在系统运行过程中既是新技术的供给者，又是新技术的需求者。

模型的基本假设：

①专利申请量以及新产品产值是制造业企业创新的两个产出变量；

②专利申请量将以知识累积的方式影响制造业企业后期的创新产出；

③人员和经费是制造业企业创新活动的主要投入因素；

④科创政策是资源配置和环境建设的主要影响因素；

⑤经济增长是政策制定的主要约束条件。

5.5.1.2　模型流图及基本假设

前一节的流图描述了科创政策优化路径影响制造企业创新的整体框架，本节的结构方程则主要描述这个框架内各要素之间的定量关系。其中制造业企业创新数据采用上海规模以上工业企业的创新数据表示上海制造业总体创新投入和产出水平[①]。系统中的初始数据来自上海统计年鉴、中国工业统计年鉴、中国高技术产业统计年鉴、国家知识产权局统计年报等。对于那些变量之间没有明确公式关系的变量，需要在 SPSS 中进行回归分析。

系统中的主要方程如下：

制造业企业净利润＝制造业企业主营业务收入×收益率－企业税金

制造业企业新产品销售收入＝ INTEG（制造业企业新产品销售收入年增加值，9 796.73[②]）

制造业企业研发经费投入＝（制造业企业自有资金创新投入＋财政科技拨款×1.5＋金融机构向企业科技投入强度×金融机构向制造企业贷款）/3

制造业企业科技创新投入＝制造业企业净利润×企业利润影响系数

制造业企业税金＝（制造业企业主营业务收入×企业税负）/供给型政策强度

制造企业研发人员＝科技活动人员×制造企业科技活动人员比例

科技中介市场增长量＝科技中介市场×科技中介市场增长率×环境型政策强度

财政收入增长量＝财政收入×财政收入增长率＋企业税金

财政科技拨款＝财政支出×财政科技拨款比例×供给型政策强度

财政赤字＝财政支出－财政收入

金融机构贷款增长量＝贷款增长率×金融机构向制造企业贷款

高校、科研机构研发人员＝高校、科研机构科技活动人员×高校、科研机构研发人员比例

高校、科研机构研发经费内部支出＝高校、科研机构科技经费筹集×高校、科研机构研发经费内部支出比例

高校、科研机构科技经费筹集＝政府向高校、科研机构科技投入强度×财政科技拨款＋制造业企业产学研合作投入

5.5.2　系统仿真设计

根据构建的科创政策优化路径影响制造企业创新的系统流图以及各变量之

---

① 由于上海统计年鉴中没有单独反映制造业企业创新总体水平的数据，且 2020 年规模以上制造业企业占规模以上工业企业工业总产值的 95% 以上，故本书选择了用规模以上工业企业创新总体数据代替。

② 该值为 2018 年规模以上工业企业新产品销售收入（亿元），该数据来自 2019 年上海统计年鉴表。

间的定量关系，得到科创政策优化路径影响制造企业创新的系统动力学模型。在此基础上将供给型政策强度、环境型政策强度、需求型政策强度设置为决策调控变量，分析科创政策类型的支持强度改变时科创政策不同优化路径对制造业企业创新影响的仿真分析结果。系统仿真设计如下：

基础情景：在供给型政策强度、环境型政策强度、需求型政策强度均不改变的情况下，分析上海规模以上工业企业创新投入、专利申请量以及创新产品产值的仿真结果，以此作为 3 种科创政策路径仿真结果对比的基础。

优化路径 1 仿真情景：改变环境型政策强度，并将政策强度分别提高 1%、5%、10%，分析不同环境政策强度下上海规模以上工业企业创新投入、专利申请量以及创新产品产值的仿真结果，并与基础情景进行对比。

优化路径 2 仿真情景：改变需求型政策强度，并将政策强度分别提高 1%、5%、10%，分析不同需求型政策强度下上海规模以上工业企业创新投入、专利申请量以及创新产品产值的仿真结果，并与基础情景进行对比。

优化路径 3 仿真情景：该情景下需要设置 4 种不同的科创政策工具协同方案，分析不同政策工具协同组合下的上海规模以上工业企业创新投入、专利申请量以及创新产品产值的仿真结果。具体而言，路径 3-1：同时改变供给型与需求型政策强度，并将政策强度分别提高 1%、10%，分析仿真结果；路径 3-2：同时改变供给型与环境型政策强度，并将政策强度分别提高 1%、10%，分析仿真结果；路径 3-3：同时改变需求型与环境型政策强度，并将政策强度分别提高 1%、10%，分析仿真结果；路径 3-4：同时改变供给型、需求型以及环境型三类政策工具强度，并将政策强度分别提高 1%、10%，分析仿真结果。

5.5.3　环境型政策强化路径情景下的仿真分析

在国有制造业企业环境型政策强化路径下，重点分析环境型政策强度改变时制造业企业创新水平的变化。具体而言，将环境政策强度系数分别提高 1%、5%、10%，分析制造企业研发经费投入、专利申请量和创新产品产值的变化。

图 5-4 展示了环境型政策强化路径下制造企业研发经费投入的仿真结果。由该图可以看出，随着环境型政策强度从不变到分别提高 1%、5%、10%，制造企业研发经费投入变化并不明显。具体而言，到 2030 年，环境型政策强度从不变到分别提高 1%、5%、10%，制造业企业研发经费投入分别达到

4 479.49亿元、4 480.6亿元、4 485.07亿元、4 490.84亿元，环境型政策强度分别提高1％、5％、10％时的研发经费投入比环境型政策强度不变时分别提高了0.02％、0.12％、0.25％。由此可知，环境型政策强化路径对制造业企业研发经费投入的促进作用不明显。

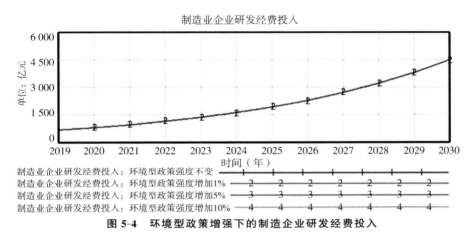

图 5-4　环境型政策增强下的制造企业研发经费投入

图 5-5 展示了环境型政策强化路径下制造业企业创新产出（专利申请量）的仿真结果。由该图可以看出，随着环境型政策强度从不变到分别提高1％、5％、10％，制造业企业专利申请量变化明显，且均呈现出明显的上升趋势。具体而言，到2030年，相对于环境型政策强度不变时，环境型政策强度分别提高1％、5％、10％时，制造业企业专利申请量分别提高了1.02％、5.31％、11.12％。由此可知，环境型政策强度越高，制造业企业专利申请量提高越快。

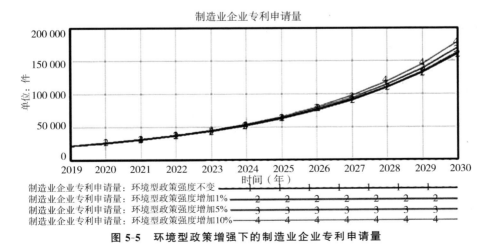

图 5-5　环境型政策增强下的制造业企业专利申请量

图 5-6 展示了环境型政策强化路径下制造业企业创新产出（创新产品产值）的仿真结果。由该图可以看出，随着环境型政策强度从不变到分别提高 1％、5％、10％，制造业企业创新产品产值上升幅度越来越大，到 2030 年，相对于环境型政策强度不变时，环境型政策强度分别提高 1％、5％、10％时，制造业企业创新产品产值分别提高了 1.10％、5.42％、10.62％。由此可知，环境型政策强度越高，制造业企业创新产品产值提高越快。

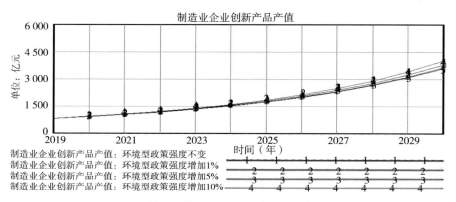

图 5-6　环境型政策增强下的制造业企业创新产品产值

整体而言，路径 1 下环境型政策强度的增强会显著提高制造业企业创新产出，对制造业企业创新投入影响不大。

5.5.4　需求型政策强化路径情景下的仿真分析

在非国有制造业企业需求型政策强化路径下，重点分析需求型政策强度改变时制造业创新水平的变化。具体而言，将需求政策强度系数分别提高 1％、5％、10％，分析制造企业研发经费投入、专利申请量和创新产品产值的变化。

图 5-7 展示了需求型政策强化路径下制造业企业研发经费投入的仿真结果。由该图可以看出，随着需求型政策强度从不变到分别提高 1％、5％、10％，制造业企业研发经费投入均呈快速上升趋势。到 2030 年，相对于需求型政策强度不变时，需求型政策强度分别提高 1％、5％、10％时，制造业企业研发经费投入分别提高了 1.25％、6.41％、13.28％。由此可知，需求型政策强度越高，制造业企业研究经费投入提高越快。

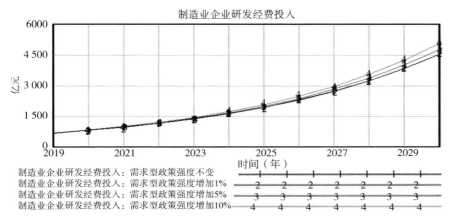

图 5-7　需求型政策增强下的制造业企业研发经费投入

图 5-8 展示了需求型政策强化路径下制造业企业创新产出（专利申请量）的仿真结果。由该图可以看出，随着需求型政策强度不断提高，制造业企业专利申请量增加比较明显。具体而言，到 2030 年，相对于需求型政策强度不变时，需求型政策强度分别提高 1％、5％、10％时，制造业企业专利申请量分别提高了 0.62％、3.16％、6.55％。由此可知，需求型政策强度越高，制造业企业专利申请量提高越快。

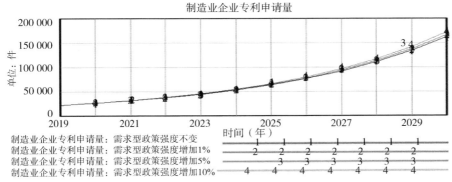

图 5-8　需求型政策增强下制造业企业专利申请量

图 5-9 展示了需求型政策强化路径下制造业企业创新产出（创新产品产值）的仿真结果。由该图可以看出，随着需求型政策强度不断提高，制造业企业创新产品产值有小幅度提高。具体而言，到 2030 年，相对于需求型政策强度不变时，需求型政策强度分别提高 1％、5％、10％时，制造业企业创新产品产值分别提高了 0.32％、1.64％、3.39％。由此可知，需求型政策强度提

高对制造业企业创新产品产值有促进作用，但幅度不大。

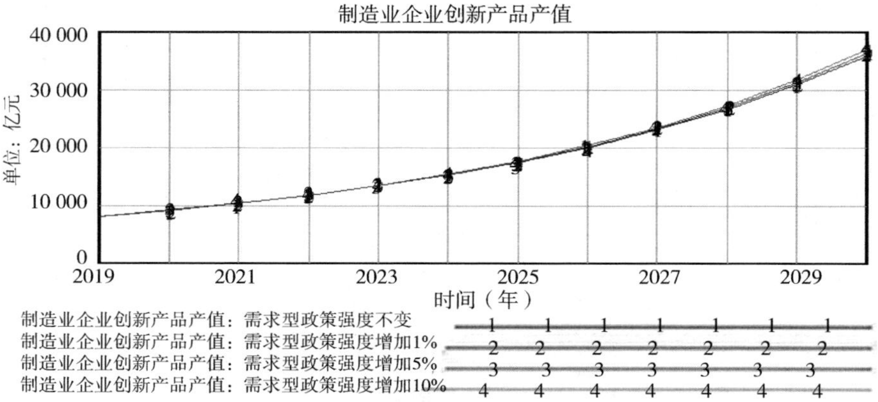

制造业企业创新产品产值

图 5-9　需求型政策增强下制造企业创新产品产值

整体而言，路径 2 下需求型政策强度的增强会显著提高制造业企业创新投入和创新产出。其中，对制造业企业研发经费投入的提高效果最明显，其次是专利申请量，提高效果最弱的是创新产品产值。

5.5.5　政策工具协同路径情景下的仿真分析

在科创政策工具综合协同路径下重点分析供给型政策、环境型政策、需求型政策三种政策工具的不同协同组合方案对制造企业研发经费投入、专利申请量和创新产品产值影响的仿真变化。为简化分析，政策工具组合分析只讨论强度变化 1% 和 10% 两种情况。

5.5.5.1　路径 3-1：供给型政策与需求型政策组合分析

根据供给型政策和需求型政策强度的变化情况，供给型政策与需求型政策组合（情景 3-1）共分为四种情况：①供给型政策强度增加 1%，需求型政策强度增加 1%；②供给型政策强度增加 10%，需求型政策强度增加 1%；③供给型政策强度增加 1%，需求型政策强度增加 10%；④供给型政策强度增加 10%，需求型政策强度增加 10%。分析这四种情况下供给型政策与需求型政策组合对制造业企业创新的影响。

图 5-10 显示了供给型政策和需求型政策四种组合下制造业研发经费投入的变化情况。从图中可以看出，在"③供给型政策强度增加 1%，需求型政策强度增加 10%"和"④供给型政策强度增加 10%，需求型政策强度增加

10％"这两种情况下，制造业企业研发经费投入增长幅度较大。具体到 2030 年，与政策强度不变的情况相比，在③和④两种情况下制造业企业研发投入强度分别增加了 12.94％、10.55％。

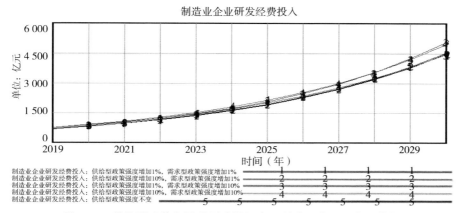

图 5-10 供给型政策和需求型政策组合下制造业企业研发经费投入

图 5-11 和图 5-12 显示了供给型政策和需求型政策四种组合下制造业创新产出（专利申请和创新产品产值）的变化情况。从图中可以看出，在"③供给型政策强度增加 1％，需求型政策强度增加 10％"和"④供给型政策强度增加 10％，需求型政策强度增加 10％"这两种情况下，制造业企业专利申请量和创新产品产值增长幅度均较大。具体到 2030 年，与政策强度不变的情况相比，在③和④两种情况下制造业企业专利申请量分别增加了 6.38％、5.20％，制造业企业创新产品产值分别增加了 3.28％、2.49％。

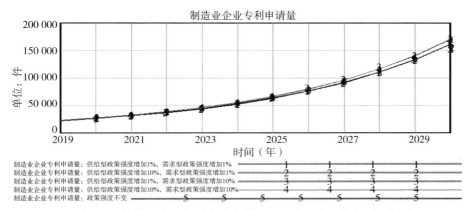

图 5-11 供给型政策和需求型政策组合下的制造业企业专利申请

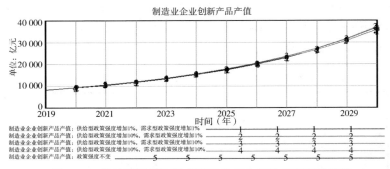

图 5-12 供给型政策和需求型政策组合下的创新产品产值

5.5.5.2 路径 3-2：供给型政策和环境型政策组合分析

根据供给型政策和环境型政策强度的变化情况，供给型政策与环境型政策组合（情景 3-2）共分为四种情况：①供给型政策强度增加 1％，环境型政策强度增加 1％；②供给型政策强度增加 10％，环境型政策强度增加 1％；③供给型政策强度增加 1％，环境型政策强度增加 10％；④供给型政策强度增加 10％，环境型政策强度增加 10％。分析这四种情况下供给型政策与环境型政策组合对制造业企业创新的影响。

图 5-13 显示了供给型政策和环境型政策四种组合下制造业创新研发经费投入的变化情况。从图中可以看出，在 2019 年至 2030 年期间，不同供给型政策和环境型政策强度提高情况下制造业企业研发经费投入变化不是很大。具体到 2030 年，相对政策强度不变的基础情景，在①—④四种情形下制造业企业研发经费投入分别提高了 0.15％、1.23％、0.08％、1％。

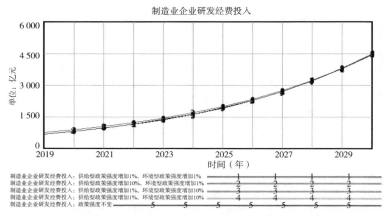

图 5-13 供给型政策和环境型政策组合下的制造业企业研发经费投入

图 5-14 和图 5-15 显示了供给型政策和环境型政策四种组合下制造业创新产出（专利申请和创新产品产值）的变化情况。从图中可以看出，"③供给型政策强度增加1%，环境型政策强度增加10%"和"④供给型政策强度增加10%，环境型政策强度增加10%"这两种情况下制造业企业创新产出增长幅度较大。具体到 2030 年，相对于政策强度不变的基础情景，在③和④这两种变化情况下，制造业企业专利申请量分别增加了 10.05%、11.03%，制造业企业创新产品产值分别增加了 11.34%、11.81%。

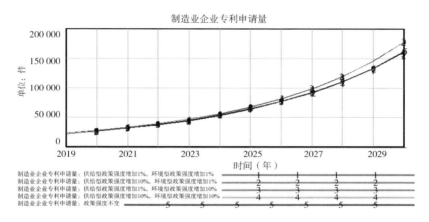

图 5-14　供给型政策和环境型政策组合下的制造业企业专利申请

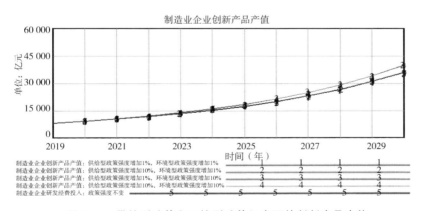

图 5-15　供给型政策和环境型政策组合下的创新产品产值

5.5.5.3　路径 3-3：需求型政策和环境型政策组合分析

根据需求型政策和环境型政策强度的变化情况，需求型政策和环境型政策组合（情景 3-3）共分为四种情况：①需求型政策强度增加 1%，环境型政策强度增加1％；②需求型政策强度增加10％，环境型政策强度增加1％；③需求型政策强度增加1％，环境型政策强度增加10％；④需求型政策强度增加10％，环境型政策强度增加10％。分析这四种情况下环境型政策与需求型政策组合对制造业企业创新的影响。

图5-16显示了需求型政策和环境型政策四种组合下制造业研发经费投入的变化情况。从图中可以看出，在"②需求型政策强度增加10％，环境型政策强度增加1％"和"④需求型政策强度增加10％，环境型政策强度增加10％"这两种情况下制造业企业研发经费投入的增长幅度较大。具体到2030年，相对于政策强度不变的基础情景，在②和④这两种变化情况下，制造业企业研发经费投入分别增加了13.30％、13.54％。

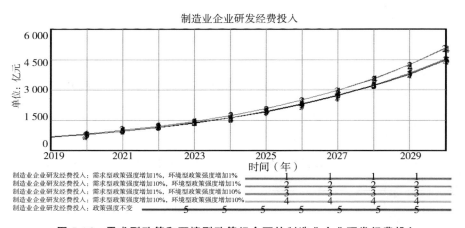

图 5-16　需求型政策和环境型政策组合下的制造业企业研发经费投入

图5-17和图5-18显示了需求型政策和环境型政策四种组合下制造业创新产出（专利申请和创新产品产值）的变化情况。从图中可以看出，在"③需求型政策强度增加1％，环境型政策强度增加10％"和"④需求型政策强度增加10％，环境型政策强度增加10％"两种情况下，制造业企业专利申请量和创新产品产值均增加幅度较大。具体到2030年，相对于政策强度不变的基础情景，在③和④这两种变化情况下，制造业企业专利申请量分别增加了11.74％、17.68％，制造业企业创新产品产值分别增加了12.21％、15.34％。

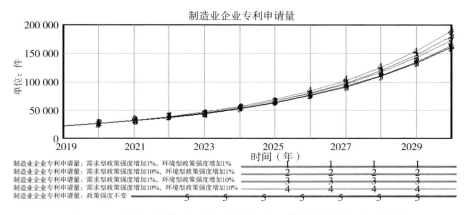

图 5-17 需求型政策和环境型政策组合下的制造业企业专利申请

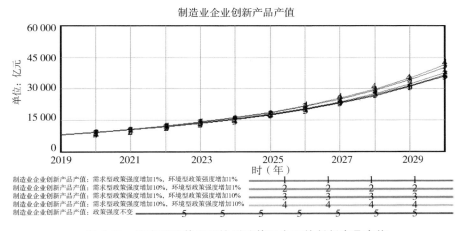

图 5-18 需求型政策和环境型政策组合下的创新产品产值

5.5.5.4 路径 3-4：供给型政策、需求型政策和环境型政策组合分析

根据供给型政策、需求型政策、环境型政策强度的变化情况，情景 3-4 的政策工具组合共分为五种情况：①供给型政策强度增加 1%，需求型政策增加 1%，环境型政策强度增加 1%；②供给型政策强度增加 10%，需求型政策增加 1%，环境型政策强度增加 1%；③供给型政策强度增加 1%，需求型政策增加 10%，环境型政策强度增加 1%；④供给型政策强度增加 1%，需求型政策增加 1%，环境型政策强度增加 10%；⑤供给型政策强度增加 10%，需求型政策增加 10%，环境型政策强度增加 10%。分析这五种情况下供给型政策、需求型政策、环境型政策组合对制造业企业创新的影响。

图 5-19 显示了供给型政策、需求型政策、环境型政策四种组合下制造业研发经费投入的变化情况。从图中可以看出，在"③供给型政策强度增加1%，需求型政策增加10%，环境型政策强度增加1%"和"⑤供给型政策强度增加10%，需求型政策增加10%，环境型政策强度增加10%"两种情况下，制造业企业研发经费投入增长幅度较大。到 2030 年，相对于政策强度不变的基础情景，在③和⑤这两种变化情况下，制造业企业研发经费投入分别增加了 12.96%、13.56%。

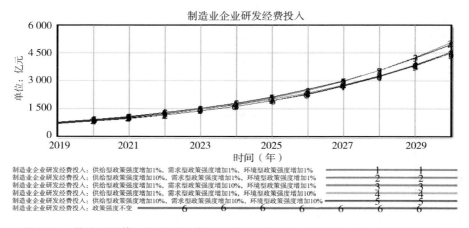

图 5-19 供给型政策、需求型政策和环境型政策组合下的制造业企业研发经费投入

图 5-20 和图 5-21 显示了供给型政策、需求型政策和环境型政策四种组合下制造业创新产出（专利申请和创新产品产值）的变化情况。从图中可以看出，在"④供给型政策强度增加 1%，需求型政策增加 1%，环境型政策强度增加 10%"和"⑤供给型政策强度增加 10%，需求型政策增加 10%，环境型政策强度增加 10%"这两种情况下，制造业企业专利申请量和创新产品产值增长幅度均较大。具体到 2030 年，相对于政策强度不变的基础情景，在④和⑤这两种变化情况下，制造业企业专利申请量分别增加了 11.64%、17.73%，制造业企业创新产品产值分别增加了 12.23%、15.41%。

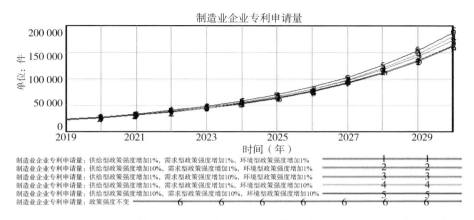

图 5-20　供给型政策、需求型政策和环境型政策组合下的制造业企业专利申请

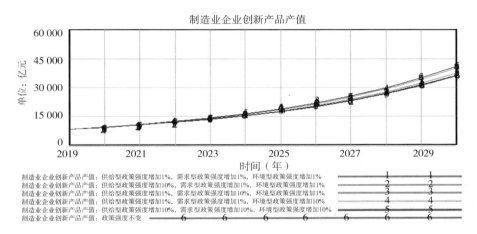

图 5-21　供给型政策、需求型政策和环境型政策组合下的创新产品产值

综合路径 3 下的四种具体情景可知，对于制造业企业创新投入和创新产出，三种科创政策工具协同运用的仿真结果优于科创政策工具两两协同的仿真结果。

对比环境型政策强化路径（优化路径 1）、需求型政策强化路径（优化路径 2）和政策工具综合协同路径（优化路径 3）的系统仿真分析结果可知，不管是对于制造业企业创新投入（研发经费投入）还是创新产出（专利申请量和创新产品产值），政策工具综合协同路径下的仿真结果均更优，且三种科创政策工具协同运用的仿真结果优于科创政策工具两两协同的仿真结果。

5.6 本章小结

本章重点分析了科创政策应如何进一步优化以有效提升制造业企业创新水平。一方面，从微观企业视角，运用 fsQCA 方法对上海 406 家制造业企业进行模糊定性分析，探究供给型、需求型以及环境型三类科创政策工具对制造业企业创新的组合路径，并据此提出科创政策的具体优化路径。另一方面，从宏观区域视角，构建系统动力学模型分析科创政策的三种优化路径对制造业企业创新影响的仿真结果。研究发现：

（1）科创政策引导制造业企业提高创新投入的政策工具组合路径有三条，即环境保障主导路径、供给-需求-环境三元驱动路径、供给-需求推拉路径。第一条组合路径主要针对国有制造企业，即国有制造企业享受环境政策工具支持有利于其提高创新投入；第二条组合路径主要针对规模较小的非国有制造业企业，这类企业对三种政策工具的需求都比较强烈，尤其是供给型和需求型政策；第三条组合路径主要针对成立时间较长的非国有制造业企业，需要从供给、需求两侧激励其提高创新投入。

（2）科创政策引导制造业企业提高创新产出的政策工具组合路径有两条，即供给-需求-环境三元联动路径和需求拉动主导路径。第一条组合路径针对所有非国有企业，若要提高非国有制造业企业的创新产出，需从供给、需求、环境三方面进行激励；第二条组合路径主要针对成立时间较长的大规模非国有制造业企业，这类企业发育已经比较成熟，主要需要从需求侧拉动企业提高创新产出。

（3）科创政策引导制造业企业提高创新投入和创新产出的组合路径均具有"多重并发"和"殊途同归"的特点，不同类型制造业企业对政策工具的需求存在差异，政策工具之间具有协同、组合效应。综合科创政策引导制造业企业提高创新投入和创新产出的五条组合路径，可得出三大命题：命题1，环境型政策工具支持能有效提高国有制造业企业创新水平；命题2，需求型政策工具作为核心要素，联合不同非国企特征下的环境型政策工具及供给型政策工具，能大大提高非国有制造业企业的创新水平；命题3，三种政策工具的协同运用，既能提高非国有制造业企业的创新投入，也能提高其创新产出。根据三大命题可知，可提出科创政策的优化路径：优化路径 1，国有制造业企业环境型政策强化路径；优化路径 2，非国有制造业企业需求型政策强化路径；优化路径 3，科创政策工具综合协同路径。

（4）从科创政策三条优化路径对制造业企业整体创新水平影响的仿真分析结果来看，每条优化路径对制造业企业创新投入和创新产出的影响存在差异。环境型政策强化路径（路径 1）对制造业企业创新产出影响较大；需求型政策强化路径（路径 2）对制造业企业创新投入和创新产出的影响均较大。其中，对创新投入的提高效果最明显，其次是专利申请量，最后是创新产品产值。科创政策工具综合协同路径（优化路径 3）下三种科创政策工具协同运用的仿真结果优于科创政策工具两两协同的仿真结果。对比三种优化路径的仿真分析结果可知，科创政策工具综合协同路径（优化路径 3）较优。

第六章 研究结论及建议

6.1 研究结论

本书以制造业企业创新为研究对象，从政府激励视角出发深入剖析了科创政策对制造业企业创新的影响机制及优化路径。核心内容围绕"动态关系博弈""影响机制分析""政策优化路径"的逻辑思路递进展开，主要观点如下：

一是，关于科创政策与制造业企业创新的动态演化博弈研究。

首先，在两方演化博弈模型下，政府、社会公众、制造业企业的行为与其各自的成本收益密切相关，制造业企业创新行为会受到政府与社会公众的共同影响。其次，在三方演化博弈模型下，政府、社会公众、企业的行为依然与其各自的成本收益密切相关，而制造业企业作为创新主体，其行为会受到政府行为、社会公众参与的共同驱动。再次，政府、社会公众、制造业企业的稳态均衡行为主要取决于其各自的成本收益，即各主体的行动成本越高其参与力度就越小，尤其对制造业企业而言，创新带来的收益仍然是制造业企业决策的核心影响因素；随着环保宣传、技术创新激励、社会公众关注、社会公众举报等强度的增加，制造业企业选择创新的演化速度不断加快，即不同类型的政府行为与社会公众参与都会对创新有显著促进作用。

二是，关于科创政策对制造业企业创新的影响机制研究。

一方面，本书构建了科创政策对制造业企业创新之间影响机制的理论模型，理论分析认为科创政策会通过供给推动、需求拉动以及环境保障等措施激发企业创新活力，进而提高企业创新水平，具体表现为融资约束机制、人力资本机制、市场需求机制以及市场竞争机制。另一方面，经过科创政策与制造业企业创新之间影响机制的实证检验发现如下几点。首先，科创政策及三类政策工具均有利于促进企业增加创新投入，提高创新产出，且其中需求型政策的正向促进作用最大。其次，科创政策对企业创新的四种影响机制的效果存异同：相同之处在于均对企业创新投入具有正向传导作用；不同之处体现在对企业创新产出的影响上，人力资本机制对实质性创新及策略性创新均有"挤入效应"，融资约束机制体现出对实质性创新的"挤出效应"，市场需求机制表现出对策略性创新的"挤出效应"，市场竞争机制则表现为实质性创新和策略性创新之间的"替代效应"，即提高实质性创新，抑制策略性创新。再次，分析科创政策对企业创新影响的异质性可知，科创政策对非国企、小规模企业、高新技术企业的创新投入和创新产出的正向影响更大。最后，进一步分析影响机制的调节作用可知，四种影响机制对科创政策与制造业企业创新投入之间的关系均具有正向调节作用，人力资本积累与市场竞争对科创政策与制造业企业创新产出之间的关系具有正向调节作用。

三是，关于科创政策引导制造业企业创新的优化路径研究。

以微观视角分析科创政策优化路径发现：第一，提高制造业企业创新投入的政策组合路径有环境保障主导路径、供给-需求-环境三元驱动路径、供给-需求推拉路径；第二，提高创新产出的政策组合路径有供给-需求-环境三元联动路径和需求拉动主导路径。综合而言，上海制造业企业提高创新投入和创新产出的路径均具有"多重并发"和"殊途同归"的特点，不同类型企业对政策工具需求存在差异，政策工具之间具有协同、组合效应。在五条组合路径的基础上可得出三大命题：命题1，环境型政策工具支持能有效提高国有制造业企业创新水平；命题2，需求型政策工具作为核心要素，联合不同非国企特征下的环境型政策工具及供给型政策工具，能大大提高非国有制造业企业的创新水平；命题3，三种政策工具的协同运用，既能有效提高非国有制造业企业的创新投入也能提高其创新产出。根据三大命题可知，可提出科创政策的优化路径：优化路径1，国有制造业企业环境型政策强化路径；优化路径2，非国有制造业企业需求型政策拉动路径；优化路径3，科创政策工具综合协同路径。

以宏观视角分析三条优化路径的系统仿真发现：每条优化路径对制造业企业创新投入和创新产出的影响存在差异。环境型政策强化路径（路径1）对制造业企业创新产出影响较大；需求型政策强化路径（路径2）对制造业企业创新投入和创新产出的影响均较大。其中，对创新投入的提高效果最明显，其次是专利申请量，最后是创新产品产值。科创政策工具综合协同路径（优化路径

3) 下三种科创政策工具协同运用的仿真结果优于科创政策工具两两协同的仿真结果。对比三种优化路径的仿真分析结果可知，科创政策工具综合协同路径（优化路径 3）较优。

6.2 优化科创政策体系的主要思路

结合以上研究结论，本书认为，优化科创政策体系要以提升制造业企业创新为目的，以激发企业创新活力为核心，以科创政策工具为抓手，强化政府科创政策供给，满足制造业企业创新需求，激励社会公众共同参与，形成多主体共同发力的全社会科技创新网络。具体思路如下：

一是，以激发制造业企业创新活力为核心，提升制造业企业创新水平。

激发制造业企业创新活力是提高制造业企业投入和产出水平的关键，上述理论分析指出，制造业企业创新活力具体表现为缓解企业融资约束、提高人力资本积累、扩展产品市场需求、增强市场竞争程度，这也是科创政策与制造业企业创新之间的影响机制。因此，提升制造业企业创新必须打通政策支持与企业创新之间的传导机制。

二是，以科创政策工具为抓手，强化政府科创政策供给。

科创政策是政府支持企业创新的主要手段，从政策工具视角来看，科创政策可以划分为供给型、需求型以及环境型三种类型，前文分析发现科创政策工具对制造业企业创新具有积极的促进作用，但不同政策工具效果存在差异，且当前科创政策体系还存在诸多问题。因此，提高制造业企业创新必须提高政府科创政策的激励效果，这就要求政府必须不断优化完善科创政策体系，以政策工具为抓手夯实制造业企业创新的制度基础。

三是，激励全社会共同参与，形成多主体共同发力的科技创新网络。

制造业企业创新不仅重投入，更看重产出，尤其是高质量产出。本书分析中将制造业企业创新产出划分为实质性创新与策略性创新，制造业企业创新则要以提高实质性创新产出为目标，因此，要通过完善科创政策体系积极调动政府、企业及社会公众等多方资源，提高创新效率和创新质量。

6.3　优化科创政策体系的对策建议

6.3.1　加强科技创新需求政策供给，扩大创新产品市场

（1）加强科技创新需求政策供给。科创政策优化要坚持以市场需求为导向，探索通过购买服务的方式支持制造业企业共性技术、公益技术开发，引导创新资源向制造业企业集聚，发挥其创新主体作用，优化创新要素资源配置。首先，推出更多"政府采购""服务外包""示范工程"等需求侧政策，不断扩大政策覆盖范围，帮助制造业企业创新产品开拓市场，形成从创新投入到产品技术快速更迭的良性循环。其次，要加强对制造业企业科技成果转化和商业化的扶持力度，制定涵盖创意产生、要素整合、技术开发、产品研发、成果转化、商品销售、产生社会效应等创新全过程的企业创新政策包。最后，要探索引领市场需求的创新合作机制，加大创新的需求侧政策扶持力度，推动高校、科研院所与企业深度融合创新，鼓励高校和科研机构根据市场需求进行创新。

（2）补齐需求型政策短板，扩大创新产品市场需求。前文分析发现，市场需求是科创政策与企业创新之间的重要影响机制，科创政策会通过扩展市场需求提高企业的创新投入以及实质性创新产出（表4-12），但本书政策工具梳理却发现，我国科创政策体系侧重供给型与环境型政策工具运用，需求型政策运用不足。因此要补齐需求型政策短板，以进一步激发创新产品市场需求，加快形成以国内大循环为主体，国内国际双循环相互促进的新发展格局。第一，由于相对于低收入群体、中高收入群体对创新产品的需求更大，因此政府应通过优化收入再分配制度、加快推进新型城镇化战略等措施来提高低收入群体的收入，扩大中高收入群体比例，以提高创新产品的国内需求水平。第二，重视国内市场培育，构建国内统一大市场、培育完整内需体系、持续推进供给侧市场化改革等措施均有利于形成以需求为导向的创新机制。第三，加强需求型政策拉力，通过服务外包、贸易管制、示范工程等具体措施助力企业创新产品开拓市场。前文分析发现，需求型政策对制造业企业创新水平的促进作用最为显著（表4-6和表4-7），因此政府部门应进一步扩大对需求型政策的运用，通过政府支持助力企业创新产品开拓市场。

6.3.2 加强知识产权保护力度，营造公平竞争的创新环境

（1）提高制造业企业知识产权保护力度，强化创新成果推广及应用。本书从创新投入和创新产出两个维度对制造业企业创新展开研究，研究发现科创政策及其具体工具对制造业企业创新投入和创新产出整体上具有促进作用，但也存在差异（表4-2至表4-9），且提高制造业创新投入和创新产出的路径并不完全相同（表5-5）。这是因为创新本身就是一种高风险活动，创新的投入并不一定形成创新产出，创新失败的可能性极大，因此企业应逐步完善创新投入产出机制，加强创新成果转化，扩大创新成果推广及应用范围。第一，完善法规管制，提高知识产权保护力度。本书前期在整理上海科创政策工具时，发现法规管制条款仅19条，政府法规管制工具运用显著不足。另外，分析科创政策工具对制造业企业创新的影响发现，法规管制对企业创新投入具有显著的促进作用（表4-8），并且知识产权保护有利于企业保护创新成果，获得创新的垄断收益，这对激励企业提高研发创新活力十分重要，因此政府应进一步完善法规管制，提高知识产权保护力度。第二，通过科创政策激励企业完善内部创新管理机制。企业应通过完善内部管理机制，提高在创新融资、风险控制、市场开拓等方面的能力，抵御创新活动本身就具备的高风险性及不确定性，为将创新投入转化为具有价值的创新产出提供保障。

（2）强化市场竞争政策，发挥市场的资源配置效应。市场竞争是科创政策与企业创新之间的重要影响机制，科创政策会通过提高市场竞争程度进而提高企业的创新投入以及实质性创新产出，降低企业的策略性创新产出（表4-13）。并且党的十八届三中全会也明确强调，要让市场在资源配置中起决定性作用，同时要更好地发挥政府的作用，因此要持续推进市场化改革，发挥市场在资源配置中的作用。第一，完善市场准入制度、知识产权制度，努力打造公平竞争的市场生态。公平竞争有利于激发企业创新活力，通过创新提高企业市场竞争力。第二，加深加快"放管服"改革以优化营商环境，改革不合理的相对报酬结构，降低并逐渐消除腐败、寻租等非生产性活动带来的负面影响，为企业创新营造良好的制度环境。第三，推进要素市场化改革，并培育各种细分要素市场。如构建互联网信息平台，并培育科技中介服务组织体系，畅通技术交易市场中供需成果信息的沟通交流渠道，促进创新成果产业化、商业化。第四，加

快完善企业现代治理机制，提高企业市场化改革内生动力。完善公司治理结构，激发企业经营层的经营自主权，畅通企业现有管理层与职业经理人进行身份互换的通道，从提高企业内部治理层面出发激发企业进行市场化改革的内生动力。

（3）发挥媒体的舆论导向和市场监督功能。分析政府、公众与企业创新的动态演化博弈模型发现，有效的社会公众参与为制造业企业在成本小于收益情况下进行创新提供可能，并且社会公众参与有利于监督政府职能的发挥，提高政府办事效率。本书前期在整理上海科创政策工具时，发现有关监督管理政策条款仅有 6 条，而媒体作为独立于立法、司法以及行政权力之外的"第四权力"，能够引导公众对政府和企业形象的舆论导向，并发挥社会公众对企业和政府的监督作用，因此政府应完善法规管制政策功能，提高对媒体关注的重视程度。第一，营造良好政府形象，通过媒体宣传降低政府、企业及其利益相关者之间的信息不对称程度，通过媒体向社会公众传递政府支持企业创新发展的积极有利信号，为政府支持的企业创新争取更的社会资源，并为企业创新产品开拓市场做好舆论基础。第二，发挥社会公众监督功能，提高政府办事效率和企业创新效率。公众的社会监督具有外部治理效果，不仅能有效监督政府工作人员遵纪守法、完成本职工作，还能够有效降低企业的委托代理成本，纠正企业违规行为，因此，政府和企业均应保持信息公开透明，通过信息披露、社会公众监督提高治理能力。

6.3.3　优化财税扶持政策，提高财政资金支持力度和精度

（1）优化财税扶持政策，为企业创新提供资金支持。财税政策为制造业企业创新提供资金支持，进而能够有效促进制造业企业创新（表 4-8），因此政府应进一步优化财税扶持政策，为制造业企业创新提供更多资金支持。一方面，税收优惠政策对制造业企业创新的激励作用十分积极（表 4-17），是政府激励企业创新的重要工具，为此，政府应该进一步优化税费制度。首先，应该提高税收优惠政策的立法层级。对比西方创新型国家的税收优惠政策，已经没有我国目前普遍存在的通知、公告等的优惠形式，而是一些法律层级较高、持续性较强的法律法规，这些法律法规具有较高的权威性和不可变性，对创新的激励效果更好，因此我国也应该进一步提高税收优惠政策的法律层级。其次，完善

税收优惠政策的政策结构，加强对制造业企业研发阶段和成果转化阶段的事前激励，从而降低企业研发阶段的成本，如增加准备金提取以及盈亏相抵等直接作用于研发阶段的政策措施。再次，进一步加大对中小型制造业企业创新的激励力度，以扶持中小型企业的创新发展。如，可以适当提高中小企业研发费用加计扣除的比例或扩大政策的应用范围，且可以将当年不足抵扣的部门结转以后年度抵扣。如英国大型企业的研发费用加计扣除比例为130％，中小型企业该比例高达230％，优惠力度明显较大。

（2）要强化并优化财政资金支持渠道，调整研发投入支持方向。一方面，财政支出要加力扩面又要精准落地，财政支出总额要提高，覆盖面要扩大，直接补贴比例要进一步提升。同时政策投放要更加精准有效。针对制造业企业尤其是中小微企业减税减租、贴息补助政策要落地落细。要提高财政政策落实精准度，减少中间环节。如资金补贴要采用直达企业的方式，并适当出台一些引导性政策，比如对新增制造业企业创新融资进行相关贴息和更大力度的担保。另一方面，对于创新研发投入的财政补贴，要更加精准性地投入，提升制造业企业创新补贴的转化效率。研判制造业企业在创新活动中的痛点、难点和堵点，比如对高新技术产品市场化、创新人才"引育留用"等环节加大创新补贴，提升整个创新活动的投入产出效率。同时，要设立制造业企业重大攻关项目、关键核心技术的专项基金。专项基金是由政府主导，金融机构、大型国有企业、龙头企业及社会资本参与的多元化运行机制，支持制造业企业在重大项目、关键技术上实现突破。应加强政策性金融工具对于制造业企业产业创新的支持作用，借政策性金融工具之力引导商业银行向创新型制造业企业提供贷款。应优化担保机制，用于支持有发展前景的中小制造业企业。要利用好以公募不动产投资信托基金（real estate investment trusts，简称REITs）等为代表的创新性融资工具，以及专项债、划转国企资本等方式进一步提高财政直接补贴的比例。

6.3.4 完善金融活水助力实体经济政策，拓宽融资渠道

（1）建立多层次资本市场体系，提高市场资金供给能力。前文分析发现融资约束是制约制造业企业创新的重要因素，而市场机制在资源配置中发挥着主要作用，因此，我国应进一步建立多层次的资本市场体系，提高市场对企业创

新的资金供给能力。第一，政府应进一步优化融资环境，为企业创新融资提供良好生态。前文分析环境型科创政策中科技金融对制造业企业创新具有重要影响（表4-8），因此政府应从能够从金融环境方面继续发力，如完善资本市场体系、搭建融资平台、优化融资环境、完善融资服务体系等。第二，政府应积极引导发挥国有银行的作用，鼓励金融机构提供普惠性金融服务。银行等金融机构是我国金融体系的核心，政府主导的国有银行又在银行体系中发挥着主导作用，并且银行信贷对企业创新具有积极的促进作用（表4-4），因此政府应进一步发挥国有银行的作用，鼓励金融机构提供普惠性金融服务。第三，提高金融支持政策工具水平，建立金融机构与企业的智慧化平台，实现金融机构和制造业企业信息传递的无缝衔接，加强金融机构和制造业企业的供需匹配，从而通过智慧化的数据分析实现金融机构服务制造业企业的高效供给。第四，通过科技金融政策培育并规范REITs基金、私募股权基金、风险投资基金等各式各样的投资基金。通过政府、大型国有企业的参与撬动社会资本，建立引导社会资本支持制造业企业创新的风险分担和利益补偿机制。通过供应链金融、生态金融、应收账款抵押以及社会信用资源来拓展对企业的融资支持，降低其融资难度和成本。

（2）创新制造业企业融资工具，引导和鼓励社会资本参与投资创新能力强、发展空间大的制造业企业。首先，加大政策性融资担保力度，鼓励商业银行制定小微企业专项信贷计划，实行贷款风险补偿金制度。其次，发展供应链金融，健全中小企业信用体系，增强中小企业融资能力。发挥制造业龙头企业信用优势，以供应链金融实现"落一子而全盘活"。推动制造业大企业支持配合上下游中小制造业企业开展供应链融资，推动供应链金融数字化、场景化、智能化发展，激活整个产业链的良性运转。最后，灵活设计科技贷的还款期限和还款方式，适度降低担保费比例，降低科技贷成本。并简化知识产权质押融资程序，适当提高知识产权质押融资贷款额度。

6.3.5　推动产业链与创新链深度融合，打造企业创新联合体

（1）提高核心技术研发支持力度，提升制造业产业链韧性。本书研究发现，技术支持政策对提高制造业企业创新投入具有显著的促进作用（表4-4），因此，应继续加强对制造业企业技术研发的支持力度。构建制造业龙头企业与

中小制造企业协同发展的良性机制，通过制造业龙头企业在技术、资金、信息、品牌等领域的溢出效应，推动整个制造业生态链的进化，提高整个制造业产业链、供应链的韧性和弹性。在增强现实（augmented reality，简称 AR）、人工智能、区块链、物联网、数字孪生等技术领域构建强大的数字供应链和数据算力安全体系。加强在制造业核心基础零部件、关键基础材料、先进基础工艺、产业技术基础以及工业软件等方面的产业基础能力建设，补齐我国制造业的短板，构建现代化产业体系。围绕产业链部署创新链、围绕创新链布局产业链，推动创新链、产业链、政策链、资金链、人才链深度融合。

（2）加快推动数字技术与制造业的深度融合，提高创新质量。本书研究中将创新产出分成两种类型，即实质性创新和策略性创新，其中实质性创新属于高质量创新，能为企业创新带来更多的创新收益。而在当前数字经济发展的背景下，企业都应该意识到数字技术与制造业企业的深度融合有利于提高企业创新质量，因此，需要加快推动数字技术与制造业的深度融合。第一，加快制造业相关的数字化基础设施建设，为工业互联网、中小企业云服务等提供数字化基础，加快提高制造业企业数字化能力。要加快形成数字化公共服务网络，通过制造业企业创新中心、数字化公共服务平台、数字化金融等具体举措，增强数字化服务能力，完善制造业企业数字化发展的生态网络，为制造业企业发展提供更加便利、智慧、高效的高质量数字化服务。第二，大力推进制造业企业数字化，企业是技术创新的主体，要通过政府激励和市场化机制推动制造业企业数字化行动。培育一批制造业企业数字化的示范项目、示范企业，尽快形成制造业企业数字化建设的标准和体系，推动制造业企业数字化技术和智能化的改造，推动中小制造业企业"上云用云"，开发一批数字化应用软件和程序等支持制造业企业数字化转型。

（3）打造创新联合体，形成制造业企业创新链式协同效应。要支持中小制造业企业加入产业创新联盟，在合作基地中开展面向市场的研发活动，营造以制造业企业需求导向的产学研合作。同时，通过制造业企业服务云等平台建设创新技术供需台账，使高校、科研机构发布可供合作或转化的技术信息，为制造业企业提供寻找技术的平台，发布研发、知识产权、项目成果等信息，配套沟通对接、引入有资质中介，推动科技成果转化。另外，针对制造业龙头企业"头雁效应"突出的特点，探索以大企业为引领，建立供应链企业合作创新平台，促进大中小制造业企业在研发创新、创意设计、生产制造、物资采购、市场营销等方面的对接和合作，形成链式协同效应。比如，构建制造业上下游企业创新共同体，鼓励上下游企业以相互参股、持股以及签订购销中长期合作协议等方式，协同应对市场风险，达到创新成本最小化、资源合理化、技术管理协同化的目标。

（4）着力培育"专精特新"制造业企业。"专精特新"制造业企业是发展未来前沿产业、突破关键技术的重要力量。中小制造企业具有更强的灵活性和市场活力，因此，要设置专门的"专精特新"培育基金，通过政府财政资金引导，引导社会资本积极参与，在具有未来战略地位的人工智能、工业互联网、集成电路、量子科技、元宇宙等前沿产业上加快培育一批"专精特新"制造业企业，鼓励中小制造业企业实现专业化、精细化、特色化、新颖化发展，将"专精特新"制造业企业作为壮大前沿产业的基础。因此，要加快出台一批有利于中小企业尤其是"专精特新"制造业企业的优惠力度。比如将科技型中小企业加计扣除比例从75％提高到100％等优惠政策尽快落地，同时针对中小制造业企业特点，从融资服务、资源整合、融通创新、财税支持等方面积极引导，加快清理政府、国有企业、事业单位等对中小制造业企业的账款拖欠的清理力度，加大政府采购、新基建等重点方面的投入力度，降低中小制造业企业参与政府重点招标工程的门槛，助力实体经济特别是制造业做实做强做优，提升产业链供应链稳定性和竞争力。

6.3.6　加大海外人才引进力度，完善引才育才留才环境

（1）优化人才发展环境，利用新格局吸引海外人才。前文分析发现，人力资本是科创政策与企业创新之间的重要影响机制，科创政策会通过人力资本的积累提高企业的创新投入以及创新产出，且科创政策支持下人力资本积累的提高对企业实质性创新以及策略性创新均有促进作用（表4-11），这一结果进一步验证了人才是企业创新最核心的资源，因此，我国要在国际发展新格局下加大海外人才引进力度。第一，以事业为载体，为海外人才营造公平公正的发展环境。地方政府应该根据本地区产业发展特色，差异化地引进地区产业发展亟需的人才，通过为海外人才提供公平且透明的发展机会，让海外人才在国内事业能有长期、稳定及可预期的发展路径，通过长期发展带来的"高收益"吸引

海外人才。第二，加大海外高层次人才团队的引进力度。当前各地海外人才引进政策更多的是对高层次人才个人的引进，并给予一定的住房、补贴、股权等方面的支持，但对人才团队的引进力度不够。企业的创新创业并不是一个人的单打独斗，而是需要以高层次人才为核心的整个团队的相互配合与支持。加大海外高层次人才团队的引进力度，可以在短期内实现创新生态的整体转移，降低创新的不稳定性，提高创新效率。第三，优化高校科研环境，吸引海外人才进校开展基础科学研究，提高基础研发能力。在课题申请、项目评估中营造严谨、公平、透明的学术竞争体系，采用更加科学的定量评价体系；在人事考评制度、项目资助、博士生导师遴选制度等方面解决海外高端人才不适应的问题；与海外高端人才建立长期而紧密的学术纽带，加强国内外学术交流合作。

（2）优化创新型人才管理机制，加强人才培育力度。企业提高人力资本积累不仅需要从海外引进高层次人才，更需要培育企业内部人才，助力创新型人才的成长发展。第一，推动人才在全国范围甚至全球范围内的合理流动，降低人才流动的门槛，打破户口、社会保障、子女入学等对人才流动造成阻碍的政策性壁垒，尊重以市场为导向的人才流动。为制造业企业创新提供人才基础，降低企业引才、留才的压力。第二，建立和完善技术人员的评价体系，不同行业、不同性质的制造业企业要根据自身生产、创新和管理的实际情况，建立适用于不同行业、不同类型技术人员的评价体系和晋升标准，要实现精准化的设计，比如技能型的产业工人要看技能提升的效果，而技术创新和研发人员要侧重科研成果评价等精准化的评价体系实现晋升和职称评定。第三，科研机构尤其是高校和科研院所要建立合理的成果评定标准，既不能唯论文，也不能不看论文，避免从一个极端走向另一个极端，对于成果评价要实现定性和定量指标相结合，从成果等级、社会贡献、理论贡献和关注度等不同方面对科研成果进行评价。同时要对科研人员进行分类评价，保障一线研发人员具有科学合理的晋升通道。第四，对于重大攻关项目、不确定性风险比较高的项目，要充分发挥国家顶层设计的作用，建立关键技术创新"国家队"，拿出建国初期集中攻破"两弹一星"技术的精神和勇气，给科研人员足够的经费和物质保障，创造更加自由的空间，实现重大项目、关键卡脖子技术集中攻关、集中突破。

6.3.7　优化科创政策全过程管理，提升政策落实精准度

（1）强化科创政策体系顶层设计，加强科创政策工具协同运用。前文分析发现，供给型、需求型、环境型等不同政策工具类型对制造业企业创新投入及创新产出提升均具有促进作用（表4-4至表4-9），并且分析制造业企业创新优化路径发现，不同类型企业提高创新投入和创新产出基本均有依赖两类及以上的政策工具组合（表5-5），这表明政策工具之间的协同运用对于提高制造业企业创新十分重要。但当前科创政策工具运用中普遍存在需求型政策不足、政策工具协同度较低现象，因此，各级政府部门在进行科创政策顶层设计时就应弥补政策工具短板，加强科创政策工具的协同运用，提高科创政策创新效应。具体而言，首先要强化需求型政策工具的制定和实施，需求型政策的实施有利于企业创新产品开拓市场，从需求侧拉动企业创新活力，但目前科创政策体系中最大的短板便是需求型政策工具不足，因此，要加强对政府采购、示范工程、贸易管制等需求型政策工具的运用；其次，供给型政策要进一步加强对企业的技术及信息支持，表4-4显示对制造业企业创新投入促进作用较大的需求型政策工具分别为技术支持（Policy _ gx，系数0.215）、技术支持（Policy _ gj，系数0.122）；最后，环境型政策要进一步优化普惠型财税政策支持力度，并为制造业企业创新融资提供良好融资环境，表4-8显示对制造业创新投入促进作用较大的环境型政策工具主要为财税政策（Policy _ hc，系数0.335）和科技金融（Policy _ hk，系数0.224）。

（2）提高政策执行能力，推进政策精准施策。本书分析科创政策影响制造业企业创新的异质性发现，科创政策对非国企、小规模企业、高新技术企业创新的正向影响较大（表3-1至表3-3），并且分析制造业创新优化路径提升发现，不同类型的制造业企业对科创政策的需求存在差异（表5-5）因此，政府应进一步细化科创政策的制定，促进各项政策精准发力。第一，政府应督促政策制定、政策执行等相关部门人员加强对科创政策文件的学习，增加政府不同部门之间学习交流政策文件的机会，提高政策制定水平和执行效力。第二，针对科创政策实施效果，政府应建立动态的追踪及监测体系，畅通政策需求沟通、政策效果反馈的渠道。因为不同地区、不同产业以及不同类型企业对科创政策的需求存在差异，因此政府应完善政策制定前期的调研机制，并动态跟踪

监测政策实施效果，使政策制定及政策执行更加符合企业实际需求。第三，赋予地方政府和相关部门一定程度的政策自由决断权，并加强政府部门之间的协同性。向下级政府部门放权有利于其因地制宜地制定、调整并实施相应的政策配套措施和实施细则，提高政策扶持的精准度，但却容易造成政策制定的重叠及不同部门政策之间的不统一，因此在放权的同时要加强政府部门之间的协同合作，提高政策执行效力。

（3）完善国有企业创新支撑政策，激发制造业国有企业创新活力。分析科创政策影响制造业企业创新的异质性发现，制造业国有企业的创新动力略显不足（表 4-14）。因此要进一步深化国有制造业企业的市场化改革，激发其创新活力。第一，强化国有企业的市场竞争机制。如，加强国有资本的市场化运作，通过市场机制引导国有资本进行合理配置；建立以合同管理为核心、以岗位管理为基础的市场化用工制度等。第二，通过法规管制政策强化国有企业董事、临事和高级管理人员职能，建立授权充分的适度监管模式。充分发挥董事会在公司治理中的决策主体地位，保障管理层的经营自主权，并使监事会在公司治理中发挥好监督制衡的作用。第三，深入推进职业经理人制度，实现国有企业人才要素的市场化改革。其关键是要厘清职业经理人与董事会、党委会等企业主体的权责边界，同时在激励层面要强调根据企业发展战略目标、创新绩效以及市场同类可比人员等因素来确定薪酬水平，配合虚拟股权、超额利润分享等中长期激励方式，加强职业经理人与国企创新绩效的利益捆绑。

6.4 研究局限及未来研究方向

6.4.1 研究局限

鉴于研究方法、资料获取等方面的限制，本书研究还存在一定的不足，有待以后深入研究。

第一，科创政策是本书的核心解释变量，本书重点研究了科创政策力度及供给型、需求型、环境型三种不同政策工具对制造业企业创新的影响机制及优化路径。科创政策力度及三种政策工具力度的赋值均是在参考现有文献的基础上基于作者手工搜集整理的科创政策文本得到。虽然在政策搜集过程中，本书虽然已从政府官网、北大法宝数据库等进行了多次补充查询及筛选，但由于政策查找渠道的限制，可能还有个别政策文件的遗漏；并且在基于扎根理论对科创政策文本进行逐条分析得到政策力度及政策工具力度时可能也会存在一定的人为误差。这均会导致科创政策及其具体工具的赋值存在一定的偏误，如若消除这些人为不可避免的误差，相信会得到更加精确的结果。

第二，基于提高制造业企业创新水平的科创政策优化路径分析是本书的研究重点，本书主要从三类政策工具及企业自身因素探讨了不同类型制造业企业创新对科创政策工具组合的需求差异，并总结出三条科创政策的优化路径。由于 fsQCA 方法比较适合 7～8 个因素的组态分析，本书并未对更细致的政策工具组合进行研究，即没有深入分析供给型、需求型、环境型三种类型中的具体政策工具的组合路径；另外除了企业自身因素、科创政策因素以外的其他因素是否也会影响企业路径选择，本书研究并未涉及，这些均是本书需要进一步探究的地方。

第三，研究样本的选择对于研究的科学性十分重要，由于中央及各级地方政府每年均会出台大量的科创政策，这导致科创政策文件的整理工作任务量十分庞大。因此本书在研究科创政策对制造业企业创新的影响机制及优化路径时，主要以上海为例进行的研究。通过手工整理上海 2015—2020 年的科创政策得到政策赋值，并从国泰安数据库中下载上海 A 股上市公司数据，虽然本书得到了许多有价值的结论，但限于样本量的限制还存在一定的不足，如无法分行业展开异质性分析。如果将研究区域拓展到长三角区域甚至全国，或是将企业样本拓展到非上市的企业，应该会得到更精彩的分析结果。

6.4.2　未来研究方向

第一，将扎根理论与网络爬虫、数据挖掘等工具相结合，对科创政策力度进行更精确的衡量。如何提高科创政策力度的精确度量是本人今后着重解决的问题之一。首先，在科研项目研究中，加强团队内对科创政策文本分析的讨论、互查及纠偏工作，增强科创政策文本分析的科学性。其次，借助网络爬虫等技术，在现有政策搜寻途径之外，查找是否有重点政策的遗漏情况，进一步完善补充政策数据库。最后，采用 Python 等数据挖掘技术，对科创政策进行高频词、社会网络分析以及聚类分析，并将分析结果与基于扎根理论方法下的文本分析相结合，以对科创政策力度进行更准确的度量。

第二，拓展科创政策优化路径的研究内容。首先，从政策工具视角出发分析三种政策工具类型下的具体政策工具组合对制造业企业创新提升的组合路径。其次，考虑企业年龄、规模、产权性质等之外的其他企业自身因素影响制造业企业创新优化路径的差异。最后，进一步考虑行业、地区等中观因素下科创政策优化路径。相信在将影响科创政策优化路径的前因变量进行细化和拓展之后，一定会得到更精彩的结论，这将是笔者今后重点研究方向。

第三，在更广泛区域内研究科创政策对企业创新的影响机制及优化路径。一方面，可以初步将研究样本拓展到长三角地区，分析长三角地区科创政策对制造业企业创新的影响，并对比上海、浙江、江苏、安徽等不同省份的差异，为完善各省份的科创政策体系提供参考。另一方面，对上海及长三角地区的创新型企业进行问卷调研，从企业需求侧研判科创政策对企业创新的影响，通过问卷调研获得的宝贵数据可以突破上市公司研究样本的限制，可以展开中小微创新型企业、特定细分行业的针对性研究。这均是今后的重点研究方向。

参考文献

[1]Lemola T. Convergence of National Science and Technology Policies：The Case of Finland[J]．Research policy，2002，31（8-9）：1481-1490.

[2]贺德方，唐玉立，周华东．科技创新政策体系构建及实践[J]．科学学研究，2019，37（01）：3-10＋44.

[3]Lundvall B.，Borras S. Science. Technology and Innovation Policy[M]．Oxford：Oxford University Press，2005：599-631.

[4]宋娇娇，孟溦．上海科技创新政策演变与启示——基于1978—2018年779份政策文本的分析[J]．中国科技论坛，2020，（07）：14-23.

[5]伍蓓，陈劲，王姗姗．科学、技术、创新政策的涵义界定与比较研究[J]．科学学与科学技术管理，2007，（10）：68-74.

[6]肖士恩，雷家骕，刘文艳．北京市科技创新政策评价及改进建议[J]．中国科技论坛，2004，（05）：54-56.

[7]Schot J.，Steinmueller W. E. Framing Innovation Policy for Transformative Change：Innovation Policy 3.0[D].Sussex：SPRU Working Paper series，University of Sus-sex，2016.

[8]李政，杨思莹．创新型城市试点提升城市创新水平了吗？[J]．经济学动态，2019，（08）：70-85.

[9]王延安，宋斌斌，章文光．基于央地关系的中国创新治理政策过程研究[J]．新视野，2021，（04）：68-74.

[10]狄灵瑜，步丹璐，石翔燕．央地产业政策协同、外资参股与国有企业研发投入水平[J]．产业经济研究，2021，（05）：83-96.

[11]刘晓燕，庞雅如，侯文爽，单晓红．关系-内容视角下央地科技创新政策协同研究[J]．中国科技论坛，2020，（12）：13-21.

[12]游玎怡，李芝兰．粤港澳大湾区港深科技创新政策的现状与优化策略——

创新生态系统视角的分析[J].华中师范大学学报（人文社会科学版），2020，59（04）：43-52.

[13]徐硕，罗帆.政策工具视角下的中国科技创新政策[J].科学学研究，2020，38（05）：826-833.

[14]何增华，陈升.科技创新政策对创新资源—绩效的跨层调节影响机制[J].科学学与科学技术管理，2020，41（04）：19-33.

[15]McDonnellL. M. ，Elmore R. F. Getting the Job Done：Alternative Policy Instruments［J］. Educational Evaluation and Policy Analysis，1987，(9)：133-152.

[16]Howlett M. ，Ramesh M. Studying Public Policy：Policy Cycles and Policy Subsystems［J］. American Political ence Association，2009，91 (2)：548-580.

[17]陈振明.政府工具导论[M].北京：北京大学出版社，2009.

[18]Rothwell R. ，Zegveld W. Reindustrialization and Technology ［M］. Longman Group Limited，1985，83-104.

[19]孟溦，张群.公共政策变迁的间断均衡与范式转换——基于1978—2018年上海科技创新政策的实证研究[J].公共管理学报，2020，17（03）：1-11＋164.

[20]Zhang Y. ，Chen S. ，Fan J. A Quantitative Analysis of Energy Conservation and Emissions Reduction Policy［J］. Environmental Engineering and Management Journal，2020，19（9）：717-729.

[21]Schumpeter J. The Theory of Economics Development ［M］. Cambridge：Harvard University Press，1912.

[22]Marquis D. G. The Anatomy of Successful Innovations ［J］. Innovation Magazine，1969，1（1）：28-37.

[23]Mary M. C. ，Marina A. A Multi-dimensional Framework of Organizational Innovation：A System Review of the Literature［J］. Journal of Management Studies，2010，47（6）：1154-1191.

[24]陈力田，赵晓庆，魏致善.企业创新能力的内涵及其演变：一个系统化的文献综述[J].科技进步与对策，2012，29（14）：154-160.

[25]童馨乐，杨璨，Wang Jinmin. 政府研发补贴与企业创新投入：数量激励

抑或质量导向？[J].宏观质量研究，2022，10（01）：27-45.

[26]周雪峰，韩永飞.跨国并购对企业创新投入的影响：基于异质性组织冗余的遮掩与中介效应视角[J].世界经济研究，2022，（01）：104-118＋136.

[27]罗进辉，刘海潮，巫奕龙.高管团队稳定性与公司创新投入：有恒产者有恒心？[J].南开管理评论，2022.

[28]吴秋生，李官辉.加计扣除强化、成本控制与企业创新投入增长[J].山西财经大学学报，2022，44（03）：114-126.

[29]孔军，原靖换."减税降费"下上市企业税负对创新产出的影响研究[J].中国软科学，2021，（S1）：268-276.

[30]姚颐，徐亚飞，凌玥.技术并购、市场反应与创新产出[J].南开管理评论，2022.

[31]武晨，王可第.利率市场化与上市公司创新产出[J].经济经纬，2022，39（02）：131-140.

[32]黎文靖，郑曼妮.实质性创新还是策略性创新？——宏观产业政策对微观企业创新的影响[J].经济研究，2016，51（04）：60-73.

[33]沈昊旻，程小可，宛晴.对华反倾销抑制了企业创新行为吗[J].财贸经济，2021，42（04）：149-164.

[34]胡善成，靳来群.政府研发补贴促进了策略创新还是实质创新？——理论模型与实证检验[J].研究与发展管理，2021，33（03）：109-120.

[35]付保宗，张鹏逸.我国产业迈向中高端阶段的技术创新特征与政策建议[J].经济纵横，2016，（12）：77-86.

[36]John A M，Mei Chih Hu，Ching Yang Wu. Fast-Follower Industrial Dynamics：The Case of Taiwan's Emergent Solar Photo Voltaic Industry[J]. Industry & Innovation，2011，18（02）：177-202.

[37]李颖，贺俊.数字经济赋能制造业产业创新研究[J].经济体制改革，2022，（02）：101-106.

[38]徐明.政府引导基金是否发挥了引导作用——基于投资事件和微观企业匹配数据的检验[J].经济管理，2021，43（08）：23-40.

[39]宋灿，孙浦阳，岳中刚.产业扶持、市场壁垒与企业创新——基于微观视角的理论与经验分析[J].产业经济研究，2022，（01）：71-84.

[40]刘春林，田玲.人才政策"背书"能否促进企业创新[J].中国工业经济，

2021，（03）：156-173.

[41]张岩，吴芳."抢人"政策对高新技术企业市场价值的影响[J].科研管理，2022，43（03）：72-78.

[42]蔡新蕾，高山行，杨燕.企业政治行为对原始性创新的影响研究——基于制度视角和资源依赖理论[J].科学学研究，2013，31（02）：276-285.

[43]王琳，陈志军.价值共创如何影响创新型企业的即兴能力？——基于资源依赖理论的案例研究[J].管理世界，2020，36（11）：96-110＋131＋111.

[44]刘汶荣.制造业高质量发展中创新要素配置研究[J].社会科学战线，2021，（12）：70-75.

[45]罗双成，刘建江，石大千，万佳乐.创新的高速路：高铁对制造业创新的影响[J].中国经济问题，2021，（04）：172-187.

[46]宋玉臣，任浩锋，张炎炎.股权再融资促进制造业企业创新了吗？——基于竞争视角的解释[J].南开管理评论，2022.

[47]章新蓉，张煦，李林利.智能制造业创新产出：政府补助与市场竞争是否协同助力[J].科技进步与对策，2021，38（20）：54-63.

[48]刘义臣，沈伟康，刘立军.科技金融与先进制造业创新发展的动态耦合协调度研究[J].经济问题，2021，（12）：36-43.

[49]解学梅，韩宇航.本土制造业企业如何在绿色创新中实现"华丽转型"？——基于注意力基础观的多案例研究[J].管理世界，2022，38（03）：76-106.

[50]Gao，K.，Wang，L.，Liu，T.，Zhao，H. Management Executive Power and Corporate Green Innovation——Empirical Evidence from China's State-owned Manufacturing Sector [J]. Technology in Society，2022，（70）：102043.

[51]党琳，李雪松，申烁.数字经济、创新环境与合作创新绩效[J].山西财经大学学报，2021，43（11）：1-15.

[52]Li J.，Ye S. Regional Policy Synergy and Haze Governance-empirical Evidence from 281 Prefecture-level Cities in China [J] . Environmental science and pollution research international，2020，28（9）：10763－10779.

[53]Dogan E.，Wong K. N. Sources and Channels of International Knowledge Spillovers in ASEAN-5：The Role of Institutional Quality [J] . Journal of

International Development，2020，32：470-486.

[54]Zheng D.，Ma X.，Li P.，Zhang K. A Comparative Study of Innovation Corridors in the Yangtze River Delta：Cognition based on 4C Theoretical Framework［J］. Urban Planning Forum，2020，6：88-95.

[55]Desmarchelier B，Djellal F，Gallouj F. Towards a Servitization of Innovation Networks：A Mapping［J］. Public Management Review，2020，22（9）：1368-1397.

[56]朱慧明，张中青扬，吴昊，邹凯．创新价值链视角下制造业技术创新效率测度及影响因素研究［J］.湖南大学学报（社会科学版），2021，35（06）：37-45.

[57]孙文浩，张杰．高铁网络能否推动制造业高质量创新［J］.世界经济，2020，43（12）：151-175.

[58]田立法，苏中兴．双元性 HRM 系统、人力资本榫卯与制造业企业突破式创新［J］.经济管理，2021，43（07）：107-119.

[59]刘婷婷．企业跨组织合作研发绩效的影响因素研究——基于制造业上市企业数据的实证分析［J］.河北经贸大学学报，2019，40（04）：104-109.

[60]那丹丹，李英．制造业转型升级影响因素研究［J］.学习与探索，2020，（12）：130-135.

[61]王莉静，丁琬君．制造业企业创新过程中资源整合的影响因素与路径——基于企业生命周期的多案例研究［J］.中国科技论坛，2021，（01）：95-105＋165.

[62]马红，侯贵生．雾霾污染、地方政府行为与企业创新意愿——基于制造业上市公司的经验数据［J］.软科学，2020，34（02）：27-32.

[63]刘鑫鑫，惠宁．互联网、技术创新与制造业高质量发展——基于创新模式的异质效应分析［J］.经济问题探索，2021，（09）：143-155.

[64]孙文浩，张杰．高新区升级与制造业企业创新［J］.首都经济贸易大学学报，2022，24（01）：68-79.

[65]吴建祖，华欣意．高管团队注意力与企业绿色创新战略——来自中国制造业上市公司的经验证据［J］.科学学与科学技术管理，2021，42（09）：122-142.

[66]叶建木，张洋，万幼清．高管团队风险偏好、失败再创新行为与再创新绩

效——基于我国医药制造业上市企业的实证研究[J].统计研究，2021，38（08）：59-67.

[67]薛阳，胡丽娜.制度环境、政府补助和制造业企业创新积极性：激励效应与异质性分析[J].经济经纬，2020，37（06）：88-96.

[68]张美莎，冯涛.国际环境监管能够倒逼上游企业创新吗？——来自中国制造业的经验证据[J].西安交通大学学报（社会科学版），2020，40（01）：48-56.

[69]林志帆，黄新飞，李灏桢.何种产业政策更有助于企业创新：选择性还是功能性？——基于中国制造业上市公司专利数据的经验研究[J].财政研究，2022，（01）：110-129.

[70]Li L.，Fang H.，Xi T.，Yu T. R. Path Dependence and Resource Availability：Process of Innovation Activities in Chinese Family and Nonfamily Firms [J]. Emerging Markets Review，2020，49：100779.

[71]李真，陈天明.金融偏向性与制造业创新分化：基于信贷配置视角[J].上海财经大学学报，2021，23（04）：107-120.

[72]肖阳，张晓飞.技术并购对制造业企业创新持续性影响：基于吸收能力和利用能力的中介作用[J].技术经济，2021，40（11）：1-12.

[73]罗超平，胡猛.线上销售、企业创新与全要素生产率[J].中国软科学，2021，（09）：119-127.

[74]Hao L. N.，Umar M.，Khan Z.，Ali W. Green Growth and low Carbon Emission in G7 Countries：How Critical the Network of Environmental Taxes，Renewable Energy and Human Capital is？[J]. Science of The Total Environment，2021，752.

[75]张杰，陈志远，杨连星，新夫.中国创新补贴政策的绩效评估：理论与证据[J].经济研究，2015，50（10）：4-17＋33.

[76]郝凤霞，吴赟."抢人大战"会扩大地区间人力资本结构差距吗？[J].经济与管理评论，2022，38（02）：122-135.

[77]王林辉，曹章露，谭玉松.研发资本流动、机器设备投资与创新集聚效应：四大经济区的对比检验[J].东南大学学报（哲学社会科学版），2021，23（02）：91-104＋147-148.

[78]Peters M.，Schneider M.，Griesshaber T.，Hoffmann V. H. The Impact

of Technology-Push and Demand-pull Policies on Technical Change-Does the Locus of Policies Matter? [J] . Research Policy，2012，41（8）：1296-1308.

[79]Kang K. N.，Park H. Influence of Government R&D Support and Inter-firm Collaborations on Innovation in Korean Biotechnology SMEs [J] . Technovation，2011，32（1）：66-78.

[80]Mukherjee A.，Singh S.，Alminas A. Do Corporate Taxes Hinder Inno-vation? [J] .Journal of Financial Economics，2017，124（1）：195-221.

[81]杨蓉，刘婷婷，高凯 . 产业政策扶持、企业融资与制造业企业创新投资[J] .山西财经大学学报，2018，40（11）：41-51.

[82]邵颖红，程与豪 . 政府补贴与政府采购对企业创新的影响效应[J] .统计与决策，2021，37（03）：181-184.

[83]熊勇清，王俊峰，秦书锋 . 新能源汽车政府采购政策效果分析[J] .中国科技论坛，2022，（01）：64-72.

[84]王伊攀，朱晓满 . 政府采购对企业"脱实向虚"的治理效应研究[J] .财政研究，2022，（01）：94-109.

[85]杨丽君 . 技术引进与自主研发对经济增长的影响——基于知识产权保护视角[J] .科研管理，2020，41（06）：9-16.

[86]吴昌南，钟家福 . 技术引进税收优惠政策提高了产业创新能力吗——基于《中国鼓励引进技术目录》的准自然实验[J] .当代财经，2020，（09）：101-113.

[87]苏竣，张汉威 . 技术创新语境下的"示范"：阶段、项目与工具[J] .中国软科学，2014，（12）：60-69.

[88]王磊，景诗龙，邓芳芳 . 营商环境优化对企业创新效率的影响研究[J] .系统工程理论与实践，2022.

[89]张曾莲，孟苗苗 . 营商环境、科技创新与经济高质量发展——基于对外开放调节效应的省级面板数据实证分析[J] .宏观质量研究，2022，10（02）：100-112.

[90]霍春辉，张银丹 . 水深则鱼悦：营商环境对企业创新质量的影响研究[J] .中国科技论坛，2022，（03）：42-51.

[91]武晓芬，梁安琪，李飞，蒋鑫 . 制度信用环境、融资约束和企业创新

[J] . 经济问题探索，2018，（12）：70-80.

[92]郑烨，杨若愚，张顺翔 . 公共服务供给、资源获取与中小企业创新绩效的关系研究[J] . 研究与发展管理，2018，30（04）：105-117

[93]魏亚运，武思宏，任孝平，迟婧茹，廖苏亮 . 创新资源共享平台应用效果绩效评价研究——以科学仪器制造行业为例[J] . 科技管理研究，2021，41（03）：40-45.

[94]卫武，赵璇 . 众创空间平台开放度对在孵企业商业模式创新的影响研究[J] . 软科学，2021，35（08）：128-133.

[95]张培，李楠 . 核心企业开放式服务创新平台构建过程机理——基于扎根理论[J] . 科研管理，2022.

[96]陈晨，李平，王宏伟 . 国家创新型政策协同效应研究[J] . 财经研究，2022.

[97]Su C. W. , Umar M. , Khan Z. Does Fiscal Decentralization and Eco-innovation Promote Renewable Energy Consumption? Analyzing the Role of Political Risk[J] . Science of the Total Environment，2021，751.

[98]党国英，刘朝阳 . 绿色技术创新政策激励效应的量化评估研究[J] . 学术探索，2021，（04）：146-156.

[99]叶志伟，张新民，胡聪慧 . 企业为何短贷长投？——基于企业战略视角的解释[J] . 南开管理评论，2022.

[100]张杰 . 中国政府创新政策的混合激励效应研究[J] . 经济研究，2021，56（08）：160-173.

[101]Guo C. , Niu Y. Research on Synergy of Science and Technology Policy Types and Policy Tools based on Analysis of Policy Text[J] . Journal of Physics：Conference Series，2021，1774（1）：012006.

[102]毕晓方，张俊民，李海英 . 产业政策、管理者过度自信与企业流动性风险[J] . 会计研究，2015，（03）：57-63＋95.

[103]南晓莉，韩秋 . 战略性新兴产业政策不确定性对研发投资的影响[J] . 科学学研究，2019，37（02）：254-266.

[104]毛其淋，许家云 . 政府补贴、异质性与企业风险承担[J] . 经济学（季刊），2016，15（04）：1533-1562.

[105]李万福，杜静，张怀 . 创新补助究竟有没有激励企业创新自主投资——

来自中国上市公司的新证据[J].金融研究，2017，(10)：130-145.

[106]刘兰剑，张萌，黄天航.政府补贴、税收优惠对专利质量的影响及其门槛效应——基于新能源汽车产业上市公司的实证分析[J].科研管理，2021，42（06）：9-16.

[107]曹廷求，张翠燕，杨雪.绿色信贷政策的绿色效果及影响机制——基于中国上市公司绿色专利数据的证据[J].金融论坛，2021，26（05）：7-17.

[108]孙自愿，周翼强，章砚.竞争还是普惠？——政府激励政策选择与企业创新迎合倾向政策约束[J].会计研究，2021，(07)：99-112.

[109]陈钊，熊瑞祥.比较优势与产业政策效果——来自出口加工区准实验的证据[J].管理世界，2015，(08)：67-80.

[110]熊凯军.重点产业政策是否影响了微观企业创新效率？[J].南京财经大学学报，2021，(02)：13-23.

[111]刘斌，潘彤.地方政府创新驱动与中国南北经济差距——基于企业生产率视角的考察[J].财经研究，2022，48（02）：18-32.

[112]陈璐怡，周蓉，钟文沁，王丹，周源，薛澜.绿色产业政策与重污染行业高质量发展[J].中国人口、资源与环境，2021，31（01）：111-122.

[113]林志帆，刘诗源.税收激励如何影响企业创新？——来自固定资产加速折旧政策的经验证据[J].统计研究，2022，39（01）：91-105.

[114]丁方飞，谢昊翔.财税政策能激励企业的高质量创新吗？——来自创业板上市公司的证据[J].财经理论与实践，2021，42（04）：74-81.

[115]陈志勇，张春雨，陈思霞.减税如何影响企业高质量创新？——基于中国上市公司的实证研究[J].宏观质量研究，2022，10（02）：31-46.

[116]罗锋，杨丹丹，梁新怡.区域创新政策如何影响企业创新绩效？——基于珠三角地区的实证分析[J].科学学与科学技术管理，2022.

[117]李丹丹.政府研发补贴对企业创新绩效的影响研究——基于企业规模和产权异质性视角[J].经济学报，2022，9（01）：141-161.

[118]杨博，王林辉.财税激励政策对企业创新质量提升的影响[J].统计与决策，2021，37（17）：159-163.

[119]孙忠娟，范合君，李纪珍.何种创新政策更有效？——基于企业规模的异质性分析[J].经济管理，2022.

［120］李戎，刘璐茜．绿色金融与企业绿色创新［J］．武汉大学学报（哲学社会科学版），2021，74（06）：126-140.

［121］王丽萍，徐佳慧，李创．绿色金融政策促进企业创新的作用机制与阶段演进［J］．软科学，2021，35（12）：81-87.

［122］陈晨，孟越，苏牧．国家创新型企业政策对企业绩效的影响——"信号"抑或"扶持"作用？［J］．南方经济，2021，（09）：90-111.

［123］保永文，华锐，马颖．财政激励政策与企业创新绩效：综述及展望［J］．经济体制改革，2021，（05）：112-119.

［124］翟华云，刘易斯．数字金融发展、融资约束与企业绿色创新关系研究［J］．科技进步与对策，2021，38（17）：116-124.

［125］Chen M.，Guariglia A. Internal Financial Constraints and Firm Productivity in China：Do Liquidity and Export Behavior Make a Difference？［J］．Journal of Comparative Economics，2013，41（4）：1123-1140.

［126］张静，张焰朝．企业战略差异度与融资约束——基于信息不对称视角的研究［J］．北京工商大学学报（社会科学版），2021，36（02）：92-104.

［127］李健，江金鸥，陈传明．包容性视角下数字普惠金融与企业创新的关系：基于中国 A 股上市企业的证据［J］．管理科学，2020，33（06）：16-29.

［128］Chu S.，Gao C. C. Intellectual Property Protection and Creative Enterprises' Investment Efficiency：Alleviating Financing Constraints or Inhibiting Agency Problem？［J］．Asia-Pacific Journal of Accounting & Economics，2019，26（6）：747-766.

［129］周开国，卢允之，杨海生．融资约束、创新能力与企业协同创新［J］．经济研究，2017，52（07）：94-108.

［130］郭联邦，王勇．金融发展、融资约束与企业创新［J］．金融发展研究，2020，（04）：17-25.

［131］李文秀，唐荣．融资约束、产业政策与本土企业出口行为——基于微观视角的理论与实证分析［J］．中国软科学，2021，（07）：174-183.

［132］覃飞，沈艳．产业政策关联度对公司业绩影响研究［J］．数量经济技术经济研究，2021，38（09）：117-138.

［133］王海，尹俊雅．地方产业政策与行业创新发展——来自新能源汽车产业政策文本的经验证据［J］．财经研究，2021，47（05）：64-78.

[134]杨蓉，朱杰. 区域创新政策对企业债务融资能力的影响[J]. 中南民族大学学报（人文社会科学版），2022，42（02）：135-142＋186-187.

[135]赖烽辉，李善民，王大中. 企业融资约束下的政府研发补贴机制设计[J]. 经济研究，2021，56（11）：48-66.

[136]叶翠红. 融资约束、政府补贴与企业绿色创新[J]. 统计与决策，2021，37（21）：184-188.

[137]彭华涛，吴瑶. 研发费用加计扣除、融资约束与创业企业研发投入强度：基于中国新能源行业的研究[J]. 科技进步与对策，2021，38（15）：100-108.

[138]高正斌，张开志，倪志良. 减税能促进企业创新吗？——基于所得税分享改革的准自然实验[J]. 财政研究，2020，（08）：86-100.

[139]许玲玲，余明桂，钟慧洁. 高新技术企业认定与企业劳动雇佣[J]. 经济管理，2022，44（01）：85-104.

[140]李作学，张蒙. 什么样的宏观生态环境影响科技人才集聚——基于中国内地31个省份的模糊集定性比较分析[J]. 科技进步与对策，2022.

[141]Sun X.，Li H.，Ghosal V. Firm-level Human Capital and Innovation：Evidence from China[J]. China Economic Review，2020，59：1-17.

[142]裴政，罗守贵. 人力资本要素与企业创新绩效——基于上海科技企业的实证研究[J]. 研究与发展管理，2020，32（04）：136-148.

[143]Cheng Y.，Zhang J. Research on the Innovation Effect of Science and Technology Policy in China：DEA Analysis based on Data from 2008 to 2018[J]. Journal of Innovation and Social Science Research，2020，7（3）.

[144]陈超凡，王泽，关成华. 国家创新型城市试点政策的绿色创新效应研究：来自281个地级市的准实验证据[J]. 北京师范大学学报（社会科学版），2022，（01）：139-152.

[145]乐菡，黄明，李元旭. 地区"人才新政"能否提升创新绩效？——基于出台新政城市的准自然实验[J]. 经济管理，2021，43（12）：132-149.

[146]刘毓芸，程宇玮. 重点产业政策与人才需求——来自企业招聘面试的微观证据[J]. 管理世界，2020，36（06）：65-79＋245.

[147]袁野，刘壮，万晓榆，刘石. 我国人工智能产业人才政策的量化分析、

前沿动态与"十四五"展望[J].重庆社会科学，2021，（04）：75-86.

[148]孙鲲鹏，罗婷，肖星.人才政策、研发人员招聘与企业创新[J].经济研究，2021，56（08）：143-159.

[149]Coccia M.，Rolfo S. Strategic Change of Public Research Units in Their Scientific Activity[J].Technovation，2008，28（8）：485-494.

[150]Meckling J.，Nahm J. The Politics of Technology Bans：Industrial Policy Competition and Green Goals for the Auto Industry[J].Energy Policy，2019，126：470-479.

[151]岳佳彬，胥文帅.贫困治理参与、市场竞争与企业创新——基于上市公司参与精准扶贫视角[J].财经研究，2021，47（09）：123-138.

[152]谭小芬，钱佳琪.资本市场压力与企业策略性专利行为：卖空机制的视角[J].中国工业经济，2020，（05）：156-173.

[153]胡令，王靖宇.产品市场竞争与企业创新效率——基于准自然实验的研究[J].现代经济探讨，2020，（09）：98-106.

[154]何玉润，林慧婷，王茂林.产品市场竞争、高管激励与企业创新——基于中国上市公司的经验证据[J].财贸经济，2015，（02）：125-135.

[155]夏清华，黄剑.市场竞争、政府资源配置方式与企业创新投入——中国高新技术企业的证据[J].经济管理，2019，41（08）：5-20.

[156]Nielsen M. Trade Liberalisation，Resource Sustainability and Welfare：The Case of East Baltic Cod[J].Ecological Economics，2005，58（3）：650-664.

[157]王昀，孙晓华.加价能力、行业结构与企业研发投资——市场势力与技术创新关系的再检验[J].科研管理，2018，39（06）：141-149.

[158]李健，薛辉蓉，潘镇.制造业企业产品市场竞争、组织冗余与技术创新[J].中国经济问题，2016，（02）：112-125.

[159]Aghion P.，Howitt P.，Prantl S. Revisiting the Relationship between Competition，Patenting and Innovation[J].Advances in Economics，2013，55（6）：451-455.

[160]叶光亮，程龙，张晖.竞争政策强化及产业政策转型影响市场效率的机理研究——兼论有效市场与有为政府[J].中国工业经济，2022，（01）：74-92.

［161］邓伟．税收政策公平竞争审查制度的问题及其对策［J］．法商研究，2021，38（06）：116-128.

［162］张鹤．融资融券与企业产品市场竞争［J］．经济理论与经济管理，2021，41（10）：81-96.

［163］康志勇，汤学良，刘馨．"鱼与熊掌能兼得"吗？——市场竞争、政府补贴与企业研发行为［J］．世界经济文汇，2018，（04）：101-117.

［164］赵岩．市场竞争、政府支持与企业创新绩效［J］．哈尔滨商业大学学报（社会科学版），2018，（06）：42-53.

［165］Stiglitz J. E. Markets，Market Failures，and Development［J］. American Economic Review，1989，79（2）：197-203.

［166］Spence M. Wealth of Nations：Why China Grows So Fast［J］. Wall Street Journal，2007，（01）：19.

［167］江飞涛，陈强远，王益敏，李建成．财政补贴与企业技术创新——来自医疗医药行业文本分析的证据［J］．经济管理，2021，43（12）：62-78.

［168］黄宇虹理．补贴、税收优惠与小微企业创新投入——基于寻租理论的比较分析［J］．研究与发展管，2018，30（04）：74-84.

［169］郭玥．政府创新补助的信号传递机制与企业创新［J］．中国工业经济，2018，（09）：98-116.

［170］余典范，王佳希．政府补贴对不同生命周期企业创新的影响研究［J］．财经研究，2022，48（01）：19-33.

［171］张奇峰，戴佳君，樊飞．政治联系、隐性激励与企业价值——以民营企业在职消费为例［J］．会计与经济研究，2017，31（03）：56-71.

［172］徐军玲，刘莉．高新技术企业认定政策的创新增量效应及作用机制［J］．科研管理，2020，41（08）：135-141.

［173］武威，刘玉廷．政府采购与企业创新：保护效应和溢出效应［J］．财经研究，2020，46（05）：17-36.

［174］邓峰，杨国歌，任转转．R&D补贴与数字企业技术创新——基于数字经济产业的检验证据［J］．产业经济研究，2021，（04）：27-41.

［175］卢现祥，李磊．企业创新影响因素及其作用机制：述评与展望［J］．经济学家，2021，（07）：55-62.

［176］胡凯，刘昕瑞．政府产业投资基金的技术创新效应［J］．经济科学，

2022，（01）：36-49.

[177]谢斌，许治，陈朝月，吴辉凡．技术创新激励政策会影响企业创新战略决策吗？——基于微观创新调查数据的实证分析[J]．科学学与科学技术管理，2021，42（11）：56-76.

[178]史永乐，严良．完善科技创新元治理体系的路径——来自发达国家的经验与启示[J]．江汉论坛，2022，（05）：66-72.

[179]陈劲，阳镇．新发展格局下的产业技术政策：理论逻辑、突出问题与优化[J]．经济学家，2021，（02）：33-42.

[180]Ferry M. Pulling Things Together：Regional Policy Coordination Approaches and Drivers in Europe[J]．Policy and Society，2021，40（1）：37-57.

[181]Tanaka M.，Chen Y.，Siddiqui A. RegulatoryJurisdiction and Policy Coordination：A bi-level Modeling Approach for Performance-based Environmental Policy[J]．Journal of the Operational Research Society，2022，73（3）：509-524.

[182]刘亭立，傅秋园．绿色能源产业创新政策的量化评价与优化路径探究[J]．中国科技论坛，2018，（10）：82-92.

[183]徐乐，马永刚，王小飞．基于演化博弈的绿色技术创新环境政策选择研究：政府行为 VS. 公众参与[J]．中国管理科学，2022，30（03）：30-42.

[184]束超慧，王海军，金姝彤，贺子桐．人工智能赋能企业颠覆性创新的路径分析[J]．科学学研究，2022.

[185]肖鹏，孙晓霞．开放式创新视角下制造型跨国企业产品高端化路径研究：来自安徽中鼎的探索性案例分析[J]．科技进步与对策，2021，38（24）：96-105.

[186]尚晏莹，蒋军锋．工业互联网时代的传统制造企业商业模式创新路径[J]．管理评论，2021，33（10）：130-144.

[187]余菲菲，杜红艳，曹佳玉．数字技术赋能企业扶贫创新路径探究[J]．中国科技论坛，2021，（09）：126-133＋142.

[188]张志鑫，闫世玲．双循环新发展格局与中国企业技术创新[J]．西南大学学报（社会科学版），2022，48（01）：113-122.

[189]汪明月，李颖明．企业绿色技术创新升级及政府价格型规制的调节作用研究[J]．科研管理，2022．

[190]宋广蕊，马春爱，肖榕．同群效应下企业创新投资行为传递路径研究[J]．科研管理，2021，42（07）：179-188．

[191]曾经纬，李柏洲．组态视角下企业绿色双元创新驱动路径[J]．中国人口、资源与环境，2022，32（02）：151-161．

[192]曲小瑜．组态视角下网络嵌入、行为策略和认知柔性对中小企业朴素式创新绩效的影响研究[J]．管理学报，2021，18（12）：1814-1821．

[193]樊霞，李芷珊．如何在研发国际化中实现企业创新绩效？——基于 SCP 范式的组态分析[J]．研究与发展管理，2021，33（05）：67-78．

[194]冯立杰，闵清华，王金凤，张珂．中国情境下企业创新绩效要素协同驱动路径研究[J]．科技进步与对策，2022．

[195]李文，许辉，刘思慧，梅蕾．基于仿真的制造企业商业模式创新路径研究——以海尔服务化转型为例[J]．管理案例研究与评论，2021，14（06）：622-639．

[196]梁雁茹，徐建中．企业生态创新驱动系统激励政策优化研究[J]．中国管理科学，2022．

[197]杨巧云，乔迎迎，梁诗露．基于政策"目标-工具"匹配视角的省级政府数字经济政策研究[J]．经济体制改革，2021，（03）：193-200．

[198]李鹏利，张宝建，刘晓彤，陈劲，裴梦丹．国家科技创业政策协调性研究——基于政策工具视角[J]．科学管理研究，2021，39（01）：2-10．

[199]胡志明，马辉民，张金隆，熊杰，吴珊．中国制造业转型升级政策的纵向协同性分析[J]．科学学研究，2022，40（02）：237-246．

[200]Liu K., Zhou H., Kou Y., Zhang J., Zhou X., Zhang X. Simulation Study on Passive Buildings' demand Incentive Based on Evolutionary Game[J]. Journal of Intelligent & Fuzzy Systems，2019，37（30）：3163-3174．

[201]Liu Y., Cai D., Guo Y., Huang H. Evolutionary Game of Government Subsidy Strategy for Prefabricated Buildings Based on Prospect Theory[J]. Mathematical Problem in Engineering，2020．（DOI：10.1155/2020/8863563）

[202]Guo X., Zhang Y. The System Dynamics（SD）Analysis of the Govern-

ment and Power Producers' evolutionary Game Strategies Based on Carbon Trading（CT）Mechanism：A Case of China［J］．Sustainability，2018，10（4）．（DOI：10.3390/su10041150）

［203］Yang Y.，Yang W. Does Whistleblowing Work for Air Pollution Control in China? A Study Based on Three-party Evolutionary Game Model Under Incomplete Information［J］．Sustainability，2019，11（2）．（DOI：10.3390/SU11020324）

［204］Liu W.，Yang J. The Evolutionary Game Theoretic Analysis for Sustainable Cooperation Relationship of Collaborative Innovation Network in Strategic Emerging Industries［J］．Sustainability，2018，10（12）．（DOI：10.3390/su10124585）

［205］Liu J.，Du W.，Yang F，Wei G. Evolutionary Game Analysis of Remanufacturing Closed-loop Supply Chain with Asymmetric Information［J］．Sustainability，2014，6（9）：6312-6324.

［206］Zweig D.，Fung C. S.，Han D. Redefining the Brain Drain：China's Diaspora Option［J］．Science Technology & Society，2008，13（1）：1-33.

［207］魏春丽，赵镇岳，艾文华，李江．科研人员的流动模式及其影响因素研究［J］．图书情报知识，2020，（02）：16-23.

［208］魏立才．海外青年理工科人才回国流向及其影响因素研究［J］．高等教育研究，2019，40（06）：25-33.

［209］罗广宁，陈丹华，肖田野，刘蕾．科技企业融资信息服务平台构建的研究与应用——基于广东省科技型中小企业融资信息服务平台建设［J］．科技管理研究，2020，40（07）：211-215.

［210］Eppinger E.，Jain A.，Vimalnath P.，Gurtoo A.，Tietze F.，Chea R. H. Sustainability transitions in manufacturing：the role of intellectual property［J］．Current Opinion in Environmental Sustainability，2021，49：118-126.

［211］苏继成，李红娟．新发展格局下深化科技体制改革的思路与对策研究［J］．宏观经济研究，2021，（07）：100-111.

［212］Rong S. Coordination，harmonization or prioritization in environmental policy integration：evidence from the case in Chongming eco－island，China［J］．Journal of Environmental Planning and Management，2021，64（13）：2365-2385.

[213]王昕生，毕俊杰．构建企业法人社会信用综合评价指标体系[J]．宏观经济管理，2021，(08)：69-75.

[214]黄琳，张辅．构建统一、公开、共享的科技公共服务平台的路径与对策[J]．科学管理研究，2016，34（06）：13-16.

[215]王昕生，毕俊杰．构建企业法人社会信用综合评价指标体系[J]．宏观经济管理，2021，(08)：69-75.

[216]贾洪文，敖华．社会信用管理体系建设研究——基于市场机制的视角[J]．浙江工商大学学报，2020，(01)：118-127.

[217]许玉云，王军，张一飞，尹相荣．国内外技术获取与高技术产业创新绩效差异——基于时滞视角的比较分析[J]．科技进步与对策，2021，38（03）：70-78.

[218]Hagedoorn J.，Lokshin B.，Zobel A. K. Partner Type Diversity in Alliance Portfolios：Multiple Dimensions，Boundary Conditions and Firm Innovation Performance［J］．Journal of Management Studies，2018，55（5）：809-836.

[219]蒋舒阳，庄亚明，丁磊．产学研基础研究合作、财税激励选择与企业突破式创新[J]．科研管理，2021，42（10）：40-47.

[220]常曦，郑佳纯，李凤娇．地方产业政策、企业生命周期与技术创新——异质性特征、机制检验与政府激励结构差异[J]．产经评论，2020，11（06）：21-38.

[221]陈振权，李大伟，吴非．科技金融政策、企业生命周期与数字化技术应用——基于"科技和金融结合试点"的准自然实验[J]．南方金融，2021，(09)：3-19.

[222]肖仁桥，沈佳佳，钱丽．数字化水平对企业新产品开发绩效的影响——双元创新能力的中介作用[J]．科技进步与对策，2021，38（24）：106-115.

[223]彭娟，李娇娇．人力资源雇佣柔性、信息技术应用和技术创新[J]．中国人力资源开发，2022，39（03）：36-54.

[224]姜爱华，费堃桀．政府采购、高管政府任职经历对企业创新的影响[J]．会计研究，2021，(09)：150-159.

[225]陈劲，阳镇，朱子钦．政府采购、腐败治理与企业双元创新[J]．吉林大学社会科学学报，2022，62（01）：114-126＋237.

[226]王永贵，马双，杨宏恩．服务外包中创新能力的测量、提升与绩效影响研究——基于发包与承包双方知识转移视角的分析[J]．管理世界，2015，(06)：85-98.

[227]杨杰，汪涛，王新．服务外包中组织双元学习对供应商创新能力的影响——治理机制的调节作用[J]．科技进步与对策，2021，38（20）：73-80.

[228]赵文霞，刘洪愧．中国环境贸易措施与企业绿色创新[J]．国际贸易问题，2022，(03)：105-120.

[229]徐雨婧，沈瑶，胡珺．进口鼓励政策、市场型环境规制与企业创新——基于政策协同视角[J]．山西财经大学学报，2022，44（02）：76-90.

[230]于立宏，金环．国家级双创示范基地建设的效果及空间溢出效应研究[J]．经济学家，2021，(10)：90-99.

[231]金环，于立宏，魏佳丽．国家电子商务示范城市建设对企业绿色技术创新的影响及机制研究[J]．科技进步与对策，2022.

[232]熊勇清，张秋玥．中国新能源汽车"非补贴型"政策的研发投入激励研究——基于区域创新氛围的差异性分析[J]．研究与发展管理，2022，34（01）：81-94.

[233]李艳．"互联网＋"下中小企业的融资机制创新[J]．宏观经济管理，2021，(02)：64-69.

[234]徐全红．政府金融环境供给与小微企业融资模式创新[J]．上海金融，2016，(06)：60-63.

[235]燕洪国，潘翠英．税收优惠、创新要素投入与企业全要素生产率[J]．经济与管理评论，2022，38（02）：85-97.

[236]靳卫东，任西振，何丽．研发费用加计扣除政策的创新激励效应[J]．上海财经大学学报，2022，24（02）：108-121.

[237]冯晓青．知识产权制度运用与企业创新发展——从中美贸易摩擦背景下华为被美制裁事件的启示论起[J]．人民论坛·学术前沿，2019，(13)：

32-42.

[238]刘永松，王婉楠，于东平．高技术企业技术创新效率评价及影响因素研究[J]．云南财经大学学报，2020，36（11）：100-112.

[239]马晶梅，赵雨薇，肖艳红，贾红宇．制度迎合视域下融资约束与企业创新决策[J]．中国科技论坛，2022，（03）：101-108＋155.

[240]Zhang L.，Huang S. Social Capital and Regional Innovation Efficiency：The Moderating Effect of Governance Quality[J]．Structural Change and Economic Dynamics，2022，62：343-359.

[241]刘惠好，焦文妞．银行业竞争、融资约束与企业创新投入——基于实体企业金融化的视角[J]．山西财经大学学报，2021，43（10）：56-67.

[242]Hu Y.，Liu D. Government as a Non-financial Participant in Innovation：How Standardization Led by Government Promotes Regional Innovation Performance in China[J]．Technovation，2022，114：102524.

[243]童锦治，冷志鹏，黄浚铭，苏国灿．固定资产加速折旧政策对企业融资约束的影响[J]．财政研究，2020，（06）：48-61＋76.

[244]孔丹凤，陈志成．结构性货币政策缓解民营、小微企业融资约束分析——以定向中期借贷便利为例[J]．中央财经大学学报，2021，（02）：89-101.

[245]Peñasco C.，Anadón L D.，Verdolini E. Systematic Review of the Outcomes and Trade-offs of Ten Types of Decarbonization Policy Instruments[J]．Nature Climate Change，2021，11（3）：257-265.

[246]白积洋，刘成奎．财税政策效应、政府效率与高新技术产业发展[J]．首都经济贸易大学学报，2020，22（05）：68-78.

[247]郑飞，石青梅，李腾，刘晗．财政补贴促进了企业创新吗——基于产业生命周期的经验证据[J]．宏观经济研究，2021，（02）：41-52＋161.

[248]马震．减税、地方政府激励与企业融资约束[J]．广东社会科学，2019，（06）：36-46.

[249]唐大鹏，于倩．地方财政政策支持能提升企业创新吗？[J]．中南财经政法大学学报，2022，（02）：64-77.

[250]韩志弘，张纪海．中关村科技创新政策对区域创新能力的影响[J]．中国科技论坛，2021，（12）：18-30.

[251]Bosetti V.，Cattaneo C.，Verdolini E. Migration of Skilled Workers and Innovation：A European Perspective［J］. Journal of International Economics，2015，96（2）：311-322.

[252]孙文浩. 高铁网络、逆集聚与城市创新［J］. 财经科学，2021，（03）：119-132.

[253]Zeng J.，Liu Y.，Wang R.，Zhan P. Absorptive Capacity and Regional Innovation in China：An Analysis of Patent Applications，2000-2015［J］. Applied Spatial Analysis and Policy，2019，12（2）：1031-1049.

[254]孙文浩，张杰. 减税有利于何种高新技术企业创新——基于人才结构的视角［J］. 财政研究，2021，（08）：107-120.

[255]米旭明. 人才安居政策与企业技术创新［J］. 南开经济研究，2021，（03）：113-129.

[256]邵敏，包群，叶宁华. 信贷融资约束对员工收入的影响——来自我国企业微观层面的经验证据［J］. 经济学（季刊），2013，12（03）：895-912.

[257]陈宇学，王芋朴. 对科技成果转移转化实践和政策的再思考［J］. 理论视野，2021，（05）：54-58.

[258]靳宗振，刘海波，曹俐莉. 新时期我国技术转移体系发展思考与建议［J］. 软科学，2021，35（05）：50-55.

[259]Xu A.，Qiu K.，Jin C，Cheng C.，Zhu Y. Regional Innovation Ability and its Inequality：Measurements and Dynamic Decomposition［J］. Technological Forecasting & Social Change，2022，180：121713.

[260]汤二子. 中国企业研发创新与出口贸易的税式补贴研究［J］. 中央财经大学学报，2022，（03）：15-26.

[261]刘婷婷，高凯. 产业政策如何影响长三角地区企业竞争力？［J］. 产业经济研究，2020，（01）：71-83.

[262]郭金花，郭檬楠，郭淑芬，张枢盛. 中国创新政策试点能有效驱动企业创新吗？——基于国家自主创新示范区建设的经验证据［J］. 产业经济研究，2021，（02）：56-70.

[263]杜阳，李田. 产业政策、竞争驱动与企业创新效率［J］. 经济与管理研究，2020，41（07）：47-60.

[264]庄玉梅，王莉. 是谁驱动了科技企业的技术创新［J］. 科研管理，2022，

43（03）：46-54.

[265]王靖宇，付嘉宁，张宏亮．产品市场竞争与企业创新：一项准自然实验[J]．现代财经（天津财经大学学报），2019，39（12）：52-66.

[266]蒋洁，汤超颖，张启航，冯俊文．产业特征对技术创新激励政策效应的交互影响[J]．科研管理，2021，42（11）：71-81.

[267]Hu Y．，Fisher-Vanden K．，Su B. Technological Spillover through In-dustrial and Regional Linkages：Firm-level Evidence from China[J]．E-conomic Modelling，2020，89，523－545.

[268]张杰，毕钰，金岳．中国高新区"以升促建"政策对企业创新的激励效应[J]．管理世界，2021，37（07）：76-91＋6.

[269]彭龙，詹惠蓉，文文．实体企业金融化与企业技术创新——来自非金融上市公司的经验证据[J]．经济学家，2022，（04）：58-69.

[270]李云鹤，吴文锋，胡悦．双层股权与企业创新：科技董事的协同治理功能[J]．中国工业经济，2022，（05）：159-176.

[271]王桂军，张辉．促进企业创新的产业政策选择：政策工具组合视角[J]．经济学动态，2020，（10）：12-27.

[272]苑泽明，刘冠辰，郭锐．私募股权投资会影响企业创新策略吗——专利异质性视角的考察[J]．科技进步与对策，2019，36（19）：81-90.

[273]李真，李茂林．减税降费对企业创新的激励机制与调节效应[J]．上海经济研究，2021，（06）：105-117.

[274]Hadlock C. J．，Pierce J. R. New Evidence on Measuring Financial Con-straints：Moving Beyond the KZ Index [J]．The Review of Financial Studies，2010，23（5）：1909-1940.

[275]石军伟，姜倩倩．人力资本积累与自主创新：来自中国汽车制造企业的经验证据[J]．暨南学报（哲学社会科学版），2018，40（05）：28-44.

[276]孔令文，徐长生，易鸣．市场竞争程度、需求规模与企业技术创新——基于中国工业企业微观数据的研究[J]．管理评论，2022，34（01）：118-129.

[277]Haushalter D．，Klasa S．，Maxwell W. F. The Influence of Product Market Dynamics on a Firm's Cash Holdings and Hedging Behavior [J]．Social Science Electronic Publishing，2007，84（3）：797-825

[278]宋竞，胡顾妍，何琪．风险投资与企业技术创新：产品市场竞争的调节作用[J]．管理评论，2021，33（09）：77-88.

[279]张永安，关永娟．市场需求、创新政策组合与企业创新绩效——企业生命周期视角[J]．科技进步与对策，2021，38（01）：87-94.

[280]芮明杰，韩佳玲．产业政策对企业研发创新的影响研究——基于促进创新型产业政策"信心效应"的视角[J]．经济与管理研究，2020，41（09）：78-97.

[281]童盼，陈笑．强制性分红政策与企业创新——基于分部经理寻租的视角[J]．管理评论，2022，34（05）：109-123.

[282]何增华，随淑敏，王京雷．房价对企业创新的影响——基于创新投入与人才政策视角[J]．科学学研究，2022，1-18.

[283]蔡绍洪，彭长生，俞立平．企业规模对创新政策绩效的影响研究——以高技术产业为例[J]．中国软科学，2019，（09）：37-50.

[284]陈艺灵，陈关聚．高新认定、要素市场发展与企业创新产出[J]．经济与管理研究，2021，42（09）：130-144.

[285]Hayashi D. HarnessingInnovation Policy for Industrial Decarbonization: Capabilities and Manufacturing in the Wind and Solar Power Sectors of China and India [J]. Energy Research & Social Science，2020，70：101644.

[286]Feng F. P. Does Industrial Policy Play an Important Role in Enterprise Innovation? [J]. Emerging Markets Finance and Trade，2019，55（15）：3490-3512.

[287]Xin K.，Sun Y.，Zhang R.，Liu X. Debt Financing and Technological Innovation：Evidence from China [J]. Journal of Business Economics and Management，2019，20（5）：841-859.

[288]张娜，马续补，张玉振，刘怀亮，秦春秀，刘玮．基于文本内容分析法的我国公共信息资源开放政策协同分析[J]．情报理论与实践，2020，43：115-122.

[289]Xie X.，Guo J.，and Zou H. Green Process Innovation，Green Product Innovation，and Corporate Financial Performance：A Content Analysis Method [J]. Journal of Business Research，2019，（101）：697-706.

［290］陈志刚，吴丽萍．政府采购、信贷约束与企业技术创新［J］．科技管理研究，2021，41：1-10.

［291］许玲玲，杨筝，刘放．高新技术企业认定、税收优惠与企业技术创新——市场化水平的调节作用［J］．管理评论，，202133：130-141.

［292］Su W，Fan Y. Income Tax Preference and R&D Investments of High-tech Enterprises in China［J］．E & M Ekonomie a Management，2021，24（4）：156-73.

［293］Xin K，Sun Y，Zhang R，et al. Debt Financing and Technological Innovation：Evidence from China［J］．Journal of Business Economics and Management，2019，20（5）：841-59.

［294］Liu H.，Xing F.，Yakshtas K.，Li B. Does the High-tech Enterprise Certification Policy Promote Innovation in China? ［J］．Science and Public Policy，2020，47（5）：678-688.

［295］鲍宗客．市场进入、年龄和创新激励［J］．经济与管理研究，2016，37：77-84.

［296］张金涛，雷星晖，苏涛永．谦卑的管理层能否促进企业研发？——产权差异视角下的多重边界效应研究［J］．科学学与科学技术管理，2021，42：139-156.

［297］柳卸林，张伟捷，董彩婷．企业多元化、所有制差异和创新持续性——基于 ICT 产业的研究［J］．科学学与科学技术管理，2021，42：76-89.

［298］王晓珍，邹鸿辉，高伟．产业政策有效性分析——来自风电企业产权性质及区域创新环境异质性的考量［J］．科学学研究，2018，36：228-238.

［299］Lin S.，Sun J.，Wang S. Dynamic Evaluation of the Technological Innovation Efficiency of China's Industrial Enterprises［J］．Science and Public Policy，2019，46（2）：232-243.

［300］Liu D.，Chen T.，Liu X.，Yu Y. DoMore Subsidies Promote Greater Innovation? Evidence from the Chinese Electronic Manufacturing Industry［J］．Economic Modelling，2019，80：441-452.

［301］Huergo E. The Role of Technological Management as a Source of Innovation：Evidence from Spanish Manufacturing Firms［J］．Research Policy，2006，35（9）：1377-1388.

[302]Pellegrino G. ，Piva M. Innovation，Industry and Firm Age：Are There New Knowledge Production Functions? ［J］. Eurasian Business Review，2020，10（1）：65-95.

[303]Bouncken R. ，Ratzmann M. ，Kraus S. Anti-aging：How Innovation is Shaped by Firm Age and Mutual Knowledge Creation in an Alliance ［J］. Journal of Business Research，2021，137：422-429.

[304]Balasubramanian N. ，Lieberman M. Learning by Doing and Market Structure ［J］. The Journal of Industrial Economics，2011，59（2）：177-198.

[305]Fan S. ，Wang C. FirmAge，Ultimate Ownership，and R&D Investments ［J］. International Review of Economics & Finance，2021，76：1245-1264.

[306] Ragin C. C. Fuzzy-set Social Science ［M］. Chicago：University of Chicago Press，2000，13-14.

[307]Coduras A. ，Antonio C. J. ，Ruiz J. A Novel Application of Fuzzy-set Qualitative Comparative Analysis to GEM Data ［J］. Journal of Business Research，2016，69（4）：1265-1270.

[308]范德成，谷晓梅. 高技术产业技术创新效率提升的多元模式——创新环境视角［J］. 科技进步与对策，2020，37：52-59.

[309]Guinea A. ，Raymond L. EnablingInnovation in the Face of Uncertainty through IT Ambidexterity：A fuzzy Set Qualitative Comparative Analysis of Industrial Service SMEs ［J］. International Journal of Information Management，2020，50：244-260.

[310]余菲菲，高霞. 互联背景下我国制造企业生态化转型路径的选择机制研究：基于 fsQCA 方法［J］. 管理工程学报，2020，34：32-41.

[311]王晓珍，刘珊，陈劲. 何种区域创新环境组合能有效提升风电产业创新质量——基于 fsQCA 的组态分析［J］. 科技进步与对策，2021，38：57-65.

[312]Stroe S. ，Parida V. ，Wincent J. Effectuation or Causation：An fsQCA Analysis of Entrepreneurial Passion，Risk Perception，and Self-efficacy ［J］. Journal of Business Research，2018，89：265-272.

[313]Fiss P. C. Building Better Causal Theories：A Fuzzy Set Approach to Ty-

pologies in Organization［J］．Academy of Management Journal，2011，54（2）：393-420.

［314］于凡修．国有企业自主创新能力提升策略分析［J］．经济纵横，2021，（06）：87-93.

［315］于洋，王宇．知识产权保护与企业创新活动——基于 A 股上市公司创新"量"和"质"的研究［J］．软科学，2021，35（09）：47-52＋67.

［316］孙耀吾，葛平．政府人才激励政策对高技术中小企业人才知识结构的影响［J］．科技进步与对策，2020，37：129-136.

［317］Guerzon M.，Raiteri E.Demand-side vs.Supply-side Technology Policies：Hidden Treatment and New Empirical Evidence on The Policy Mix［J］．Research Policy，2015，44（3）：726-747.

［318］邓翔，李双强，李德山．政府采购、融资约束与企业创新［J］．科技进步与对策，2018，35：92-98.

［319］李瑾．浅谈民营企业人才流失［J］．山西财经大学学报，2010，32：197-202.

［320］黎文靖，彭远怀，谭有超．知识产权司法保护与企业创新——兼论中国企业创新结构的变迁［J］．经济研究，2021，56：144-161.

［321］郑志刚．投票权重向创业团队的倾斜配置及股权结构设计［J］．证券市场导报，2020，（01）：38-43.

［322］马新啸，汤泰劼，郑国坚．国有企业混合所有制改革与人力资本结构调整——基于高层次人才配置的视角［J］．财贸经济，2020，41：101-116.

［323］Linton G.，Kask J.Configurations of Entrepreneurial Orientation and Competitive Strategy for High Performance［J］．Journal of Business Research，2017，70：168-176.

［324］石声萍，何新月，杨刚，洪静，王双龙．政策与文化因素组态效应对企业创新的影响——一项基于 fsQCA 方法的研究［J］．外国经济与管理，2020，42（12）：89-103.

［325］Pappas，I.O.，Kourouthanassis，P.E.Giannakos M.N.，and Chrissikopoulos V.Explaining Online Shopping Behavior with Fsqca［J］．Journal of Business Research，2016，69（2）：794-803.